## 主编简介

**卓　宇**　男，中共党员，工学博士，高级工程师，现任渭南师范学院党委书记，陕西省第十三届人民代表大会代表、常务委员会委员、法制委员会委员，陕西省第十四届人民代表大会代表、法制委员会委员。

主要从事高等教育管理、思想政治教育等方面研究，先后在《光明日报》《法制与社会》《渭南师范学院学报》等发表有关学术论文多篇，先后荣获全省政府研究室优秀调研成果一等奖、陕西省本科教育教学成果二等奖、陕西省思想政治工作优秀研究成果一等奖、渭南师范学院优秀教学成果特等奖等奖项。

陕西省2022年度哲学社会科学研究专项课题成果

陕西省2020年度思想政治工作研究项目成果

高校校园文化建设成果文库

# 文以化成　润心泽行
## 渭南师范学院校园文化建设研究实践

卓　宇◎主编

光明日报出版社

图书在版编目（CIP）数据

文以化成　润心泽行：渭南师范学院校园文化建设研究实践 / 卓宇主编. -- 北京：光明日报出版社，2024.11. -- ISBN 978-7-5194-8350-0

Ⅰ . G657

中国国家版本馆 CIP 数据核字第 20242U8Z67 号

文以化成　润心泽行：渭南师范学院校园文化建设研究实践
**WENYI HUACHENG　RUNXIN ZEXING：WEINAN SHIFAN XUEYUAN XIAOYUAN WENHUA JIANSHE YANJIU SHIJIAN**

主　　编：卓　宇

责任编辑：张　丽　　　　　　　　责任校对：刘兴华　李海慧
封面设计：中联华文　　　　　　　责任印制：曹　净

出版发行：光明日报出版社

地　　　址：北京市西城区永安路 106 号，100050

电　　　话：010-63169890（咨询），010-63131930（邮购）

传　　　真：010-63131930

网　　　址：http：// book. gmw. cn

E － mail：gmrbcbs@ gmw. cn

法律顾问：北京市兰台律师事务所龚柳方律师

印　　刷：三河市华东印刷有限公司

装　　订：三河市华东印刷有限公司

本书如有破损、缺页、装订错误，请与本社联系调换，电话：010-63131930

开　　本：170mm×240mm

字　　数：285 千字　　　　　　　印　　张：18

版　　次：2025 年 3 月第 1 版　　　印　　次：2025 年 3 月第 1 次印刷

书　　号：ISBN 978-7-5194-8350-0

定　　价：98. 00 元

# 本书编委会

主　编：卓　宇

副主编：李明敏　朱芳转　石　明

编　委：魏光民　吕　健　白　锐

　　　　石海彬　曹熙斌　孟　波

　　　　张　晶　马耀斌　于占豪

　　　　代　娟　王　索

# 序

文运与国运相牵，文脉同国脉相连。

习近平文化思想的提出，标志着我们党对中国特色社会主义文化建设规律的认识达到了新高度，表明我们党的历史自信、文化自信达到了新高度。作为习近平新时代中国特色社会主义思想的文化篇，习近平文化思想丰富和发展了马克思主义文化理论，为做好宣传思想文化工作提供了根本遵循，为担负起新的文化使命提供了强大思想武器和科学行动指南。

文化是一个国家、一个民族的灵魂。高校肩负着以文化人、以文育人的重要使命。文化传承创新是大学的职责和功能所在，是当代大学发展的自觉选择。文化建设是大学核心竞争力的重要组成部分，为高校的内涵式、高质量发展提供强大精神力量和文化支撑。高校要以打造精神文明高地、文化强国要地为出发点和落脚点，大力加强校园文化建设，彰显人文精神，强化文化自觉，坚定文化自信，培育新时代大学文化，为建设中华民族现代文明贡献智慧力量。

近年来，渭南师范学院党委高度重视校园文化建设，自觉担负起新时代文化育人使命，以立德树人为根本任务，以培育和践行社会主义核心价值观为根本宗旨，创新学校文化建设，凝练学校文化精神，打造学校文化特色。坚持用党的文化创新理论铸魂育人、启智润心，探索实践以优秀的精神文化为核心、以先进的制度文化为保障、以优美的环境文化为基础、以优良的质量文化为表现、以良好的形象文化为展示的校园文化建设思路和发展举措，将高校文化建设和思政育人融合推进，充分发挥文化建设在强校战略、人才培养、高质量发展中的重要作用，为高校思政课堂的拓展延伸、创新课程思政育人范式做出了有益探索和尝试。

　　《文以化成　润心泽行：渭南师范学院校园文化建设研究实践》一书，从理论探索、实践育人、校史校训、经验成果、活动案例、制度建设六方面，全面梳理和系统总结近年来渭南师范学院加强校园文化建设的理论研究、实践探索和特色成果，全面反映了渭南师范学院校园文化建设的基本面貌、鲜明特色和核心精神。特别在"活动案例篇"，重点从品牌项目建设、内容载体、制度机制等方面，总结提升学校有关部门、院系发挥传统、地域、学科、专业优势，打造建设"一院一品"思想文化特色品牌情况，全面展现学校"专业协同、品牌驱动、特色引领"的思想文化建设卓著成效。近年来，渭南师范学院选树和建设"一院一品"思想文化特色品牌这一创新做法，构建了学校思想政治育人大格局，开创了学校文化建设新局面，使"一院一品"讲好新时代的大思政课研究实践在渭南师范学院落地生根、开花结果、溢香校园。

　　本著作对新时代高校校园文化建设既有理论层面的阐释与分析，又有实践层面的总结与探索。著作的出版，会使新时代高校校园文化建设理论研究和实践探索者开阔视野、拓展思路，达到学习借鉴、抛砖引玉的目的，对推动新时代高校校园文化建设高质量发展贡献一己之力。

　　新时代，新征程，新作为。为党育人、为国育才，切实肩负起更好培养时代新人的重大使命，高校责无旁贷、荣光在肩。我们将以习近平新时代中国特色社会主义思想为指导，深入学习贯彻党的二十大精神，贯彻落实习近平文化思想，坚持"两个结合"，抓好顶层设计，汇聚强大合力，构建一体化、融合式文化育人体系，不断满足广大师生日益增长的文化需求，全力推进以育人为核心的大学文化建设创新发展，奋力谱写新时代高校文化建设新篇章。

渭南师范学院党委书记　卓宇

2024 年 4 月

# 目 录
## CONTENTS

**第一篇 理论探索篇** ························································· **(1)**

学深悟透 融会贯通 真信笃行

    ——渭南师范学院学懂弄通做实习近平新时代中国特色

      社会主义思想 ···························································· 卓 宇（3）

把思想伟力转化为铸魂育人的生动实践 ····················· 卓 宇（7）

渭南师范学院：用"十大"育人体系，构建"三全育人"

    格局 ·············································································· 卓 宇（11）

渭南师范学院：赓续红色血脉 谱写担负文化使命新篇章 ··· 卓 宇（15）

"三个务必"指引地方师范院校高质量发展 ············ 张守华（18）

北方宝卷语言文化研究刍论 ······································ 曹 强（27）

激发西部高等教育内生动力 ······································ 李明敏（37）

**第二篇 实践育人篇** ····················································· **(41)**

全球化背景下我国大学文化建设的价值定位与实践路径 ······ 孙宏恩（43）

大学文化自觉与学院精神文化的弘扬 ······················· 王昌民（53）

《史记》文化与地方高校校园文化建设融合策略研究

    ——以渭南师范学院为例 ·························· 马雅琴 刘小霞（61）

论《史记》中的音乐文化 ············································ 杨冬菊（70）

文化修养对舞蹈创作的影响因素分析 ······················· 郭秦岭（84）

坚定文化自信自强　担负文艺铸魂育人使命 ·················· 代　娟（91）
高校主旋律视听文化作品的育人功能与创作技巧
　　——以微纪录片为例 ························· 于占豪（95）

**第三篇　校史校训篇** ·········································· （**101**）
"明德新民，止于至善"是大学校训的核心价值
　　——兼论渭南师范学院的校训文化建设········· 庞德谦　王昌民（103）
蒙尘的记忆
　　——渭南师院创立初期之拾遗 ················· 安　黎（116）
为了忘却的记念
　　——纪念渭南师专建校 20 周年 ················ 赵明理（119）
20 周年校庆感怀 ····························· 段国超（123）
人生第一次"追星" ··························· 姬霄锁（126）

**第四篇　经验成果篇** ·········································· （**129**）
文明花开芳满园　沁心润德育新人
　　——渭南师范学院创建"六好"文明校园 ····· 朱芳转　王　索（131）
铸魂·启智·赋能
　　——渭南师范学院人文学院思想文化建设实践 ··· 张　晶　周雨坤（135）
艺术思政　以美育人　培根铸魂
　　——渭南师范学院音乐学院思想文化建设实践 ··· 白　锐　梁　君（144）
把红色资源融入高校大学生思政教育
　　——渭南师范学院美术学院思想文化建设实践 ··· 石海彬　徐　宁（151）
网络思政是政治性、思想性和亲和性的统一
　　——渭南师范学院网络思政栏目《小"马"在线》
　　建设实践 ····························· 马耀斌（156）

**第五篇　活动案例篇** ·········································· （**159**）
思想引领　文化浸润　特色发展
　　——渭南师范学院思想文化特色品牌建设实践 ··· 朱芳转　石　明（161）

"书记小喇叭"　育人大舞台

　　——渭南师范学院经济与管理学院"书记小喇叭"思想文化特色

　　　品牌建设实践 ··· 魏光民　王钰莹　王　慧　陈小红　代　杨（176）

讲好中国故事　传播好中国声音

　　——渭南师范学院外国语学院"用外语讲好中国故事"

　　　思想文化特色品牌建设实践 ········· 吕　健　伍　萌　李　萍（197）

党建引领　光影传媒　铸魂育人

　　——渭南师范学院传媒学院"光影传媒"思想

　　　文化特色品牌建设实践 ················ 曹熙斌　赵书英（202）

精准思政　艺术领航　融合育人

　　——渭南师范学院莫斯科艺术学院"艺心向党"

　　　思想文化特色品牌建设实践 ··········· 孟　波　高梦涵（207）

用青春的镜头编织五彩的未来

　　——渭南师范学院宣传部"视听渭师"思想文化

　　　特色品牌建设实践 ·················· 石　明　于占豪（213）

第六篇　制度建设篇 ·································· （221）

试论地方文化研究与中文学科建设关系 ········· 凌朝栋　曹　强（223）

教学文化与大学教师教学发展关系探析 ········· 王昌民　王　凌（230）

西部地域文化"走出去"战略视域下的译介

　　策略探讨 ························· 高凤平　刘新森（246）

新时代高校校园文化建设的机遇、挑战及发展路径研究 ····· 朱芳转（255）

基于创新的高师院校校园体育文化建设研究 ············ 左海燕（263）

参考文献 ········································· （267）

后记 ············································· （276）

第一篇

# 01

## 理论探索篇

# 学深悟透　融会贯通　真信笃行

## ——渭南师范学院学懂弄通做实习近平新时代中国特色社会主义思想

卓　宇

（渭南师范学院，陕西 渭南 714099）

渭南师范学院党委坚持把学习贯彻党的创新理论作为强化思想武装的重中之重，把学懂弄通做实习近平新时代中国特色社会主义思想作为首要政治任务，坚持原原本本学、全面系统学、联系实际学、及时跟进学，引导党员干部和广大师生学深悟透、融会贯通、真信笃行。

**一、在"学懂"上下功夫，坚持以上率下、勤学深学**

学懂是前提。学习贯彻习近平新时代中国特色社会主义思想是全体党员的必修课，既要整体把握、全面系统，又要突出重点、抓住关键。

聚焦重点深入学。坚持党委理论学习中心组带头学，以《习近平新时代中国特色社会主义思想学习纲要》《深入学习习近平总书记关于教育的重要论述》等内容为重点，通过学习会、读书会、辅导报告会，分专题、分阶段，原原本本、系统全面研读指定书目，结合岗位职责，谈感悟、写体会。坚持及时跟进学，做到理论创新每前进一步，理论学习就跟进一步，第一时间组织观看重要会议、重大活动直播实况，第一时间学习传达重要讲话重要指示批示精神，及时印发学习宣传贯彻文件，组织召开动员会、推进会，在全校范围内迅速掀起学习贯彻热潮。

创新形式扎实学。创新开展习近平新时代中国特色社会主义思想进教材、进课堂、进头脑工作，在"两微一端"开设学习专栏，引导师生党员通过

"指尖课堂"补足"精神之钙"，如党史办开设的"百年路·党史情"、人文学院开设的"文心润玉"、经济与管理学院开设的"书记小喇叭"、外国语学院开设的"用外文讲好中国故事"等栏目学习效果良好。学校将"不忘初心、牢记使命"主题教育和党史学习教育课堂搬至文艺舞台，先后举行《共产党宣言》《渭华回响》《一张特殊的全家福》等话剧展演 10 余场，举行"唱支山歌给党听"庆祝中国共产党成立 100 周年课程思政音乐会、"青春·使命"原创歌曲展演等 10 余场。

分类引导组织学。结合不同群体特点，突出分类安排、分层引导，把学习贯彻习近平新时代中国特色社会主义思想融入日常。面向党员领导干部，着力读原文、悟思想、汲取智慧和力量，开展专题学习研讨、专题辅导报告；面对教师党员，着力政治引领，通过在教师中开展习近平新时代中国特色社会主义思想理论论文征集、理论阐释、专项研究项目、思政课大练兵、"课程思政"示范教学等活动引导教师深入学；面对青年学生开展"青春告白祖国"、同上"四史"思政大课、"请党放心强国有我"大学生宣讲比赛等活动，厚植爱国主义情怀，培养奋斗精神。

## 二、在"弄通"上下功夫，坚持载体推动、吃透悟透

弄通是关键。学校党委突出教育活动的政治引领，通过课堂阵地、理论宣讲、专题培训、红色研学等载体，引导广大党员师生深刻领会习近平新时代中国特色社会主义思想的丰富内涵和实践要求，做到活学活用、融会贯通。

守好课堂主阵地。牢牢把握思政课是落实立德树人根本任务的关键课程，创新思政课教学模式，深化"课程思政"建设，开设"习近平新时代中国特色社会主义思想"系列讲座，将"四史"教育和抗"疫"精神融入思政课教学，深入阐述中国力量、中国特色和中国精神，高举新时代党的思想旗帜，宣传阐释好党的创新理论，强化思政课铸魂育人主阵地、主渠道、主引擎功能。

强化主题宣讲。邀请校外专家走进校园，深入解读党的重大决策部署、方针政策。校内组建由马克思主义学院专家、教授组成的理论宣讲团和大学生骨干宣讲团，持续开展校院两级专题宣讲活动，做到理论宣讲党员师生全覆盖。充分发挥思政工作队伍传、帮、带的优良传统，形成"思政名师讲给

辅导员听，辅导员讲给学生听"的学习圈层。

丰富专题培训。充分发挥党校、团校及线上学习培训优势，围绕学习贯彻习近平新时代中国特色社会主义思想和党的十九大精神、习近平总书记来陕考察重要讲话重要指示精神等，精心设计课程，分类分层次举办处级领导干部、基层党组织书记、思政课教师、专职辅导员、学生党员骨干、"青马"学员等培训班，通过主题培训，引导师生真学真懂真用。

做好研学实践。利用陕西红色资源，组织广大师生党员前往渭华起义纪念馆、蒲城永丰革命烈士陵园、富平县爱国主义教育基地等，开展现场教学、重温入党誓词等研学实践教育，教育引导党员师生增强政治自觉与行动自觉。学校组织党委委员赴延安、照金、马栏瞻仰革命旧址，弘扬革命精神，汲取前行力量。各二级单位党组织组织师生到红色基地开展"赓续红色基因，弘扬革命精神"主题党日活动，重温红色记忆，接受革命精神洗礼。

### 三、在"做实"上下功夫，坚持学以致用、知行合一

做实是根本。一分部署、九分落实，做实就要持续将学习成果有效转化为落实全面从严治党，服务国家重大战略和陕西高质量发展，推动学校内涵建设、事业发展的强劲动力。

坚持党对教育事业的全面领导。学校党委始终坚持党要管党、全面从严治党方针，认真落实主体责任，深入学习贯彻习近平总书记关于教育的重要论述，坚持社会主义办学方向，坚持党委领导下的校长负责制，持续增强基层党组织政治功能，充分发挥党委总揽全局的领导核心作用，全面加强党对学校工作的领导。

持续完善"三全育人"大思政格局。落实立德树人根本任务，构建"三全育人"大思政格局，统筹推进课程、科研、文化、管理等"十大育人"体系建设，全面提升人才培养质量，引导学生增强"四个自信"，矢志不渝听党话跟党走，努力培养德智体美劳全面发展的社会主义建设者和接班人，培养担当民族复兴大任的时代新人。

着力提升内涵建设和高质量发展。强化应用型大学转型发展，持续深化教育教学综合改革，突出师范特色优势，明确人才培养目标，着力推进"一流专业"和"一流课程"建设，探索实施卓越教师培养工程，强化师范生技

能培训，抓实师范专业认证，加快"申硕升大"步伐，努力提升高素质应用型人才培养质量，加快推进学校建设特色鲜明的高水平地方师范大学的进程步伐。

（编辑：石明）

（原载《法治与社会》2022 年第 1 期）

# 把思想伟力转化为铸魂育人的生动实践

卓　宇

（渭南师范学院，陕西 渭南 714099）

渭南师范学院党委理论学习中心组坚持把开展学习贯彻习近平新时代中国特色社会主义思想主题教育作为一项重大的政治任务，作为贯彻落实党的二十大精神的重要举措，以把稳政治方向、服务中心大局、推动守正创新为关键点，聚焦主题教育总要求、根本任务和具体目标，坚持不懈用习近平新时代中国特色社会主义思想铸魂育人，以时时放心不下的责任感和积极担当作为的精气神履职尽责，为奋进中国式现代化国家新征程、谱写陕西高质量发展新篇章贡献渭南师范学院力量。

## 一、聚焦重点深入学

在"六个学"上下功夫。一是统筹谋划部署推进学。制定实施方案、学习指导意见等，明确要求领导干部要积极运用理论学习中心组学习成果，开展专题宣讲，面对面谈体会、谈认识、谈贯彻落实。二是理论学习中心组带头学。开展主题教育专题集中学习研讨6次，交流发言25人次，反复学习研读，在学习思考中不断提升素质本领、坚定理想信念、升华觉悟境界，做到深化于学、内化于心、外化于行。三是主题教育读书班示范学。通过分组领学、个人自学、研讨交流、专题党课、每日一测等形式，强化理论武装、补足精神之钙、增强发展信心、坚定奋进信念。四是"三会一课"全面学。结合"三会一课"、主题党日等开展学习，结合常态化党史学习教育，运用红色教育资源和党性教育基地，在传承红色基因中铸魂提能。赴焦桐林、焦裕禄纪念馆、红旗渠纪念馆、红旗渠分水闸、红旗渠重点咽喉工程——青年洞、柞水县秦岭牛背梁国家级自然保护区和金米村等教学点实践研学，将理论学习与实践相结合，将大理论细化为小选题，用贴心话讲清大道理，让党员听得懂、记得住、学得进、有触动。五是专题辅导报告深入学。邀请陕西师范大学文学院教师、博士生导师、全国高校黄大年式教师团队"中国古代文学教师团队"负责人张新科教授，党的十九大、二十大代表、南京航空航天大学徐川教授，西安交通大学马克思主义学院院长、博士生导师燕连福教授等作专题辅导报告，进一步学深悟透习近平新时代中国特色社会主义思想，牢牢把握这一思想的世界观、方法论和贯穿其中的立场观点方法，自觉用以指导解决实际问题，切实将学习成效转化为做好本职工作、推动事业发展的生动实践。六是走出去宣讲助力学。党委理论学习中心组成员深入学校"两联一包"大荔县安仁镇龙门村、"双百工程"帮扶县澄城县及地方兄弟院校开展宣讲活动，为地方基层干部和群众深入、完整、系统地领会习近平新时代中国特色社会主义思想的深刻内涵提供地方高校应有的使命担当，以实际行动服务社会，进一步加强基层理论武装，让理论"飞入寻常百姓家"。

## 二、牢记嘱托育新人

党的十八大以来，习近平总书记多次到陕西考察，每次重要讲话重要指示批示都为陕西发展把脉定向，赋予新的使命、新的任务，教授思想方法、工作方法，为做好新时代陕西工作提供根本遵循、指明前进方向。2023 年 5 月 17 日，在听取省委和省政府工作汇报时，习近平总书记对开展好主题教育提出重要要求，深刻阐明"以学增智，就是要从党的科学理论中悟规律、明方向、学方法、增智慧，把看家本领、兴党本领、强国本领学到手"，并从提升政治能力、提升思维能力、提升实践能力三方面提出明确要求。渭南师范学院凝心聚力，坚持在"五个结合"上下功夫，学习贯彻习近平总书记在听取省委和省政府工作汇报时的重要讲话精神，一是同习近平总书记历次来陕考察重要讲话重要指示精神结合起来，二是同贯彻落实党的二十大精神结合起来，三是同开展主题教育结合起来，四是同落实"三个年"活动部署结合起来，五是同推进学校重点工作结合起来，更加坚定不移地沿着习近平总书记指引的方向奋勇前进。以这次主题教育为契机，深刻领会"以学增智"的任务要求，不断领悟习近平新时代中国特色社会主义思想的世界观和方法论，掌握科学的世界观和方法论这把"金钥匙",面对高质量发展中出现的各类新情况、新问题、新挑战,克服"思维惯性""路径依赖",增长干事创业的智慧和才干,始终坚守为党育人、为国育才的初心和使命,在奋力加快推进教育高质量发展的新征程中培养担当民族复兴大任的时代新人。

### 三、扑下身子用心干

本次主题教育的根本任务是要在以学铸魂、以学增智、以学正风、以学促干方面取得实实在在的成效,落脚点是要在"干"字上做足做深文章。学校的发展是一代代渭师人风雨同舟、开拓创新、砥砺前行实干出来的。历史的接力棒交到我们这一代人手中,接续奋斗、锐意改革、"申硕升大"、推动学校高质量发展是学校发展的一项重要目标任务,要紧紧扭住办学定位目标、人才培养任务、学科专业建设、思想政治教育等为党育人、为国育才工作的"牛鼻子",全面提升人才培养质量,落实立德树人根本任务。聚焦制约学校高质量发展的瓶颈和难点,在思路清、方向明的前提下,清醒正视当前推动学校高质量发展面临的困境和难题,以学促干、以干促学,聚焦学校发展现状问题、短板强项、淤点堵点,做到边学边思考,查找工作差距,寻求破题之道,完善发展思路。以深入开展干部作风能力提升年活动为契机,锻造过硬作风,强化实干担当,以"时时放心不下"的责任感、敢为人先的精气神,扑下身子用心干,奋勇争先创佳绩。

### 四、强化措施提质效

抓实"四个三",突出重点,立足实际,把理论学习、调查研究、推动发展、检视整改有机融合,一体推进主题教育走深走实。"三个明确"促学。明确学习对象,明确学习内容,明确学习计划,为理论学习划好"标准线"。"三个紧盯"促研。紧盯影响学校改革发展的主要症结,紧盯推进学校内涵发展的重大事项,紧盯师生急难愁盼的热点问题,为调查研究定好"指南针"。"三个结合"促干。结合主题教育,结合"三个年"活动,结合学校"十四五"事业发展规划和年度工作要点,为推动发展激活"动力源"。"三个坚持"促改。坚持边学习、边对照、边检视、边整改的思路,坚持分类整改与集中整治相结合,坚持"当下改"与"长久立"相结合,为检视整改列出

"任务书"。

坚持"四个贯穿始终"。一是将强化理论武装贯穿始终，在学思想中铸忠诚。深入学习领会习近平总书记关于主题教育的系列重要讲话精神，认真贯彻中央和省委部署要求，进一步提高政治站位，加强组织领导，不断改进学风，丰富学习活动载体，深学细悟必读书目和选读书目，延伸拓展相关知识。二是将开展调查研究贯穿始终，在强党性中守初心。下沉一线，多到问题多、困难多的部门和师生中去，获取第一手资料，听取基层声音，注重调研成果转化，调研式推动解决制约学校发展的现实难题短板。三是将推动检视整改贯穿始终，在重实践中勇作为。以整改落实为抓手，巩固整改成果，防止问题反弹，抓好长效机制建设，坚持边整改边立制，从制度上消除发生问题的源头。四是将抓好高质量发展贯穿始终，在建新功上谋长效。切实把党的创新理论转化为做好具体工作的新思路、新举措、新方法，抓紧抓实各项重点工作，以学校各项事业高质量的实干实绩检验主题教育的成果成效。

（编辑：石明）

（原载《中心组学习》2023 年第 6 期）

# 渭南师范学院：用"十大"育人体系，构建"三全育人"格局

卓 宇

（渭南师范学院，陕西 渭南 714099）

习近平总书记在全国高校思想政治工作会议上强调，要坚持把立德树人作为中心环节，把思想政治工作贯穿教育教学全过程，实现全程育人、全方位育人。渭南师范学院一直把立德树人的成效作为检验一切工作的根本标准，积极培育和践行社会主义核心价值观，着力推进"十大"育人体系建设，努力构建"三全育人"工作格局，切实肩负培养德智体美劳全面发展的社会主义建设者和接班人的神圣使命。

## 一、组织育人覆盖全面

学校充分发挥基层党组织的育人保障功能，选优配强学生党支部书记，开展党支部书记培训班、工作述职评议等活动。创新多种模式、多重覆盖的团建机制，尝试成立学生公寓团工委、公寓团总支、公寓楼层团支部、宿舍团小组，覆盖学生达 5000 人。大力实施"青马工程"，加强分层、分类培训模式，近 3 年先后培训学员达 10，000 人，学校被团省委评为"青年马克思主义者培养工程先进单位"。

## 二、课程育人同向同行

制定实施《渭南师范学院马克思主义学院建设方案（2019—2021）》，推动"标准化马克思主义学院"向"重点马克思主义学院"提升。切实提高思想政治理论课教学质量，学校将全部"思政课程"立项建设为在线开放课程，

并打造"思政课程"示范课堂。深化"课程思政"改革，每门课程的教学大纲都明确了价值观培养目标，学校专门设立"课程思政"教改项目，组织开展教师学习培训、教学竞赛等活动。

### 三、科研育人学研相济

学校持续设立学生科研项目，每年设立150项校级大学生创新创业计划训练项目，为每个项目团队配备指导教师和研究经费。近3年的学生科研项目中，有195项获批为省级、67项获批为国家级项目。实施"三师导引"制度，鼓励和引导学生参与教师的科研项目，在每年设立的教育科学研究项目中，学校要求每个项目要吸纳5~7名师范生，与教育类教师、基地学校教师合作研究教育领域问题。

### 四、心理育人关切学生

学校大学生心理健康教育指导中心构建教育教学、实践活动、咨询服务、预防干预、平台保障"五位一体"的心理育人工作格局。加强心理咨询教师的学习培训、业务提升和交流研讨。开通心理援助热线，为学生提供心理咨询服务，及时帮助学生解决心理问题。定期举办心理剧展演、心理微课教学竞赛，举办"5·25"大学生心理健康节系列活动，学校荣获"陕西省大学生心理健康教育先进单位"称号。

### 五、实践育人面向基层

学校开展大学生劳动教育实践活动，将"劳动教育实践课程"作为必修课列入人才培养方案。开展内容丰富、形式多样的第二课堂活动，将思想政治、实践实习、志愿公益、创新创业、文艺体育、社会工作、技能培训等方面作为第二课堂成绩单的课程项目内容。大力开展志愿服务和扶贫攻坚活动，2019年，累计发起志愿活动80余次，时长达5600小时，39名毕业生参加志愿服务西部计划项目。

### 六、文化育人浓郁氛围

学校积极打造校园文化建设活动品牌。经济与管理学院在微信平台开设的"书记小喇叭"栏目,以微党课、诗朗诵、快板等形式对学生开展思想政治教育,学校还专门成立了"求真育人"工作室。人文学院通过排演话剧《雷雨》《屈原》《人生》等形式,培育学生的爱国情怀和奋斗精神。美术学院组织开展的红色经典画创作活动,使广大学生在绘画创作过程中,重温党的光辉历史,弘扬党的优良传统。

### 七、管理育人提升实效

学校常态化开展普法宣传教育"八个一"活动,在校园内安装普法媒体机,邀请校内外专家举办多场法治教育报告会,参加陕西高校法治文化节等活动。教学管理方面加大教考分离力度,实施课程重修制度,取消"清考";严格执行学业警示和留降级制度,加强毕业资格、学位授予资格审核,严把出口关。聘任学生校长助理,设置学生提案委员会和"青年之声"互动平台,建立学生自我管理、自我约束、自我监督机制。

### 八、服务育人注重质量

学校各职能部门强化服务育人理念,优化服务流程,简化办事环节,制定服务指南,完善服务标识,进一步提升服务质量。学校充分利用服务工作中涌现出的先进典型育人,宿舍管理员将突发疾病晕倒的学生及时背下楼抢救,挽救了学生的生命;宿舍管理员八年如一日义务为学生缝补衣服,学生亲切地称呼她们"宿管妈妈"。学校还设立通宵自习室,为学生提供良好的学习环境;为暑期留校考研学生提供防暑降温用品。

### 九、资助育人落细落实

学校建立奖、助、贷、补、勤、减、免、偿"八位一体"资助育人保障体系,拓宽资助渠道,搭建多元化资助平台,设立各类奖助学金20余项。设置勤工助学岗位,举办"勤工助学先进个人"评选活动,教育引导学生艰苦奋斗、积极进取。后勤服务中心还通过网络与教育技术中心提供的学生餐厅消费数据信息,对生活困难学生进行精准识别和补贴,及时将学校的关心和关怀送到需要帮助的学生身上。

## 十、网络育人特色鲜明

制定实施《渭南师范学院教育信息化建设三年行动计划（2018—2020年）》，同步规划校园网络安全与校园信息化建设。举办大学生网络文化节、大学生学术科技节、大学生微电影大赛等特色活动。充分利用"两微多端"新媒体平台，不断强化网络平台在宣传信息、开展活动、服务师生等方面的功能。学校探索实践基于易班平台的"互联网+学生工作"模式，构建学生成长档案，不断提升网络育人实效。

面对当前高校思想政治工作要因事而化、因时而进、因势而新的要求，学校将积极贯彻落实全国、全省教育大会精神，回归教学本位，整合各方育人资源，深化"三全育人"综合改革，进一步完善人才培养体系，努力将"三全育人"工作做实做细，做出成效、做出特色、做出亮点，切实提高人才培养质量，促进学生全面成长与发展。

（编辑：石明）

（原载《法治与社会》2020年第4期）

# 渭南师范学院：赓续红色血脉
# 谱写担负文化使命新篇章

卓 宇

（渭南师范学院，陕西 渭南 714099）

高校是文化创造和传播的主要平台。文化的传承和创新是大学的重要使命与职责，是新时代大学发展的自觉选择。在新的起点上，为了更好担负起新的文化使命，渭南师范学院坚持文化强校发展战略，重视顶层设计，高扬思想旗帜，强化价值引领，发挥地域特色，彰显文化育人功能，把弘扬红色文化与担负起新的文化使命统一起来，用好红色资源，赓续红色血脉，培养堪当强国建设、民族复兴大任的时代新人。

## 一、以文铸魂，筑牢红色理论思想根基

渭南师范学院地处陕西省渭南市，是一所以教师教育为主要特色的多科性应用型地方高校。渭南市有着悠久厚重的历史文化、光辉灿烂的革命文化、独具特色的地域文化，为学校用好红色资源、赓续红色血脉、培养担负新的文化使命的时代新人提供了丰厚文化土壤和强大精神力量。

学校党委坚持把党的政治建设摆在首位，紧紧把握思想政治工作生命线，全面统筹办学治校各领域、各环节、各方面的育人资源和育人力量，全力构建学校红色文化育人体系，在红色文化育人中构筑中国精神、中国价值、中国力量。

学校党委理论学习中心组在实践学习中寻初心、悟思想、践使命、谋发展。组织师生党员到延安聆听老党员讲党史，重温党在延安时期的峥嵘岁月，领悟延安精神的内涵要义；到照金瞻仰陕甘边革命根据地英雄纪念碑，在碑前重温入党誓词；到梁家河村了解村庄40多年的发展变化，体会"小村庄里

的大学问"。

学校组织党员干部赴焦裕禄同志纪念馆、红旗渠纪念馆等地汲取思想伟力，体悟初心本色。鼓励引导党员干部以焦裕禄精神为动力，争做焦裕禄式的好党员、好干部；传承红旗渠精神，干事创业争先锋，为谱写学校高质量发展新篇章砥砺奋斗。

学校各级党组织带领师生赴渭华起义纪念馆、永丰革命烈士陵园、富平县爱国主义教育基地参观学习，寻访、挖掘发生在渭南这片革命热土上的英雄故事，学习英雄先烈、革命前辈为争取民族独立、人民解放，实现国家富强、人民富裕而英勇奋斗的感人事迹，以浩然正气、昂扬斗志激励师生奋然前行。

### 二、以文载道，建强红色文化特色品牌

学校着力创新红色文化宣传载体，创新课程思政育人模式，让红色文化资源"活起来"，让红色精神薪火相传、熠熠生辉。打造"一院一品"大思政育人格局，用"一院一品"讲好新时代大思政课，在全校创建"一院一品"思想文化特色品牌20余个。重点打造多个红色文化特色品牌，在坚持文化自立、坚定文化自信、实现文化自强上下功夫，开创学校专业协同、品牌驱动、特色引领的红色文化建设新局面。

学校"美院美画"思想文化特色品牌结合专业特色，让青年学生聆听红色画作讲解，现场观摩党史主题绘画创作，从中感受建党百年的辉煌历程。在学生公寓设置"美院美画铸魂育人实践研究基地"，塑造爱国主义教育引领高校大学生思想政治教育的良好氛围。

"音苑新声"思想文化特色品牌以欣赏、唱响、创作、演绎红色音乐作品为主线，通过唱响红色歌曲、创作红色作品、录制红色音乐微党课等形式，加强青年学生对红色文化的学习传承和发展创造。

"用外语讲好中国故事"思想文化特色品牌以多语种翻译展播革命先烈、"共和国勋章"获得者、"时代楷模"等先进人物的感人故事，让青年学生通过聆听故事，沉浸式体验艰辛历程、巨大变化、辉煌成就，增强青春挺膺、强国担当的使命感与责任感。

### 三、以文传脉，创作红色文艺精品力作

为了让红色文化焕发出更加夺目的时代光彩，学校积极创作、排练、展演红色经典话剧，打造红色文艺精品力作，将红色文化更加生动、鲜活地呈现在师生面前，让师生在走近红色人物、触摸红色历史、感悟红色精神的过程中增进文化认同、思想认同和情感认同。

学校推出原创红色话剧《渭华回响》，讲述"躺平"大学生薛刚在一次穿越时空的机遇下来到1928年，与前辈薛自爽并肩参加渭华起义，见证渭华起义先烈们革命之路的艰辛，最终坚定理想信念完成精神的自我救赎。

红色话剧《共产党宣言》讲述了广州起义失败后，共产党员林雨霏怀揣像生命一样珍贵的《共产党宣言》躲避敌人追捕的故事，再现革命年代共产党人不屈的灵魂与坚定的信仰。师生在排演过程中深入了解红色历史，在红色精神的浸润、感染、熏陶中启迪智慧、砥砺品格。

原创红色话剧《一张特殊的全家福》以渭华起义纪念馆中一张特殊的"全家福"为背景，讲述了渭华起义的领导者之一、革命烈士温济厚不忘初心，为党和人民的解放事业献出宝贵生命的感人故事。师生通过观看话剧，沉浸式感悟永不消逝的理想之光、代代相传的红色精神信仰。

让初心薪火相传，把使命永担在肩。在新的发展机遇期，渭南师范学院将紧紧围绕"培养什么人、怎样培养人、为谁培养人"这一根本问题，落实立德树人根本任务，始终把文化建设工作摆在突出位置，立民族文化之根，铸民族精神之魂，拓文明发展之道，不忘本来、开创未来，传承红色基因，赓续红色血脉，谱写新时代红色文化建设新篇章。

（编辑：石明）

（原载《光明日报》2024年5月15日第3版）

# "三个务必"指引地方师范院校高质量发展

张守华

（渭南师范学院，陕西 渭南 714099）

渭南师范学院 1960 年建校，到 2023 年已有 63 周年。饮水思源当思来之不易，抚今追昔当念先贤伟业。63 年来，"两个务必"为学校师生提供了精神引领，几代创业者苦心孤诣、无私奉献、砥砺耕耘，因而桃李芬芳、弦歌不辍、不断超越，学校师生用实际行动践行了"两个务必"。

"三个务必"是对"两个务必"的传承、创新和发展，新时代的地方师范教育，要更加坚决地践行"三个务必"，在教育改革的实践中胸怀为民精神，在培养人才的实践中秉持奋斗精神，在服务地方的实践中增强斗争精神。作为以师范教育为主的地方院校，渭南师范学院将始终坚守师范教育主责主业，以"扎根渭南，深耕教育，培养新时代大国良师"为使命，以建设特色鲜明的一流师范大学为核心目标，通过强化师范教育特色、打好"申硕"攻坚战、提升教育教学质量、服务区域经济社会发展等方式，实现学校学科结构、课程结构、人才结构的持续优化，奋力谱写地方师范院校高质量发展的新篇章。

**一、守初心、担使命，胸怀为民精神，在为党育人为国育才方面做出新贡献**

"初心"要回答的问题是"我是谁"，明确共产党人无产阶级先锋队、全国人民先锋队、中华民族先锋队的身份定位。"使命"要回答的问题是"为了谁"，明确共产党人的根本宗旨。"不忘初心、牢记使命"是加强党的建设的永恒课题。弘扬为民精神就是要践行全心全意为人民服务的根本宗旨，贯彻党的群众路线，为群众办实事、解难题；就是要调动党员干部的学习兴趣和热情，提高党员干部守初心担使命的思想水平、政治素养和工作能力；就是要筑牢党员干部的信仰之基、补足精神之钙、把稳思想之舵，不断提高政治判断力、政治领悟力、政治执行力。因此，弘扬为民精神体现在办学实践上，就是要落实"立德树人"根本任务，走以质量提升为核心的内涵式发展之路，就是要"不忘立德树人初心，牢记为党育人、为国育才使命"①。

（一）坚持党对高校工作的全面领导，落实立德树人的根本任务

高校肩负着科技强国、人才强国特殊而重大的时代使命，党的领导是高校各项工作的"指南针"和"压舱石"，必须毫不动摇地坚持和加强，把党的领导贯彻到办学治校全过程和各方面。前进道路上面临着诸多困难与挑战，没有党的坚强领导，就不可能应对风险挑战、抵御危机。要履行好党委把方向、管大局、做决策、抓班子、带队伍、保落实的根本责任，把党的政治建设摆在首位。全面贯彻《中国共产党普通高等学校基层组织工作条例》《党委（党组）落实全面从严治党主体责任规定》、党委领导下的校长负责制工作规定、"三重一大"事项决策管理办法和教职工代表大会制度等重大制度，把坚持党的领导贯彻到工作的方方面面，推动学校高质量发展。

培养什么人，怎样培养人，为谁培养人，关键在于立德树人。要把立德树人作为检验学校一切工作的根本标准，真正做到以文化人、以德育人，不断提高师生思想水平、政治觉悟、道德品质、文化素养，做到明大德、守公德、严私德。要把立德树人内化到学校建设和管理的各领域、各方面、各环节，做到以树人为核心，以立德为根本。就师范院校教育而言，教育为人生奠基，就需要在思想上高度重视德育、智育、体育、美育和劳育之间的辩证关系，德育为人的全面发展定向，智育发展人的思维能力，体育健全人的意志品质，美育提升人的审美情趣，劳动教育发展人的实践能力，真正做到"育人为本、德育为先"。

（二）以"扎根渭南，深耕教育，培养新时代的大国良师"为使命

作为地方师范院校，首先要坚守师范教育主责主业，高举教师教育旗帜，

---

① 习近平向全国广大教师和教育工作者致以节日祝贺和诚挚慰问［N］. 人民日报，2020-09-10（1）.

推进师范教育守底色、固本色、强特色。同时，聚焦服务国家战略需要，紧密围绕区域发展做贡献，为地方教育事业培养大批优秀师资，积极服务地方基础教育。

渭南是西北地区马克思主义传播最早的地方，蕴含着丰富的红色文化资源。1923年，党的早期党员王尚德始创"抗大式"赤水职业学校（1936年更名为"赤水农业职业学校"），是我党在秦东地区党团组织的发源地和活动指挥中心，是培育革命人才和农业职业技术人才的主阵地，是培育青年马克思主义者的摇篮。1928年的渭华起义，巩固了"赤职""赤农"的教育成果，使渭华地区的民众受到了良好的文化教育和革命思想教育，开创了秦东红色教育之先河，为秦东地区的革命和经济发展做出了突出贡献。渭南师范学院从1960年建校伊始，就注重继承渭南红色教育传统，以育人为本、艰苦创业为办学宗旨，始终将办好师范教育作为第一职责，把培养合格教师作为第一要务，形成了"以生为本"的传统优势、"师范教育"的特色优势、"扎根渭南"的区位优势、"人才密集"的高地优势、"教师摇篮"的品牌优势、"国际合作"的办学优势、"劳动教育"的创新优势、"追求卓越"的人文优势。学校在师范教育中坚持"五育"并举，实施"铸魂育人""智育提质""体育强健""美育浸润""劳动淬炼"5大计划，形成了卓尔不同的"渭师经验"。

学校先后为国家培养了8万余名毕业生，其中80%在西部或基础教育一线。特别是在基础教育领域，校友覆盖了渭南市所有的中小学。渭南市中小学名校30%的教师、50%的校长、70%的学科带头人都毕业于渭南师范学院，涌现出了一批扎实肯干、勤奋有为的"全国模范教师""全国优秀教师""全国五一劳动奖章"获得者。学校也因此成为渭南市基础教育教师的摇篮、骨干教师培训基地，书写了培养基础教育师资的"渭师篇章"。

基于对学校历史传统的全面总结、对学校地理区位的客观思考，渭南师范学院确定了"扎根渭南，深耕教育，培养新时代的大国良师"的办学理念，这也是全体渭师人的使命。

**二、怀虚心、肯吃苦，秉持奋斗精神，在办好人民满意的教育、办出学校特色方面担当新作为**

艰苦奋斗是严于律己、自强不息的拼搏精神，是不怕困难、勇往直前的积极行动。奋斗精神体现在办学实践上，就是筑牢师范专业的根基，创新"卓越教师"协同培养模式，合理设置教师教育课程体系，加强通识类、教育类、专业类、实践类、艺体类五类课程建设，推行教例教学、工作过程导向教学、混合式教学、参与式教学等对接实践的教学模式，使培养的教师能够"下得去、留得住、用得上、教得好"，真正为区域基础教育培养大量"四有"好老师。

（一）保持艰苦奋斗的作风，办好人民满意的教育

1960 年 5 月 9 日，经国务院批准，陕西省人民委员会批复了陕西省高教局的请求，同意成立渭南师范学院，首批设立中国语文、物理、化学、数学 4 个专业，对学生进行了以厚植教育情怀为内容的专业思想教育。创业的艰辛成就了师生艰苦奋斗、不断进取的优良品质，也为社会培养了一批急需的师资和人才。

1978 年 5 月，经陕西省革命委员会批复，成立陕西师范大学渭南专修科。1978 年 12 月，经国务院批准，教育部同意以陕西师范大学渭南专修科为基础，建立渭南师范专科学校。时隔 10 多年再次创业，建设者们在简陋、偏僻的条件下，承继老师院人艰苦奋斗、不断进取的精神，确定了以"铸师魂、树师德、练师能、养师风"为内容的"铸造师魂"工程；注重德育工作中的师范特色培育，对学生进行"爱农乐师"的职业信念教育。在渭南师范专科学校 22 年的办学历史中，全体师生员工共同努力、团结奋斗、艰苦创业，取得了良好的办学声誉。

2000 年 3 月，经教育部批准，渭南师范专科学校和渭南教育学院合并成立了本科层次的渭南师范学院。渭南教育学院原为渭南地区中学教师进修班、渭南地区教师进修学院，1983 年渭南地区行政公署在此基础上正式设立"陕西省渭南教育学院"。两校合并升本之初，师资力量缺乏，发展资金短缺，校园地处偏僻，办学条件有限，难以适应快速发展的教育事业。全体师生以时不我待的责任感与使命感，以"育人为本、艰苦创业、励志图强"的奋斗精神，齐心协力，共克时艰。学校以"成长成才"为目的，以"提高课程质量"为重心，以"浓郁学风"为主线，以"素质拓展"为突破口，以"强化课外途径"为着力点，注重课内课外整体设计，从师范生职前技能培养的专业化、培养途径的多样化、培养机制一体化等方面深化教育教学改革，探索

有特色的教师职前培养新模式。学校用 4 年时间基本完成了朝阳校区建设，建成了功能完备、教学设施齐全的现代化大学校园。2006 年，学校在西部新建本科院校中率先通过教育部本科教学工作水平评估。

60 多年来，渭南师范学院已有朝阳、富平、西岳、汉马 4 个校区，15 个二级学院，包括国际教育学院、继续教育学院，建有中外联合办学机构莫斯科艺术学院，有 60 个本科专业，涵盖教育学、文学、理学、艺术学等 10 大学科门类，面向全国招生，在校生 2 万余人。

60 多年来，渭南师范学院师范专业学科门类逐步健全，由 1960 年的 4 个专业发展到目前的 22 个专业，实现了对基础教育学科门类的全覆盖，满足了基础教育人才队伍建设的全要求。办学规模逐步扩大，校园面积由原来的约 12 万平方米（180 亩）扩大到现在的约 120 万平方米（1800 多亩），学生规模由最初的 200 余人增长到现在的 2 万余人。办学质量稳步提升，在省内同类院校中率先升本，在省内新升本院校中首家接受了教育部本科教学工作水平评估；首批接受师范专业认证；成为首家获批西北地区艺术类中外合作办学机构。以上发展成绩表明，学校始终坚持艰苦奋斗精神，在奋斗中逐步发展。

60 多年来，渭南师范学院坚持以人民为中心的发展思想，牢固树立"德育为先、能力为重、注重过程、持续改进"的教育质量观，把促进人的全面发展、适应国家社会需要作为衡量教育质量的标准，以提高教育质量为导向完善管理制度和工作机制，把资源配置和学校工作重心集中到教育教学上来，不断增强学校的影响力和竞争力，努力办好人民满意的教育。

（二）保持谦虚谨慎的态度，强化师范教育特色定位

中共中央、国务院印发的《深化新时代教育评价改革总体方案》指出："改进师范院校评价，把办好师范教育作为第一职责，将培养合格教师作为主要考核指标。"国家出台了《"十四五"时期教育强国推进工程实施方案》《新时代基础教育强师计划》《关于新时代振兴中西部高等教育的意见》等重要文件，明确提出大力支持师范院校建设和发展。这些政策的出台，将师范院校发展提升到新中国成立 70 多年来前所未有的历史地位。师范教育要培养人民满意的"大先生"，建设高质量教师教育体系，以新时代教育家精神为感召力，努力培育出一批让党放心、让人民满意、让学生喜爱的高素质教师

队伍。

2022 年，渭南师范学院成功获批教育部师范教育协同提质计划重点支持院校。学校进一步强化了师范院校教师教育办学特色，依托高水平师范院校优质资源，加强协同联动，努力在人才队伍建设、学科专业建设、基础教育服务能力建设和学校管理与发展等方面实现新突破，为区域基础教育发展和乡村振兴提供坚强人才支撑。学校制定了《关于进一步加强师范专业建设的意见》，实现了师范专业学前教育和基础教育学科领域全覆盖，3 个师范专业入选国家一流专业，14 个专业入选省级一流专业。目前，师范专业学生占全体学生比例接近七成。数学与应用数学、汉语言文学 2 个专业通过教育部师范专业二级认证，学校在陕招收的"地方优师专项"录取最高分超出一本线 90 分，汉语言文学专业等国家一流本科专业第一志愿报考率达到 502%，2022 届毕业生去向落实率达到 92%。要进一步扩大优师计划师范生招生培养规模，集全校之力强化教师教育办学优势，大力培养让党和人民满意的"四有"好老师。为此，学校将继续弘扬"励志、笃学、求实、敬业""铸造师魂"的办学传统，在打造师范教育专业体系、课程体系、实践教学体系和素质拓展训练体系的同时，强化师范专业内涵建设，准确把握各师范类专业最新发展方向，并把教师教育新理论、新理念渗透于课程设置、课堂教学、实验培训、效果评价等诸多方面；积极组织特色化专业活动，强化师范生教师职业道德养成和教学核心技能提升，打造适应基础教育一线教学的卓越教师培养模式。把师范教育特色拓展为学科建设特色、科学研究特色、人才培养特色和学校文化特色，在经济欠发达地区走出一条建设一流大学的发展之路。

**三、敢担当、勇攀登，增强斗争精神，在扎根渭南服务地方方面书写新篇章**

"前进道路上，必然会遇到大量从未出现过的全新课题、遭遇各种艰难险阻、经受许多风高浪急甚至惊涛骇浪的重大考验。唯有始终保持锐意进取、敢为人先、迎难而上的奋斗姿态，积极担当作为、敢于善于斗争，才能胜利推进强国建设、民族复兴的历史伟业。"① 斗争精神的本质内涵是在实践中攻

---

① 习近平. 在学习贯彻习近平新时代中国特色社会主义思想主题教育工作会议上的讲话 [J]. 求是，2023（9）：4-14.

坚克难、拼搏奋斗。敢于斗争就是要有敢于担当作为的实践勇气，善于斗争指的是要有灵活应对各种矛盾冲突的实践智慧，练就斗争的真本领、真功夫。① 目标和发展愿景不是轻轻松松、敲锣打鼓就能实现的。斗争精神体现在办学实践上就是要敢于改革创新、勇于自我革命、善于化解矛盾，刀刃向内、知重负重、勇毅前行，摒弃不敢"扛红旗、攻山头"的保守思想，深入调查研究，用改革破除学校持续发展的障碍性因素，用改革激发内部活力、增强发展动力，通过资源集聚和开发，确立学科优势，开创协同提质办学新局面，谱写服务区域基础教育和区域经济社会发展新篇章。

（一）破解发展瓶颈，申硕攻坚引领区域基础教育发展

保持斗争精神，增强斗争本领，需要保持攻坚克难、开拓奋进的勇气和毅力，坚定扛起担当责任，始终保持奋斗姿态，不能把说了当做了，把做了当做好了，不能粗枝大叶，要坚持精品意识，做到精致、细致、极致，要能够以批判的眼光去看待走过的路，以批判的态度吸收和借鉴有益的东西，以批判的精神创造新的业绩。

2021 年以来，渭南市教育系统实施"三名+"建设（"名师+""名校+""名校长+"），以增强教育发展的内生动力，推动优质教师资源均衡，助推渭南教育强市建设。仅 2021 年就招引高层次人才 110 名，两年来为 5 个经济欠发达县累计补充体音美教师 411 人。② 考虑到渭南地方基础教育师资硕士占比较低，导致基础教育师资高学历化进程缓慢的实际情况，③ 渭南师范学院对标国务院学位委员会发布的硕士学位授予审核申请基本条件，健全目标管理，汇聚优质学科资源，加强组织保障和配套支持，全力做好申硕工作，力争实现学校办学层次的突破，使地方师范院校成为培养教育硕士的主体。

学校以实施学科攀登工程为支撑，发挥教育学、艺术学两个重点学科的支撑引领和示范带动作用，以凝练学科方向、突出学科特色、汇聚学科队伍、构筑学科平台为主要任务，加强文理基础学科建设。对重点扶持学科进行重

① 刘建军，韦玮."三个务必"的理论内涵、价值意蕴和实践路径［J］. 思想理论教育，2023（3）：27-33.

② 郭创. 渭南市教育局以"三名+"建设助推渭南教育强市建设［J］. 陕西教育（综合版），2022（4）：28.

③ 丁德科，王昌民. 论基础教育师资硕士化［J］. 渭南师范学院学报，2015，30（24）：15-23.

点投入、重点培育，保持学科队伍的相对稳定和梯队结构的不断优化，在高层次人才引进、高水平科研成果产出、高水平科研团队建设等方面着力，促使重点扶持的学科早日成为拥有硕士学位点的人才培养基地。目前，生师比、博士占比、科研经费、生均经费和硕士及以上师资占比等申硕核心指标实现了历史性突破，研究生联合培养导师已有 120 余名。与西北工业大学、陕西师范大学、西安工程大学、西安音乐学院等省内外 16 所高校联合培养研究生。首次获批校内研究生招生资格 20 名，这是学校申硕历史上的重大突破，将开启学校研究生培养工作的新篇章。

（二）突破原有模式，校地合作服务区域经济社会发展

保持斗争精神，增强斗争本领，需要在调查研究的基础上，科学预见形势发展，准确把握机遇挑战，突破思维藩篱，跳出舒适圈，紧握接力棒，保持知难而进、逆流而上的气魄，敢涉"深水区"，敢啃"硬骨头"。作为地方师范院校，就要始终坚持扎根地方、服务地方、贡献地方，在充分发挥自身资源优势的基础上，与地方密切联系，以服务求生存，以贡献求发展，不断增强服务地方经济社会发展的能力和水平。

《陕西省教育事业发展"十四五"规划》提出加大对师范类院校投入，加强教师教育学科和一流师范专业建设，支持高校开展教育硕士培养工作，支持建设国家、省级师范教育基地和西部教师教育创新示范区。渭南市"十四五"发展规划和 2023 年政府工作报告明确提出重点支持学校硕士点建设，打造特色鲜明的高水平地方师范大学。渭南市委书记为学校师生上二十大专题党课，市区各局领导积极作为，加强推进校地合作，在人才共享、科学研究、平台建设等方面给予大力支持。

校地合作是学校"十四五"事业发展规划的重大战略之一，是学校开放办学的重要方式。学校主动融入区域经济社会发展，深入推进校企、校政、校校合作。同时，积极发挥学校在人才培养、科学研究、文化教育等方面的资源优势，将校地合作做实做细，高效推进校地合作。渭南师范学院先后与市委人才办、市教育局、市科技局、市财政局、市文旅局、市卫健委、渭南军分区等 20 余家单位签署了合作协议，与蒲城县、富平县、潼关县、华阴市、韩城市等县市签订了合作协议。与渭南市委人才办建立校地联合培养机制，定向培养 100 名师范生；与市委统战部共建统一战线系统工程协同创新

基地；与渭南高新区共建大学科技园，统筹资金 1 亿元。在大荔县建立农产品溯源基地，在澄城县持续推进脱贫攻坚与乡村振兴有效衔接。结对帮扶白水县，实现白水县基础教育质量"四连升"，连续五年获"双百工程"先进单位，"两联一包"工作入选《全国优秀脱贫案例》。2022 年获批"国培""省培"、苏陕协作等项目 23 项，项目数量和培训总收入创历年新高。学校连续五年获评"双百工程"先进单位。结合地方经济社会市场和人才多元化需求，优化专业结构，新增科学教育、航空服务艺术管理 2 个专业。

（编辑：石明）

（原载《渭南师范学院学报》2023 年第 8 期，有删改）

# 北方宝卷语言文化研究刍论

曹　强

（渭南师范学院，陕西 渭南 714099）

　　宝卷是集文学、信仰、教化为一体的民间说唱文本。宝卷世代相传，文化积淀深厚，是研究方言、民俗、历史、宗教等学科的重要资料。2006 年，宝卷经国务院批准被列入第一批国家非物质文化遗产名录。北方宝卷主要分布在河北、山东、河南、陕西、山西、甘肃、青海等地。

　　20 世纪 20 年代以来，不仅有中国学者关注宝卷的田野调查与研究，日本、俄国、美国、英国等国的学者也热衷于宝卷的整理与研究。近百年来，宝卷研究先后出现了三次高潮。20 世纪 20—60 年代，以顾颉刚、郑振铎等先生为代表，主要从民间通俗文学角度讨论宝卷的性质、源流，整理宝卷唱词等。这时期的成果主要有傅惜华的《宝卷总录》、胡士莹的《弹词宝卷书目》、李世瑜的《宝卷新研》和《宝卷综录》等。"文化大革命"爆发后，宝卷研究一度中断，许多珍贵的宝卷被付之一炬。改革开放以后，学者们在搜集整理宝卷的同时，开始全面研究宝卷，形成了宝卷研究的第二次热潮。这时期的著作主要有车锡伦的《中国宝卷研究论集》和《信仰·教化·娱乐——中国宝卷研究及其他》、曾子良的《宝卷之研究》、段平的《河西宝卷的调查研究》以及方步和的《河西宝卷真本校注研究》等。21 世纪以来，许多博士研究生导师、博士及硕士参与到宝卷研究队伍中，他们以独特的专业性和崭新的理论视角，从文化人类学、社会学和民俗学等学科角度研究和解读宝卷，出现了许多宝卷研究的新成果，迎来了宝卷研究的第三次热潮。

### 一、北方宝卷研究取得的成绩及存在问题

伴随着宝卷研究的三次热潮，北方宝卷研究亦取得不少成绩，出版了系列学术著作，发表了一系列较有价值的学术论文，主要集中在历史、文学、音乐、宗教、文献整理等诸方面。其中，车锡伦的《中国宝卷研究》是新时期宝卷研究的集大成者，全书共分为五编，其中《清及近现代北方的民间念卷和宝卷》《明清民间教派和教派宝卷（经卷）在甘肃专区的流传》《山西介休的民间念卷和宝卷》三章，介绍明末民间教团人士编撰的文学故事宝卷、清代北方民间的抄本宝卷、北方民间宝卷形式的发展、近现代北方民间宝卷的流传和念卷活动及山西介休的民间念卷和宝卷等。书中还附录了"山西流传民间宝卷目""甘肃河西地区流传抄本民间宝卷目"等。① 尚丽新、车锡伦的《北方民间宝卷研究》分为上下两编，上编介绍了北方民间宝卷的历史发展、地理分布、特点及变迁的原因，分析了明末至清嘉庆前南北宝卷的形式，嘉庆、道光年间北方民间宝卷形式的变异，阐释了北方民间宝卷与鼓词、道情、小说、善书等民间文艺形式的交互影响，归纳了北方民间宝卷的地域特色，比较了南北民间宝卷的异同。下编分别对孟姜女故事宝卷、黄氏女宝卷、白马宝卷、红灯宝卷等做了专题研究。书后还附有"经眼北方宝卷提要"，详细地介绍了 116 种北方民间宝卷。此外，书中"余论"部分还分析了北方民间宝卷研究中存在的问题，并对北方民间宝卷研究进行了展望。② 该书全面系统地介绍了北方民间宝卷，是研究北方民间宝卷的新收获，推动北方宝卷研究迈上了新高度。刘永红的《青海宝卷研究》专章介绍了青海的故事宝卷、宗教宝卷，探讨了青海宝卷的仪式、传承和信仰，讨论了宝卷与"嘛呢会"的交互影响，总结了青海宝卷念卷的女性主体和乡土特征等。③ 该书首次系统研究了青海宝卷，丰富了北方宝卷研究的内容。

除著作之外，还有系列价值的文章，其中具有代表性的有，朱瑜章的《河西宝卷存目辑考》一文，在近年来正式出版和非正式出版河西宝卷汇辑刊本的基础上，梳理、校勘、比照，指出当前的汇辑刊本存在重复收录、同篇异名等现象，并对河西宝卷重新编目。该文文末对河西宝卷的整理提出了建

---

① 车锡伦.中国宝卷研究［M］.桂林：广西师范大学出版社，2009：234-249.
② 尚丽新，车锡伦.北方民间宝卷研究［M］.北京：商务印书馆，2015.
③ 刘永红.青海宝卷研究［M］.北京：中国社会科学出版社，2013.

设性的意见。① 张国良的《宝卷俗字札记》以濮文起等选编的《民间宝卷》为研究对象，重点讨论了其中的20组俗字，指出宝卷是明清到民国时期俗字研究的大宝藏。② 雷汉卿的《河西宝卷所反映的西北方言浅说》一文，分析了河西宝卷中的西北方言，指出河西宝卷对西北方言研究的价值和意义。③ 程瑶的《河西民间宗教宝卷方俗语词的文化蕴藉》一文，以"水烟""边墙""倒灶""通笼""斋醮""歇房""宰僧"等词语为例，探讨了其中蕴含的历史、民俗、文化等知识。④ 敏春芳、程瑶的《河西宝卷方俗口语词的文化蕴涵：以民间宗教类宝卷为例》一文，以"边外""鞑子""通司""牲灵""壁厢""黄房""正觉""先天"等方俗口语词为例，分析明清时期河西地区的历史风貌、宗教思想，探讨其中的文化渊源及历史变迁等，作者将语言研究和文化研究结合起来，探索语言文化研究的新路径，提升民间宗教类河西宝卷的高度。⑤ 徐朝东、全正涛的《宋元以来汉语与民族语对音所见几种语音现象》一文，将明清时期河西宝卷存在的11种语音现象，与宋元以来汉语与西夏语、女真、契丹、蒙古语等对音材料反映的语音现象进行比照，考察宋元明清西北汉语语音发展脉络。⑥ 姬慧的《河西宝卷方俗词语义考二则》一文，从历史语言学角度，考释了"倒灶""站"两词的语义，分析其中蕴含的文化。⑦ 程瑶的《明清西北地区宝卷方言词例释》一文，以西北宝卷为研究对象，选取16组方言词分析归纳，分析其成词理据及发展演变的情况。⑧ 尚丽新、袁野的《山西永济宝卷与河东道情》一文，以山西永济宝卷为主要研究对象，比较了永济宝卷和河东道情之间的交互关系，重点梳理了二者的交互影响。⑨ 尚丽新、周帆的《北方宝卷宣卷人探析》一文，梳理归纳出北

① 朱瑜章. 河西宝卷存目辑考［J］. 文史哲，2015（4）：65-79.

② 张国良. 宝卷俗字札记［J］. 古汉语研究，2015（2）：11-15.

③ 雷汉卿. 河西宝卷所反映的西北方言浅说［J］. 汉语史研究集刊，2002（5）：246-257.

④ 程瑶. 河西民间宗教宝卷方俗语词的文化蕴藉［J］. 汉语学报，2015（2）：82-88.

⑤ 敏春芳，程瑶. 河西宝卷方俗口语词的文化蕴涵：以民间宗教类宝卷为例［J］. 世界宗教研究，2017（2）：103-108.

⑥ 徐朝东，全正涛. 宋元以来汉语与民族语对音所见几种语音现象［J］. 古汉语研究，2018（4）：11-17.

⑦ 姬慧. 河西宝卷方俗词语义考二则［J］. 渭南师范学院学报，2018，33（15）：11-17.

⑧ 程瑶. 明清西北地区宝卷方言词例释［J］. 现代语文，2019（10）：45-50.

⑨ 尚丽新，袁野. 山西永济宝卷与河东道情［J］. 文化遗产，2015（4）：132-138.

方宝卷的宣卷人包括佛教的僧尼、民间宗教的"道人"、民间艺人和念卷先生等四种类型。① 李贵生的《敦煌变文与河西宝卷说唱结构的形成及其演变机制》一文，梳理了从变文到宝卷，讲唱文学说唱结构的四个阶段，指出随着民间宝卷宗教信仰功能的弱化，宝卷的教化和娱乐功能不断增强，宝卷的说唱结构开始简化。② 李贵生、王明博的《河西宝卷说唱结构嬗变的历史层次及其特征》指出河西宝卷说唱结构的两个层次，六段式属于清康熙及之前的说唱结构，五段式是六段式说唱结构嬗变的开端，四段式、三段式、两段式是六段式说唱结构嬗变的结果。③ 丁一清的《西北宝卷与明清小说传播》一文指出宝卷是明清小说在西北地区传播的重要载体。④ 韩洪波的《河南说唱传统与宝卷的产生及流传》一文梳理了河南宝卷的产生、流变及传播情况，⑤是截至目前见到为数不多的研究河南宝卷的文章之一。刘永红的《论洮岷宝卷的文本现状、形制与传承》一文，在大量田野调查的基础上，发现了洮岷地区新的民间宗教宝卷，指出这些宝卷形制古老，具有重要的研究价值，并分析了洮岷宝卷的传承情况。⑥ 该文是新时期洮岷宝卷研究的新收获。刘永红的《洮岷宝卷念卷群体多元化特征研究》指出洮岷地区有民俗念卷、嘛呢会念卷、四季龙华会念卷等多种群体念卷活动，念卷活动受到宗教信仰、多元文化、民俗文化等影响，念卷活动呈现出群体性特征。⑦ 商文娇的《民间信仰的流变和文化融合：以河湟宝卷与嘛呢经为例》，指出河湟宝卷和"嘛呢经"存在密切关系，具有浓厚的汉藏双重文化特征，是民族融合、文化交互

---

① 尚丽新，周帆．北方宝卷宣卷人探析［J］．文化遗产，2014（2）：110-114.

② 李贵生．敦煌变文与河西宝卷说唱结构的形成及其演变机制［J］．民族文学研究，2018，36（6）：81-91.

③ 李贵生，王明博．河西宝卷说唱结构嬗变的历史层次及其特征［J］．社会科学战线，2015（11）：103-109.

④ 丁一清．西北宝卷与明清小说传播［J］．哈尔滨师范大学社会科学学报，2014，5（5）：107-109.

⑤ 韩洪波．河南说唱传统与宝卷的产生及流传［J］．河南教育学院学报（哲学社会科学版），2019，38（3）：13-21.

⑥ 刘永红．论洮岷宝卷的文本现状、形制与传承［J］．青海师范大学学报（哲学社会科学版），2018，40（3）：64-68.

⑦ 刘永红．洮岷宝卷念卷群体多元化特征研究［J］．齐齐哈尔大学学报（哲学社会科学版），2017（2）：1-3，11.

影响的产物。① 刘明花、赵静的《浅析河西宝卷的传承模式》指出河西宝卷存在亲缘关系传承、地缘关系传承和业缘关系传承三种模式。② 张天佑、张曦萍的《论河西宝卷中的刺绣艺术》一文，以《孟姜女哭长城宝卷》《绣红灯宝卷》《绣红罗宝卷》为研究对象，分析其中的刺绣艺术，指出其中蕴含的当地民众的审美意象及高超的刺绣技术等。③ 陈安梅、董国炎的《日本研究中国宝卷的进程与启迪》一文，梳理了日本学者在"二战"前后、20 世纪八九十年代以及当今对宝卷的搜集整理和研究的情况，在日本学者研究的视域下，探讨对中国宝卷研究的启示。④ 乔现荣的《英语世界的中国宝卷研究》梳理英语世界的学者对宝卷的研究情况，⑤ 其中涉及河西宝卷的研究。美国汉学家伊维德的《宝卷的英文研究综述》介绍了 20 世纪 20 年代以来宝卷英文研究的成果，介绍了许多研究宝卷的优秀汉学家。⑥ 崔蕴华的《中国说唱文学的海外传播与研究》一文，介绍了宝卷在英国、日本、荷兰、俄罗斯等国的传播和研究情况。⑦ 在关注北方宝卷本体研究的同时，也有不少学者开始关注北方宝卷的"走出去"研究，例如，李亚棋的《河西宝卷在英语世界的译介》分析了河西宝卷译介的现状，总结了译介的模式，探讨译介的策略。⑧

　　伴随着宝卷研究的第三次热潮，许多博硕士研究生也加入了北方宝卷研究的行列，例如，刘永红的《西北宝卷研究》介绍了西北宝卷传承的语境，分析了西北宝卷的历史及传承，探讨了西北宝卷的内容、仪式和信仰，归纳了西北宝卷的叙事方式，比较了西北宝卷的共性和个性等。⑨ 马月亮的《河西宝卷的音韵研究》以 51 种河西宝卷为研究对象，通过分析别字和韵文，归

---

① 商文娇. 民间信仰的流变和文化融合：以河湟宝卷与嘛呢经为例［J］. 青海社会科学，2016（5）：195-200.

② 刘明花，赵静. 浅析河西宝卷的传承模式［J］. 教育教学论坛，2020（10）：128-129.

③ 张天佑，张曦萍. 论河西宝卷中的刺绣艺术［J］. 兰州文理学院学报（社会科学版），2019，35（6）：15-20.

④ 陈安梅，董国炎. 日本研究中国宝卷的进程与启迪［J］. 图书馆杂志，2016，35（9）：94-99.

⑤ 乔现荣. 英语世界的中国宝卷研究［N］. 中国社会科学报，2018-12-03（4）.

⑥ 伊维德，霍建瑜. 宝卷的英文研究综述［J］. 山西大学学报（哲学社会科学版），2012，35（6）：18-24.

⑦ 崔蕴华. 中国说唱文学的海外传播与研究［J］. 北京社会科学，2020（3）：21-34.

⑧ 李亚棋. 河西宝卷在英语世界的译介［J］. 河西学院学报，2020，36（1）：64-70.

⑨ 刘永红. 西北宝卷研究［D］. 兰州：西北民族大学，2011.

纳出明清时期西北方言的部分语音特征，① 揭示了河西宝卷对西北方言语音史研究的价值，丰富了西北方言研究史的材料。李梦的《永济宝卷研究》以山西省永济地区的宝卷为研究对象，从文本、特色小卷、故事来源三个层面总结了永济宝卷的特点，比较了永济宝卷与道情相关情况。② 舒慧君的《山西介休刻本宝卷词汇研究》以四部介休刻本宝卷为研究对象，归纳了介休宝卷词汇的特点，专章分析了介休宝卷的方俗词语，探讨了介休宝卷的同素逆序词，并与《老残游记》的同素逆序词进行比较。③ 杨丽的《河西宝卷传承人甘多盘调查研究》以河西宝卷的传承人甘多盘为研究对象，介绍甘多盘典藏的宝卷，梳理甘多盘对河西宝卷所做的贡献。④ 郭文翠的《河西宝卷调查与研究》探讨了河西宝卷的艺术特征，分析河西宝卷传承和保护机制。⑤ 段小宁的《表演视域下的河西宝卷研究》对宝卷的表演者、表演、听众分别进行了考察，指出听众在宝卷表演中扮演着重要的角色等。⑥

　　北方宝卷研究虽然取得了重要进展，但也应当看到，这时期的宝卷研究多限于文学、宗教角度，缺少多学科参与和跨学科视野，尤其是民俗学、语言学和人类学的缺席，导致了宝卷研究裹足不前。宝卷研究取得辉煌成绩的同时，也暴露出了诸多问题。第一，研究成果不均衡。河西宝卷、青海宝卷的研究成果丰硕，而洮岷宝卷、河南宝卷、陕西宝卷、山西宝卷、山东宝卷等的研究成果相对较少；文学和宗教学视域下的宝卷研究成果相对较多，宝卷语言文化研究的成果比较少见。第二，北方宝卷研究者曾辑录了部分宝卷的唱词，陆续出版发行。采录者不谙方言，往往把一些字写错、音注错、义释错，有碍于对宝卷思想内容的理解。若任其以讹传讹，则宝卷的传承堪忧。第三，北方宝卷语言文化研究成果少见，偶有论及，大多侧重于词汇研究，且多为零散研究，少见北方宝卷语音和语法的研究成果，缺少从整体和宏观上研究北方宝卷语言的成果。第四，尚未见到从语言民俗角度研究北方宝卷的成果。语言是民俗的一面镜子，语言中，不论是话语片段，还是一个句子，

① 马月亮. 河西宝卷的音韵研究［D］. 南京：南京师范大学，2011.

② 李梦. 永济宝卷研究［D］. 太原：山西大学，2017.

③ 舒慧君. 山西介休刻本宝卷词汇研究［D］. 南京：南京师范大学，2019.

④ 杨丽. 河西宝卷传承人甘多盘调查研究［D］. 兰州：西北师范大学，2019.

⑤ 郭文翠. 河西宝卷调查与研究［D］. 兰州：西北师范大学，2017.

⑥ 段小宁. 表演视域下的河西宝卷研究［D］. 兰州：兰州大学，2018.

甚至小至一个词组、一个复合词，都与句法相联系，而句法部分并不是独立的，它是与其词汇、语素等连为一体的符号系统的一部分，它们都烙有民族民俗的印记。第五，研究者对北方宝卷唱词中兼载的文化现象挖掘不深入，仍有进一步探讨和研究的必要。第六，北方宝卷的搜集和整理仍任重道远。北方地域辽阔，传唱宝卷的地域较多，但整理搜集北方宝卷的成果多局限于河西宝卷、山西宝卷、青海宝卷，而河南宝卷、陕西宝卷、河北宝卷等整理研究成果相对较少。

### 二、北方宝卷语言文化研究的价值

基于北方宝卷语言文化研究存在的问题，北方宝卷语言文化研究显得必要而且重要。北方宝卷语言文化研究主要有以下六方面的价值。

第一，有利于保护和传承非物质文化遗产。非物质文化遗产保护的使命不仅在于抢救和保护，更重要的在于如何传承。北方宝卷唱词里的方言，积淀了异常丰厚而生动的民间民俗用语，它能传承地方文化。随着社会经济的发展，北方宝卷唱词中积淀的方言，已经大为弱化，不少已经消失。研究、记录和保存这些濒危的语言，从文化遗产保护的视角看尤其重要，方言的天籁一旦消失便永远不会再生。因此，北方宝卷唱词里保存的大量方言，是一种双重身份，它不仅是记录宝卷本身的经历，而且是一种古老的文化载体。整理和研究北方宝卷唱词中的方言，有利于宝卷的保护和更好地传承。

第二，有助于认识明清时期北方方言的语音特征，为方言学和汉语语音史研究提供帮助。纵观学术研究史可以发现，唐五代和宋代西北方言的研究取得了辉煌的成就，然而与之相比，明清北方方言语音研究的成果不多。北方宝卷是研究明清北方方言的重要材料，其中的唱词是押韵的。研究和分析北方宝卷的押韵等，不仅可以了解宝卷的艺术特点，而且有助于认识明清时期北方方言的语音特征，可以为方言学和汉语语音史研究提供帮助。

第三，有助于西北方言史研究。中外学者进行西北方言演变的比较时，往往以唐五代或宋代西北方言与现代西北方言音系比较，略去了明清西北方言，这种比较难免让人感觉有跨度太大之嫌。北方宝卷中的陕西宝卷、青海宝卷、甘肃宝卷（通常称为"河西宝卷""洮岷宝卷"）等是研究明清时期西北方言的重要资料，深入、系统地研究西北宝卷的语音、词汇、语法和修辞等，可以为西北方言史研究提供有价值的资料，有助于构建西北方言史。

第四，为语言民俗学提供有价值的材料，丰富语言民俗学理论。"任何一个民族的语言都与其历史、文化、宗教信仰等有不可分割的密切关系，语言中烙有民族民俗的印记，通过一个民族的语言可以透视该民族的社会习俗。"① 北方宝卷中的语言现象蕴含着丰富的民俗文化，分析北方宝卷的言语符号组合，探求北方社会变迁的轨迹和民俗文化源流，进而丰富语言民俗学理论。

第五，有助于解读民族心灵史和文化史。北方宝卷传唱于多个民族，是在北方广袤的地域背景下生存的一种文化现象。梳理、研究北方宝卷民俗文化，有助于解读各传唱民族的心灵史和文化史。

第六，丰富北方民俗文化史。北方宝卷中蕴含着丰富的民俗事象，许多民俗事象已渐渐消失，不为今北方人所熟识。目前见到的《宝卷民俗》一书，其研究对象是靖江宝卷，未涉及北方宝卷。笔者梳理宝卷学术研究史发现，学术界尚未对北方宝卷民俗文化进行全面研究。深入、系统研究北方宝卷民俗文化有益于丰富北方民俗史。

### 三、北方宝卷语言文化研究的主要内容

北方宝卷语言文化研究以北方宝卷为研究对象，具体研究内容主要包括以下九方面。第一，系统整理北方宝卷唱词，考释北方宝卷唱词中方言词的语源或本字，注释方言词的语义，订正各类北方宝卷选本中方言词用字、注音及释义的错误。第二，分析北方宝卷之唱词的押韵等，归纳北方宝卷唱词的韵部、押韵方式和押韵特点等，比较北方宝卷之河北宝卷、山东宝卷、陕西宝卷、山西宝卷、河南宝卷、青海宝卷、甘肃宝卷（河西宝卷、洮岷宝卷）押韵的异同，总结明清时期北方方言的语音特征；比较北方宝卷的音韵特点与同时期韵书音系的异同。第三，研究北方宝卷的词汇和语法，归纳总结其词汇和语法的特点，并与敦煌变文进行比较研究，从语言学角度考证北方宝卷是否为敦煌变文的嫡传；与今北方方言的词汇和语法特点比较，探讨其异同，比较自明以降，北方方言的词汇和语法演变情况。第四，比较流行于北

---

① 贾晞儒. 语言是民俗的一面镜子 [J]. 青海民族学院学报，1994（2）：30-36.

方的皮影戏、秦腔、道情等戏曲反映的明清北方方言与宝卷所反映的明清北方方言的异同，探究产生差异的原因。第五，比较宝卷反映的明清西北方言与唐五代西北方言和宋代西北方言等的异同，考察西北方言语音的演变情况。第六，运用广义修辞学理论考察北方宝卷的修辞手法和语言艺术等。第七，探讨北方宝卷中的民俗事象及其文化意蕴。第八，运用人类文化学知识分析北方宝卷中蕴含的文化现象。第九，比较河北宝卷、山东宝卷、陕西宝卷、山西宝卷、河南宝卷、青海宝卷、甘肃宝卷（河西宝卷、洮岷宝卷）等之间的流变及其文化差异。

北方宝卷语言文化研究的重点主要有，搜集整理明清北方宝卷唱本；整理北方宝卷唱词，考释北方宝卷中方言词的语源或本字，订正北方宝卷选本中用字及释义的讹误；分析北方宝卷唱词的韵律，探讨北方宝卷唱词音程跳进与方言的调值和语调的关系，分析北方宝卷唱词的押韵方式和押韵特点等，探求明清北方方言的语音特征，构拟"明代—清代—现代"北方方言演变的脉络；比较河北宝卷、山东宝卷、陕西宝卷、河南宝卷、山西宝卷、青海宝卷、甘肃宝卷等之间流变及其文化差异；从人类文化学角度解读宝卷蕴含的文化现象。研究的难点主要为，北方宝卷反映的明清北方方言比较研究，其中涉及北方宝卷版本的考证、北方宝卷的音韵特点与同时期韵书音系比较等。

### 四、北方宝卷语言文化研究的方法

研究方法决定着研究的成效和质量，北方宝卷语言文化研究主要运用以下研究方法。第一，田野调查法。走访北方宝卷传承人，请教相关问题，参加各类"嘛呢会"，寻找原汁原味的北方宝卷，将他们的演唱内容通过电子设备记录下来，建立数据库，用实验语音学知识分析北方宝卷唱词的音理，总结其音系特点。深入了解河北、山东、陕西、青海、甘肃等地社会习俗，分析北方宝卷民俗的流变等。第二，总结归纳法。主要是总结归纳宝卷中韵文的韵脚字，又叫"丝贯绳牵法"。它是通过考察诗歌和其他韵文的用韵情况，总结出某一时代的韵部系统的一种方法。北方宝卷的唱词是一种用于歌唱的韵文，通过押韵，它可以形成一种流畅回环的韵律美，不但可以使歌词悦耳动听，且有助于情感的抒发。分析北方宝卷的押韵、节律等，有助于认识方言的语音特征。北方宝卷语言研究将全面分析北方宝卷的音韵特点。第三，比较分析法。全面比较北方宝卷反映的明清北方方言与皮影戏、秦腔、道情等戏曲所反映的明清北方方言的异同，比较陕西宝卷、青海宝卷、甘肃宝卷（河西宝卷、洮岷宝卷）反映的语音特点与唐宋西北方言的异同，比较河北宝卷、山东宝卷、陕西宝卷、山西宝卷、河南宝卷、青海宝卷等押韵的异同，比较北方宝卷语音特点与同时期韵书音系的异同。

### 五、北方宝卷语言文化研究的目标及创新之处

北方宝卷语言文化研究的主要目标有以下四点。第一，保护和传承非物质文化遗产。宝卷已被列为国家非物质文化遗产保护名录，系统研究北方宝卷语言文化，有益于非物质文化遗产的保护和传承。第二，揭示北方宝卷的语言特点，为提升北方宝卷研究的广度和高度提供资料。第三，为汉语语音学和方言学研究提供丰富的材料，为构建北方方言史提供资料和理论支撑。第四，努力拓展北方宝卷研究的领域，丰富宝卷学理论。

北方宝卷语言文化研究的创新之处主要表现在以下四方面。第一，首次系统研究北方宝卷语言，订正各类北方宝卷选本中方言词用字、注音及释义的错误，有利于北方宝卷的保护与传承。第二，首次全面考察北方宝卷的押韵特点等，研究北方宝卷音程跳进与方言的调值和语调的关系，并与同时期韵书的音系等其他文献资料进行纵向、横向对比，为汉语音韵学和北方方言语音史研究提供帮助。第三，首次全面系统研究北方宝卷的词汇和语法特点，并与今北方方言的词汇与语法特点进行比较，对北方方言词汇史和语法史研究具有重要意义。第四，首次在语言学、民俗学、文化学和语言民俗学等多学科、多维视野下研究北方宝卷，拓宽北方宝卷研究的领域，提升北方宝卷研究的高度。

以上胪陈管见，不妥之处，尚祈方家教正。期待在有识之士的共同努力下，推进北方宝卷取得新成就，丰富宝卷学研究理论。

（编辑：石明）

（原载《渭南师范学院学报》2021 年第 4 期）

# 激发西部高等教育内生动力

李明敏

（渭南师范学院，陕西 渭南 714099）

《中共中央国务院关于新时代推进西部大开发形成新格局的指导意见》提出以共建"一带一路"为引领，推动西部地区大开放，分别从积极参与和融入"一带一路"建设等六方面做出重要部署，为西部地区进一步对外开放提供了重要遵循。2020 年 9 月 1 日，习近平总书记主持召开中央深改委会议，审议通过了《关于新时代振兴中西部高等教育的若干意见》，会议提出要推动形成同中西部开发开放格局相匹配的高等教育体系，这既是西部地区推动更深层次改革实行更高水平开放的现实需求，也是有效激发中西部高等教育内生动力和发展活力，主动融入西部开发开放格局的内在逻辑。

## 一、构建科学合理分类分层培养体系，提升西部开发开放服务力

西部高等教育要主动对接西部大开发战略、"一带一路"倡议、长江经济带发展战略等国家战略，综合考虑西部不同地区地缘、交通、产业、文化和自然禀赋特点，明确高等教育不同层次人才培养侧重点，形成合理的高等教育结构，树立多元化和多样性的高等教育质量观，构建与西部开发开放相匹配的分类分层培养体系，统筹研究型大学、应用型本科、高等职业院校的协调发展与功能定位：研究型大学承担创新职能，聚焦国家西部开发开放战略需求，培养高端研究型人才，形成尖端科技成果；应用型本科围绕西部区域资源禀赋优势，以行业产业开放需求为导向，进行应用型知识的研究与传播，形成自身办学特色，培养创新应用型人才，破解行业产业科技创新的难点问题；高等职业院校深化产教融合、校企合作，适应企业融入全球价值链需求，

培养高素质职业型人才，将创新成果转化为现实生产力。

## 二、构建西部高等教育协同创新体系，增强西部地区开发开放驱动力

围绕西部地区与中亚、西亚等国家进行的产业合作、产能合作、人文交流合作以及投资贸易合作，构建开放式协同创新体系，推动政府、高校、社会、企业多维协同多方联动，激发不同创新主体的活力与创造力，充分发挥西部高等教育在知识生产、技术创新等领域发挥核心引擎作用，为西部地区形成辐射全球主要经济体的开放新格局提供动力支持；围绕西部地区构建更加开放的现代化产业体系，健全互联互通的协同创新网络，汇聚国内外创新资源，促进要素流动，实现教育资源的空间优化配置及再平衡，充分发挥高等教育对技术创新领域的知识溢出效应，推动西部产业深度融入全球价值链，实现价值链攀升；围绕能源、矿业、农业、交通等中西部地区短缺学科专业领域，加强与国内外高校的合作，构建不同学科交叉的高端人才资源交流与共享平台，整合国内外高端人才资源，推动高端人才之间的协同合作，实现优质学术资源共享，提高西部高等教育整体技术创新效率，推动西部地区深度参与到新亚欧大陆桥、中蒙俄、中国—中亚—西亚等国际经济合作走廊中；主动融入西部地区区域一体化、经济带、城市群、都市圈建设，针对西部不同地区资源禀赋特点，构建区域高科技研发体系，围绕区域经济社会发展的关键性问题、行业企业的科技尖端问题，开展科研攻关，为区域产业结构优化升级、培育战略性新兴产业和发展外向型经济提供科技引领和智力支持。

## 三、构建高素质人才培养体系，提高西部开发开放支撑力

将落实立德树人根本任务放在首位，探索建设高标准严要求课程体系，以培养学生家国情怀、全球视野、创新精神和实践能力为着力点，不断增强学生的道路自信、理论自信、制度自信、文化自信，把培育和践行社会主义核心价值观融入教书育人全过程，培养出中国特色社会主义合格建设者和可靠接班人；按照西部开发开放不断深入过程中衍生出的新产业对高素质人才的需求，设置具有优势特色的、能够产生显著社会经济效益的学科专业体系，促使学科专业交叉融合，通过科研与教学相互配合，遵循"项目引领、问题驱动、合作攻关、重在实效"的原则，鼓励、引导学生进行当地产业、企业

实际问题的研究活动，培养出符合西部地区外向型经济发展的、具有国际视野及创新水平的高素质人才；推动"政产学研用"结合，构建校企合作人才培养体系，创新联合培养人才模式，加大业内企业在课程和人才培养标准方面的参与度，以行业的内在结构和实际需求选择教学内容，进行课程设置，为开放型经济条件下的技术创新培养具有国际视野、战略思维、开拓精神、熟悉外向型经济的合格人才，满足西部开放型经济发展对高层次人才的需求；构建国际化人才体系，加快人才培养平台与载体建设，积极引进具有国际视野的专业人才，建设起既具备扎实的专业知识，又具备社会主义核心价值观的师资队伍，提升人才培养质量，为西部外向型经济发展提供人才支撑。

（编辑：石明）

（原载《光明日报》2020 年 10 月 6 日第 7 版）

第二篇

# 02

## | 实践育人篇 |

# 全球化背景下我国大学文化建设的价值定位与实践路径

孙宏恩

（渭南师范学院，陕西 渭南 714099）

近年来，随着我国国家实力和国际地位的提升，我国大学在国际化建设方面也取得了显著的进步。一方面，我国大学的学术影响力越来越大，在一些学术研究领域中已经走到了世界前沿，获得了广泛的关注；另一方面，我国大学在师资建设和国际交流合作方面的国际化程度越来越高，与世界一流大学的距离逐步拉近。可以说，这些进步的取得与我国大学充分利用全球化潮流发展自己，提升自身国际化水平密切相关。从国家发展的总体趋势来看，近年来在国家经济实力明显提升的同时，加快推进我国文化建设的紧迫性也日益凸显。一个国家的崛起不仅需要强大的经济实力和政治影响力作为支撑，文化的软实力同样也不可或缺。① 国家的发展如此，一个大学的发展同样如此。从这个历史潮流来看，我国大学在未来的发展过程中，一方面，需要将自身的硬实力做大做强，另一方面，则要更加积极地推进大学文化建设，大力提升自身的软实力。尤其是在全球化程度逐步加深的历史环境下，推进大学文化建设对于提升大学软实力具有重大的战略性意义。

## 一、大学文化的内涵与大学文化建设的功能

所谓大学文化，"是大学在长期发展进程中形成的历史积淀、人文品格和价值理念，它以潜移默化的方式影响着师生的思想和行为以及大学的发展方

---

① 胡键. 中国文化软实力建设：必要性、瓶颈和路径 ［J］. 社会科学，2012（2）：4-15.

向，是大学提升办学水平和特色发展的内在支撑"①。大学文化与通常意义上的社会文化存在着复杂的关系：一方面，大学文化来源于社会文化，是社会文化的一个亚类型。社会文化是社会生活在思想文化观念领域的反映，由于社会生活的复杂性和丰富性，社会文化也必然是丰富而多彩的。大学作为社会分工合作体系中的一个重要部门，大学文化深深地植根于社会文化之中，换言之，社会文化为大学文化提供了丰富的养料。另一方面，大学文化在相当程度上超越了社会文化。如前所述，尽管大学文化来源于社会文化，但是大学文化不是社会文化的简单复制，而是社会文化中先进文化的体现。大学是先进思想理念的生产和传播场所，大学的这种特征决定了大学文化是社会文化中先进文化的代表，对于社会文化起着引导和提升的作用。② 考虑到大学所发挥的特殊作用，推进大学文化建设无论对于经济社会的健康发展还是大学自身的发展壮大，都具有重要的推动作用。具体而言，在现阶段大力推进大学文化建设具有如下三重功能。

从宏观上讲，推进大学文化建设是引领社会文化发展，提升社会风貌的重要途径。众所周知，大学是一个社会先进思想和观念的生产和传播场所，历史上众多的伟大思想和先进观念都是在大学这个场域中产生并发展的。比如，历史上著名的新文化运动就是在大学里产生并向社会其他领域传播的。同时，大学的师生所受到的教育水平相比其他社会阶层而言是高的，因此，大学文化建设的基础是丰富而深厚的。考虑到大学自身的上述特点，可以说，大学文化代表着一个社会文化体系中最为优秀而先进的部分。从这个意义上讲，进一步推进大学文化建设，无疑能够更好地引导社会文化发展并有力地提升国家的软实力。③

从中观上讲，推进大学文化建设是促进大学发展，提升大学软实力的必要条件。大学的发展不仅体现在外在硬件的发展方面，同样体现在文化软实力的方面。综观世界上著名的大学，除具有发达的基础设施、健全的校园服务、卓越的师资力量和先进的管理理念之外，优良的大学文化同样不可或缺。

---

① 钟秉林，赵应生. 加快建设中国特色的大学文化：关于当前大学文化建设工作的若干思考 [J]. 国家教育行政学院学报，2010（9）：4-17，59.
② 顾明远. 大学文化的本质是求真育人 [J]. 教育研究，2010，31（1）：56-58.
③ 沈壮海. 大学文化建设与国家文化软实力 [J]. 思想理论教育，2008（17）：11-19.

甚至在一定意义上说,大学之间的不同主要不是外在硬件条件的不同,而是大学文化的不同。世界上的每一所知名的大学,都会在其漫长的发展历程中形成自身独具特色的大学文化。这种每一所大学所独具特色的大学文化,事实上已经成为大学身份的重要标识。从更深的层次来看,大学文化是大学精神的重要基础,它将决定着大学精神的高度和品质。经过几十年的发展,尤其是改革开放以来的快速发展,我国大学在物质硬件上的发展可谓日新月异;但是相比之下,我国大学在软实力的发展方面还比较滞后,难以适应高校快速发展的趋势。

从微观上讲,推进大学文化建设是优化大学管理工作,提高大学治理水平的重要途径。在大学的日常管理工作中,制定健全的大学规章制度是一项基础性的工作。在法治已经成为人类文明重要体现的今天,通过法律法规来治理高校是现代大学的必然要求。但是需要看到,在大学的治理实践中,仅仅依靠法治规章是不够的,大学文化同样发挥着不容忽视的作用。从一定意义上讲,大学治理既需要制度框架和规范等硬件作为基础,同时也需要大学文化作为保障这些制度框架和规范得以运行的软件。从制度经济学的研究揭示,文化因素能够降低制度运行的成本,最大限度地发挥制度的功能。因此,推进制度建设,一方面,需要建立健全制度的设计,另一方面,更需要注重制度文化的培育。就此而言,大学日常管理工作和大学善治的实现需要通过推进大学文化建设来更好地完善管理工作,提升大学的治理水平。

综合上述三方面的分析来看,现阶段我国大学文化建设无疑具有至关重要的功能。全球化进程的加快使得我国大学面临着越来越大的竞争压力,如何在竞争日益激烈的全球化背景下提升我国大学的办学实力和竞争力,大学文化建设是其中不可或缺的组成部分。考虑到现阶段我国大学在基础设施、办学规模、师资力量等硬件条件方面已经与世界知名大学相差不远,在这个背景下,大学文化建设就具有更加决定性的意义。

## 二、全球化背景下我国大学文化建设面临的挑战

改革开放以来我国大学所实现的跨越式发展与充分利用全球化的浪潮密切相关。一方面,我国大学在专业设置、人才培养方式、大学治理模式等方面都积极向世界知名大学学习。在这一过程中,我国大学发展取得了显著的

进步。另一方面，我国大学与世界知名大学建立了交流与合作的途径，从学生培养到学科研究等方面都进行着越来越密切的合作。可以说，通过不断地推进大学发展的国际化水平，我国大学在短短 30 多年的时间内实现了跨越式发展。随着全球化的进一步深化，我国大学更是面临着越来越多的机遇。从更大的历史趋势来看，只有更加积极主动地利用全球化进程中的各种机遇，我国的大学才能够在已有发展成就的基础上获得更快的发展。①

在全球化的历史进程中，我们要清醒地看到，全球化在带给我国大学前所未有的发展机遇的同时，也对我国大学的发展形成了不容忽视的挑战。这些挑战不仅体现为我国大学的发展将面临世界知名大学越来越激烈的竞争，更体现为我国大学建设将面临全球化带来的各种观念性挑战。这些观念性挑战尤其是对我国的大学发展过程中的文化建设产生了直接的冲击，需要我们引起高度的重视。当然需要指出的是，这些观念中有些能够对我国大学文化建设起到推进乃至引领作用，比如，科学精神、学术自由等。但是仍有一些是消极负面的，需要我们在大学文化建设过程中予以警惕，并通过有力的方式消除它们的影响。具体而言，我国大学文化建设面临着如下三方面的挑战。

首先，西方一些国家和政治势力利用全球化趋势在我国高校中宣扬和传播西方制度和模式，这对我国高校文化建设形成了政治挑战。从历史的角度看，在全球化的历史过程中，作为强势一方的西方发达国家常常将自身的制度和模式加以美化，输出到广大的发展中国家。在这个过程中，西方发达国家既能够通过这种方式来延续自身在这些国家的经济和政治利益，同时也以此加强广大发展中国家对发达国家的思想和观念的依附关系。从根本上看，西方发达国家所进行的制度和观念输出，其根本目的就是要继续维护其既得利益，服务于其经济、政治和文化的霸权地位。对发展中国家而言，如果不对西方国家所输出的这些制度和模式进行仔细的辨识和批判性的借鉴，盲目地套用西方的制度和模式，其结果必将使得自身的发展陷入困境。在冷战结束后，由于失去了苏联东欧社会主义阵营的制衡，西方国家更是在全球范围内大肆宣扬自身的制度和模式优势。在传播途径方面，一些西方国家和政治势力也力图通过大学来实现上述的目标。由于大学相比于其他社会部门，其

---

① 张应强. 全球化背景下的我国现代大学制度改革 [J]. 高等教育研究，2013，34（9）：1-7.

国际化程度较高，这就为西方国家和敌对势力提供了更多的便利条件。一些西方国家和政治势力通过大学层面的教师和学生的学术交流与合作活动，力推西方的制度模式和价值理念。这种通过精心包装的思想输出和传播活动，需要我们给予高度的警惕。就我国大学的文化建设而言，如何更加有效地克服大学国际化发展过程中所面对的这一挑战，不仅是一个教育问题，同时也是一个重大的政治问题。从国家政治层面来说，这涉及国家在大学文化建设的意识形态领导权的问题。大学是一个国家和社会先进理念和思想的生产场域，如果一个国家的大学丧失了自主思考的能力，而沦落为西方思想和价值的传声筒，那么这个国家的政治安全也必将受到削弱乃至挑战。因此，在全球化进程中，我国大学文化建设面对的政治上的挑战就是克服和破除西方国家和政治势力对我国大学文化建设所进行的意识形态渗透和分化。[①] 在此基础上，我们需要以国家利益为核心，构筑我国大学文化建设的坚实政治基础。

其次，全球化进程中西方某些错误思想和价值观念也随之传入我国大学校园，对我国大学文化建设形成指导观念层面的冲击。全球化的进程不仅体现在贸易、资本、人才等具体事务方面，同样体现在思想价值观念层面。伴随着全球化的深入，不同国家和民族的思想观念也相互传播，相互碰撞。[②] 在这个过程中，一些错误思想和价值观念也被传播。尤其值得警惕的是，"二战"结束后，欧美西方社会所兴起的后现代思潮。作为一个复杂的思想潮流，后现代思想包含着不少真知灼见，反映了人类思想观念的进步。但是其中又包含着一些消极错误的东西，比如，历史虚无主义、犬儒主义、自我中心主义等因素。借助于西方强大的宣传媒介，这些思潮已经传入我国大学校园之中。然而，一些教师和学生对此缺乏必要的鉴别力和批判力，盲目崇拜所谓的新思想新观念，甚至将落后消极的东西视为先进的思想。在我国大学文化建设过程中，如果对此缺乏清醒的认识，那么大学文化建设将受到削弱乃至破坏。

最后，全球化的巨大浪潮形成了前所未有的强势话语体系和观念吸引力，不利于我国高校独立而自主地探索大学文化建设。近年来，随着全球化程度

---

① 冯慧. 高校意识形态建设面临的挑战及应对 [J]. 红旗文稿，2014（12）：27-28.

② 张森林. 文化全球化：民族文化发展的机遇与挑战 [J]. 东北师大学报（哲学社会科学版），2007（5）：70-74.

的加深，全球化已经成为一股塑造人类发展的重要外部力量。在此基础上，全球化已经形成了前所未有的强势话语体系。这个话语体系作为一股强大的意识形态力量，已经深深地影响到人们的观念和行为方式。① 在我国大学的发展过程中，这体现为在推进我国大学文化建设过程中，片面强调西方大学文化的普适性，盲目模仿西方大学文化的内容。从历史的角度来看，现代大学制度确实是起源于欧美社会。欧美发达国家的大学在近几百年的发展过程中，积累了丰富的经验，形成了一系列良好的制度规范和文化传统。作为后发展国家的大学，学习和借鉴欧美发达国家的大学发展是有益处的，但是这并不意味着在这个过程中自我主体地位的丧失。作为一个有着悠久历史和文化积淀的文明古国，我国在几千年的历史发展中积累了丰富的教育思想和有益的实践经验。这些思想财富具有浓厚的民族特色，是我们需要继承并发扬的。正如有学者所指出的，只有将世界普遍趋势和地方特色结合起来，一个大学才能够在全球化时代成功发展。② 因此，我国一方面，需要向世界知名大学学习，借鉴它们有益的大学文化因素；另一方面，则更加重要的是我国大学需要保持自身的独立性，更加有效地发扬我国优良的教育文化。

### 三、我国大学文化建设的价值定位

全球化对于大学文化建设既带来了挑战，同时也带来了机遇。我国的大学文化建设需要在全球视野下，积极有效地借鉴世界知名大学在文化建设方面的有益经验，并结合我国国情和历史发展阶段，才能够实现实质性的发展。③ 在我国大学文化建设过程中，一个基础性的工作就是思考大学文化建设的价值定位。所谓价值定位，这里指的是通过推进大学文化建设所力图实现的价值规范和价值目标。这个价值规范和价值目标将为大学文化的发展提供方向性指引，同时为大学文化的建设提供衡量和评价的依据。可以说，大学文化建设的价值定位是大学文化建设其他工作的前提和基础。正确而清晰的

① 王永贵. 全球化的意识形态性：解读全球化性质的重要视角 [J]. 当代世界与社会主义，2005（1）：82-86.
② 周光礼，张芳芳. 全球化时代的大学同构：亚洲大学的挑战 [J]. 高等工程教育研究，2012（2）：70-80.
③ 李延保. 关于高水平大学建设的思考：兼谈现代大学文化建设 [J]. 中山大学学报（社会科学版），2008（1）：189-201，208.

价值定位将能够更好地服务于大学文化建设。考虑到我国的国情和历史传统，笔者认为在全球化背景下，我国大学文化建设所秉承的价值定位应该包含学术至上、人文关怀、国家责任三方面的内容。

学术至上。学术是大学之本，是大学文化的根本精神所在。[①] 综观世界上的知名学府，无不以其卓越的学术贡献而被历史铭记。近代以来人类发展进步的历程，在相当程度上与大学的学术创新密切相关。随着知识经济时代的到来，大学在经济社会发展过程中的作用将与日俱增。在这个历史趋势下，一个大学只有始终将学术作为大学建设的首要工作，才能够在激烈的竞争中获得持续性的发展。从这个意义上讲，在我国大学文化的建设中，最为根本的价值定位就是学术至上。需要指出的是，大学文化建设所尊崇的学术并不仅是一般意义上的思想、观念、方法等的研究工作，更包括关切人类命运与前景的深刻思考。学术至上对于现阶段我国大学文化建设尤为重要。改革开放以来，我国高等教育获得了快速发展，高校在办学规模、经济效益、社会影响方面都获得了巨大的进步。但是在市场化浪潮的冲击下，有些高校在一定程度上忽略了学术研究在大学文化中的核心地位，与此相反，追求学校创收、经济效益、社会影响等内容成为大学文化的主流。在这种不正确观念的引导下，大学文化建设过多地追求短期效应，偏重于追求实际效益，使得大学文化建设或多或少地出现偏差。从长远来看，这种本末倒置的做法必将影响高校的可持续发展，因此，我国现阶段的大学文化建设将学术至上作为首要价值具有决定性意义。

人文关怀。人才培养是大学的重要功能。在教育体系中，大学是一个为社会的各个领域培养和输送高等级人才的场所。对于一个大学的评价，其所培养人才的多寡和质量是重要的标准。大学所培养的高级人才，不仅需要具备娴熟的技术能力，还需要具有深厚的人文关怀。应该说，这是现代大学所培育高等级人才的一体两面，二者缺一不可。从本质上看，人文关怀是教育尤其是高等教育所要实现的重要目标。[②] 只有通过教育，人的怜悯之心和恻隐

---

① 吕立志．崇尚学术：中国大学文化建设内在之魂 [J]．高等教育研究，2011，32（1）：14-18.

② 韩延明，栾兆云．我国现代大学文化的价值取向 [J]．高等教育研究，2010，31（4）：9-14.

之心才能够得到启蒙，人性才能够向着至善方向发展。从这个意义上讲，古今中外众多的思想家和教育家，无不高度重视教育对于人性的引导和启发功能。对我国大学而言，人才培养需要突出人才人文关怀的培养。因此，大学文化建设需要服务于高等人才人文关怀的培养。就人文关怀的生成机制而言，课堂知识性的传授固然重要，但是更加重要的是塑造良好的人文氛围，使得学生身处其中，耳濡目染，实现人文关怀的养成。就此而言，在推进大学人文关怀教育的过程中，大学文化建设是前提和基础。换言之，大学文化建设是促进人才人文关怀的最佳方式。以人文关怀作为大学文化建设的价值定位将有助于大学人才的培养。

国家责任。大学的发展并不是在真空中进行，而是在现实的具体环境中进行。从世界范围来看，在一个国家的发展和崛起过程中，大学所扮演的角色不容忽视。换言之，大学在一个国家和民族的发展进程中事实上扮演着重要推动者的角色，这种角色从本质上讲就是大学所承担的国家责任。在我国现代化的历史中，大学在思想解放、观念传播等方面，对于推动国家的发展都产生了重要的作用，比如，五四运动时的大学就体现着深厚的国家责任感，积极参与到历史进步的洪流中来。今天的中国正处在一个发展与转型的战略机遇期，机遇与挑战并存，在全球化的历史条件下，面对着民族虚无主义和历史虚无主义等思潮的种种挑战，将国家责任作为大学文化建设的内容具有重大的现实意义。从历史的角度看，只有将自身的发展融入国家与民族的发展伟大进程中，以自身的作用推动国家的强大和民族的兴盛，一个大学才能有机会成为世界级的知名大学。

### 四、推进我国大学文化建设的实践路径

大学文化建设是一项复杂的系统工作，它包括了诸多方面的内容。推进大学文化建设，一方面，需要我们熟悉大学发展建设的规律与特点；另一方面，更需要我们了解和尊重文化发展的特征。结合这两方面的因素，笔者认为，大学文化建设在实现路径方面需要以流程为依据，通过动态过程的管理模式加以推进。具体而言，大学文化建设需要从目标设计、激励机制、硬件条件和评价体系四方面推进。

首先，制定大学文化建设的发展纲要。与物质或实体性的建设不同，文

化的建设是一个相对缓慢的过程，需要我们耐心细致地进行规划，逐步实现文化发展的目标。在推进大学文化建设的过程中，一方面，我们应该将其与大学的整体发展规划整合起来，使得文化建设的内容整合到大学总体发展规划的框架之中，这样就能够实现文化的发展纲要与大学各领域发展密切配合，获得最佳的发展绩效；另一方面，我们需要结合各个大学自身的特点来制定发展纲要，使得大学文化建设的发展纲要符合各个大学的具体情况。在大学文化建设发展纲要的制定过程中，需要循序渐进，保持耐心，尊重文化发展的规律，不可急功近利，追求短期效应。鉴于文化发展过程的缓慢性特征，大学文化建设的纲要设计需要给予更多的时间、更长的周期。

其次，构建大学文化建设的激励机制。激励机制在社会发展中具有重要作用，因此构建一套良好的激励机制能够更好地推动大学文化建设。在大学管理过程中，良好的激励机制需要从两方面加以构建：基于过程的激励和基于结果的激励。在过程激励方面，就是要在大学文化建设的动态过程中适时给予激励。如上所述，文化的建设是一个比较缓慢的过程，从目标设定到取得实际的成效，需要经历一段较长的时期。考虑到文化建设的这一特点，在这个过程中给予必要的激励就显得十分必要。通过这种适时的激励，能够保持大学文化建设的持久性，实现大学文化的可持续发展过程。基于结果的激励是指在大学管理过程中，对于文化建设的优秀成果给予必要的激励。这种激励是基于对已经获得的成果所进行的激励，无疑更具有示范效应。如果把这两方面的激励结合起来，在大学文化建设中形成一个全方位的激励体系，将更有效地促进大学文化的建设。

再次，夯实大学文化建设的基础设施。马克思主义基本原理认为，物质决定意识。文化作为意识的组织部分，其发展同样离不开相应的物质基础。可以说，文化的建设并不是空中楼阁，而是需要一定的物质条件作为保障。推进大学文化建设需要大学管理者在事关文化建设的诸多方面给予更多的硬件支持，比如，经费保障、场地建设、学校后勤服务等。

最后，确立大学文化建设的评价机制。近年来，在我国大学治理过程中，评价体系工作作为一项重要的制度创新，对于大学的善治发挥着积极的推进作用。但是从内容上看，现有的大学治理评价体系中有关文化建设的评价还是非常缺乏的。一方面，是因为大学文化建设还没有引起大学管理者的高度重视，在其管理评价体系中的地位还相对边缘化；另一方面，是因为文化的发展其本身在衡量和评价方面就面临着难以定量化、难以客观化的管理难题。面对这种情况，进一步推动大学文化建设，需要对高校治理体系进行改革，逐步建立和完善大学文化建设的评价机制。大学文化建设的评价机制包含两方面的内容：一是教育管理部门在对大学发展的总体评价体系中要设立并增加文化建设评价的要素，通过这种自上而下的方式引导大学管理者的管理行为；二是大学领导者在大学内部进行管理评价活动时，需要将大学文化建设作为大学发展的重要指标，通过这种自我引导机制来推动大学文化的发展。

（编辑：王索）

（原载《学术论坛》2015 年第 8 期）

# 大学文化自觉与学院精神文化的弘扬

王昌民

（渭南师范学院，陕西 渭南 714099）

地方师范院校如何提高人才培养的质量，如何培育自己的核心竞争力，如何实现科学发展，取决于学校是否具有一种动力源。就渭南师范学院而言，"学院精神"的凝练和弘扬，核心价值的确立和核心价值作用的强化，就是这种动力源，是调动人的积极性、资源配置合理、提高办学质量和水平的决定因素。而"学院精神"文化能否弘扬，核心价值的作用能否强化又在很大程度上取决于学院在办学过程中是否达到了文化自觉。文化自觉的内涵十分丰富，大学精神文化建设的内容也很广泛，本文就"学院精神"的弘扬和核心价值作用的强化方面所体现的大学文化自觉的问题进行讨论。

## 一、大学文化自觉与大学文化建设

"文化自觉"这一概念是费孝通先生针对经济全球化以后文化转型和民族文化认同而提出来的。其意义在于"生活在一定文化中的人对其文化有'自知之明'，明白它的来历、形成过程、所具有的特色和它发展的趋向。自知之明是为了增强对文化转型的自主能力，取得为适应新环境、新时代而进行文化选择时的自主地位"[①]。"大学文化自觉"的问题，是张岂之先生从社会发展的角度对"文化自觉"进行解释时提出来的："文化自觉指人们对于文化认识达到一定高度的标志""文化自觉与社会发展的联结，需要有一个飞跃，这就是从个人认识扩展到社会群体对文化的认识和创造。这一飞跃的中介无疑

---

① 费孝通. 重建社会学与人类学的回顾和体会 [J]. 中国社会科学，2000 (1)：44.

是教育，特别是大学教育。大学应当成为文化自觉的先行者、倡导者和传播者"。他着重指出，"大学教育理应成为文化自觉的代表"。①

面对高等教育大众化以后高校之间竞争日趋激烈的形势，地方师范院校必然面临着文化转型问题，必然要"取得为适应新环境、新时代而进行文化选择时的自主地位"。如何做到文化自觉？"大学的文化自觉在于大学管理者乃至全体师生员工能够充分认识到文化的作用，认识到大学文化建设的重要性。"②

综合现有研究大学文化自觉的文献资料，关于大学文化自觉的理解有五个层面。第一个层面，文化视野。以广阔的文化视野考察社会变革、高等教育改革以及由激烈竞争而产生的文化转型。第二个层面，文化选择。以学生的全面发展为原则，加强文化素质教育，提升学生的综合素质。第三个层面，文化创新。加强学科建设，特别是人文学科的建设。在科学研究方面不断把握新理论，开拓新领域，创造新成果。在文化领域扩大交流，广泛吸收先进文化的养料，为文化创新奠定基础。还要着力于人才培养模式的改革，培养创新型人才。第四个层面，学校文化认同。广大师生员工对学校文化的深入了解，在思想观念上认同。第五个层面，行为方式与自我反思。学校的领导者、管理者、教师、学生等各类角色的人，在具体的问题上，在是非观念上自觉地以学校的核心价值观来判断、反思，选择行动策略和行为方式。文化自觉的核心问题是文化以人为本。③ 大学文化自觉为大学文化建设指明路径，大学文化自觉要求大学文化建设确立自己的核心价值。

### 二、文化载体与学院精神和核心价值的凝练

办学是一种文化活动，是围绕教育目的进行文化传递和传播、文化选择和创造的活动。文化在哪里？"就在人们生活的行为和意识中。"④ 大学文化在哪里？大学文化渗透在大学的各种活动中，体现在大学的各项制度和师生的行为中，内隐于大学的物质条件和校园环境中。办学理念、发展目标定位、

---

① 张岂之．关于文化自觉与社会发展的几点思考［J］．西北大学学报（哲学社会科学版），2002（4）：5.

② 中国科大：没有文化自觉就难有大学的科学发展［EB/OL］．中国教育新闻网，2008-12-30.

③ 王军．文化自觉与文化建设［J］．社会观察，2005（4）：40.

④ 费孝通．重建社会学与人类学的回顾和体会［J］．中国社会科学，2000（1）：47.

改革创新思路、教育教学制度、资源配置和管理制度、全校师生员工认同和遵循的价值观念、行为准则等，体现为大学的精神文化和制度文化。文化也表现为一种生活方式。教师在教学、科研、社会服务中的表现，教师在处理与学生关系中的表现，学生在学习、课外活动、人际交往、校园生活中的表现，管理人员在管理活动中的处事方式等，都是行为文化。校园环境、教学和生活设施、建筑物等构成了大学的物质文化。

大学作为学术组织，其信念、意识形态、故事、传奇和传说都是文化的载体，各种活动、仪式、人际关系等也是文化的载体。规章制度、领导讲话、人才培养方案、工作计划和总结、教学档案之类的文本，先进教师、优秀学生的事迹材料，师生关系、生生关系、同行关系的典型故事，教学、科研、管理、服务中有影响的重大事件，老教授、老领导的回忆录等，都承载着大学精神文化的信息。办学理念、校训、校风、学风和教风之中体现出来的，不仅是全校师生员工共同认同和遵循的价值观念和价值追求，还承载着大学文化的特色信息，是一种无形资产，是一种富有个性的精神文化，是一种鼓舞人、激励人、引导人、规范人的内在动力。

大学精神和核心价值的凝练是在对某一大学办学历史经验进行总结的基础上进行的文化反思，因而是一种文化自觉。凝练的过程就是反思的过程，是"自知之明"的过程。要探究大学文化，必须"首先探索产生于或完整地存在于学术系统内的那些自我确定的观念和信念"[1]。历史文本的解读正是探索这些观念和信念不可缺少的环节。

通过研究渭南师范学院历届领导的讲话、老教授的回忆文章，查阅历史档案，收集先进教师和优秀学生的事迹材料，我们从学院近五十年的办学历程可以看出，在专科时期，广大师生充分表现了"艰苦创业"的精神,[2] "开拓、创造、吃苦、耐劳"的精神，"对党和国家的忠诚，对工作认真负责"的精神。[3] 这种精神就是育人为本、励志图强的精神，是培养能够"下得去、留得住、讲奉献、能干事"的基础教育师资的"师魂"精神。升本后，学院

① 克拉克. 高等教育系统：学术组织的跨国研究 [M]. 王承绪，等译. 杭州：杭州大学出版社，1994：86.
② 段宝珊. 发扬艰苦创业精神努力提高教育质量 [J]. 渭南师专学报，1998 (4)：33.
③ 段国超. 二十周年校庆感怀 [J]. 渭南师专学报，1998 (4)：26.

提出了"让每一个学生成才"的理念，凝练出了"励志、笃学、求实、敬业"的校训。这些理念和校训，凝结了学院的价值追求和精神成果。可见，学院的精神就是"育人为本、艰苦创业、励志图强"。"励志"是受到中国传统文化影响而形成的教育思想，培养学生振奋精神、奋发图强，始终保持积极向上的精神状态，集中心思致力于成才目标；"笃学"体现了学院培养"学人"的意识，使学生具备热爱学习、追求真理、报效祖国的品质；"求实"体现了实事求是的传统，培养学生理论联系实际的良好作风；"敬业"是对学院教师艰苦创业、教书育人的光辉历史的总结，也是办学特色的体现，是培养未来教师优秀品德的要求，更表现了学院贯彻"育人为本，德育为先"思想的坚决态度。校训的八个字是对"育人为本、艰苦创业、励志图强"的学院精神的进一步阐发。从专科时期形成的精神，到学院时期的校训和理念，都贯穿了以人的发展为本的核心价值。它包括了学生的全面发展、教师的专业发展、学院的科学发展，是以励志图强贯穿其中的。

需要特别说明两点：一是学院精神中"艰苦创业"之"业"，不仅指"大楼"之业，即建设新校区和千亩校园之业，也是指"大师"之业，即形成一支结构合理、学术水平高、师德优良的教师队伍之业，更大程度上是指建设一大批优势学科和特色专业之业，产出一批教学科研成果之业，培育出两万多名基础教育教师之业。二是学院精神中的"育人为本"，是教学型院校的使命之所在。北京大学杨承运教授认为："'育人为本'是体现大学精神的关键。"因为培养人才是大学的根本任务，教书育人是大学教师的神圣职责，大学的崇高精神就应当体现在"育人为本"。①

### 三、学院文化建设与学院精神的弘扬和核心价值作用的强化

要使广大师生员工都对学院文化有所认识，就必须着眼于学生的全面发展、教师的专业发展、学院的科学发展，从组织形态、观念形态、制度形态、物质形态和行为形态进行学院文化建设。首先，要在思想上认同核心价值，认识核心价值的作用，这是学院文化建设的观念前提。核心价值的作用在于：

---

① 陈彬．杨承运："育人为本"是体现大学精神的关键［N］．科学时报，2008-09-16（8）．

第一，具有导向功能。例如，我们制定人才培养方案，设计和组织学生活动，就要看这样的方案与活动是否有利于学生的发展，是否能最大限度地发挥学生的个性潜能；又如，我们制定规章制度和各种政策，就要看这种制度和政策是否有利于资源的合理配置，是否有利于调动广大教师的积极性。第二，具有凝聚功能。例如，学院制定了"建设高水平地方师范院校"的发展目标，我们每一个部门，每一位师生员工都要为这一目标的实现谏言献策，做好工作，做出贡献，要在实现这一目标中弘扬学院精神。第三，具有规范功能。例如，学院的校训，提供了价值标准，对全校师生员工的教学、科研、管理、服务行为起规范作用。比如，"笃学"含有以学术研究为志业的意义，它就是对教师科研行为的规范。

其次，要弘扬学院精神、强化核心价值的作用，就必须把学院精神、核心价值从领导者个人的认识扩展到师生员工的认识。这是学院文化建设的基本要求，是大学文化自觉的要义所在。第一，让师生员工认识到学院生存与发展面临的竞争环境和进一步发展的目标任务。通过讲座和论坛分析形势、讲校情、讲学院文化转型，即从以"教学文化"为主转型为以"学术文化"为主。第二，要加强对学院精神的宣传和讨论，要让广大师生员工知道什么是学院精神，它的内涵和功能是什么，它的来历是什么。要通过学院创业历程的回顾、校史教育、办学成就的宣传、优秀人物和事迹的宣传，让广大师生认识学院的文化、学院的传统、学院的特色。第三，要组织研究人员，对学院的校训进行诠释，把它的内涵制成宣传牌立于校园醒目处，让师生都知晓。第四，通过制度建设和学习活动，特别要注意表彰先进教师和名师，发挥他们的教育、感召和示范作用，把学院的核心价值扩展为全院师生员工的共同价值，把"育人为本"提高到以人为本的科学发展的高度，把人的发展与学院的发展相统一的理念化为每一个人的自觉行动。第五，把学院的"四大工程"的实施与学院精神弘扬、强化学院核心价值的作用结合起来，在每年实施"四大工程"的文件中，要把学院精神弘扬、强化学院核心价值的内容写进去。

再次，要弘扬学院精神、强化核心价值的作用，就要落到实处，以提高质量为办学追求，在质量文化建设上，理清思路、总结经验、创新制度、营建氛围、构建体系。学院"让每一个学生成才"的理念可以看作质量目标，关键在于落实，在于建立质量保障机制。重点抓好"四强化"：一是强化质量为本的意识，要进行全员化的质量意识教育，注重营造改进质量的环境、机制和完善质量组织。二是强化教学工作中心地位，就是要形成营建质量文化的生成和维持机制，是把营建质量文化落实到每一位师生员工，落实到每一项具体工作之中的决定性因素。三是强化教学质量监控，促进质量观念和质量规范内化。四是强化实践教学体系建设，改革人才培养模式。

最后，要弘扬学院精神、强化核心价值的作用，还要继承"艰苦创业"的传统，弘扬"励志图强"的精神，建设和谐校园文化，就是"建立民主法治、公开正义、诚信友爱、充满活力、安定有序、科学发展的文明校园"。重点在"四着力"：一是着力于发挥广大教师在办学中的主体作用，二是着力于发挥学生在教育教学中的主体作用，三是着力于师生关系的改善，四是着力于师生思想政治工作，为学生就业提供周到的服务，确保校园安全和稳定。

### 四、弘扬学院精神，促进学院文化认同的实践载体

弘扬学院精神、强化核心价值的作用关键是如何得到师生员工的认同。认同是解决组织内部不同群体价值冲突的方式。认同是实践的前提。需要通过各种实践载体去解决价值认同和情感归属问题，以促进学院文化认同。

第一，文化视野上的文化自觉。学院的发展不只是关系到领导者，也与每个人的利益息息相关。要以定期的教育思想讨论和观念创新、体制机制创新和人才培养模式创新为实践载体，使学院的每一个人都认识到：我们面临着学校间激励竞争的局面，面临着办学经费短缺的困境，面临着高层次人才的不足和引进的困难，面临着改革、发展、稳定的要求，以及社会上各种各样思潮的影响；如何办好大学，如何处理好各种关系，采取何种策略，都迫切要求我们对学院的发展、特色、质量提高从更广阔的文化视野去考察，考虑文化转型问题、考虑生存发展问题、考虑核心竞争力的培育问题、考虑学院的社会声誉问题。

第二，文化选择的文化自觉。潘懋元先生认为，文化选择与创造是高等教育的基本功能。他指出了高等教育文化选择的主要途径有四个：一是培养目标，二是课程和教材，三是教师群体，四是校园环境。① 这四个途径都围绕

① 潘懋元.潘懋元高等教育学文集 [M].汕头：汕头大学出版社，1997：230.

人的自由而全面发展，涵盖了大学人才培养的各个环节。理解了各环节文化选择的意义，也就理解了如何有效促进大学生的发展。例如，怎样强化文化素质教育？怎样的校园文化活动有利于学生的个性发展？怎样的师生关系能促进学生的健康成长？在这些问题上有了文化自觉，就会使学生受益，就会得到学生的认同。我们可以从五方面的文化选择设置实践载体：一是通过本科生导师制和系内定期的座谈或沙龙来加强师生的交流，改善师生关系较为淡漠的状况。二是增加校园文化论坛、学术讲座等文化活动产品的"密度"和"频度"，营造浓郁的校园文化氛围。"密度"是指活动的种类要增加，"频度"是指单位时间内的次数要增加。三是强化社团活动的学术性、实践性、文化性建设，促使一些社团活动品牌化、特色化。四是要增加文化素质教育选修课的范围和数量，扩大学生选择的余地。特别要增加教育理论类、创新思维训练类和创业知识和方法类课程。对于文化素质教育的引入要进行严格的质量审查。课程的考查要像专业课程一样严格。杜绝纯粹为了拿学分而选修的情况。五是引导、教育学生拓宽知识视野，不仅要参加本系组织的学术讲座，而且要积极参加跨系跨专业的学术讲座。这是关系学生文化选择的问题，必须作为学生思想教育的一项内容。

第三，文化创新的文化自觉。最突出的是学科文化自觉。教学型院校应不应搞学科建设？如何进行学科建设？学科建设与科研是什么关系？如何认识科研与教学相结合、相统一？学院应以优势学科培育和重点学科建设为实践载体，促进广大教师提高对"科研是学科建设的载体"的认识，提高对"科研是教师专业化发展的重要途径"的认识，积极开展科学研究，广泛开展学术交流与合作。教师以学术研究为生存方式，教师之间的互动、课题组成员之间的互动是学科文化自觉的一种表现，也是对学院"艰苦创业"精神的认同，是对"笃学""敬业"精神的认同。学院要加强学科制度建设，要使学术制度、学术规范、评价标准不仅条文化，还要转化成群体每一位成员自觉追求的行为准则。要形成有特色的学科亚文化，必须选择有前瞻性学术思想，善于对学术问题做出价值判断，能够提出有意义的研究方向的学术带头人；学术带头人和学术骨干要有开放性的学术品格，能虚心听取他人意见，团结群体成员进行学术讨论和交流，汲取有价值的学术信息，激发群体成员的研究兴趣。

第四，行为方式的文化自觉。人的行为反映了特定的价值观。每个人的细小行为都可折射出文化的光芒。"学校行为文化是指学校教职员工在教育实践过程中产生的活动文化，是学校作风、精神面貌、人际关系的动态体现，也是学校精神、学校价值观的折射。"① 是否实现了学院文化认同，从各类人员的行为中就可反映出来。行为方式的文化自觉，其实践载体就是个人以社会角色参与的组织管理活动、教学活动、科研活动、人际交往活动、学习活动和课外科技文化活动等。每个人都是其他人的外部环境，每个人的行为都在影响着其他人对学院精神和核心价值的认同。因此，每个人对自己行为的反思，就是文化自觉的尝试。学院领导倡导什么、反对什么、对人对事的态度、如何用人，就是文化自觉的一种表现。教师的言行举止会对学生产生示范、引导、暗示的作用，也是文化自觉的一种表现。管理者对资源配置权力的运用，是以服务于师生发展为取向，还是以单纯效率为取向，同样是文化自觉的一种表现。学生的选课行为、考试行为和课外交往行为都是文化自觉的表现。学院要提出这样一项要求，学院各类角色的人员在每年的工作总结中都要反思：哪些行为符合学院的核心价值？哪些行为不利于学生的发展？哪些行为妨碍了教师的科学研究？哪些行为损害了学院的声誉？长期坚持这样做，就会形成师生员工的学院文化认同和行为文化自觉。

学院精神和核心价值的凝练是在对学院办学历史经验进行总结的基础上进行的文化反思，是一种大学文化自觉；学院精神和核心价值的认同，是要求全体师生员工对学院精神和核心价值作用的强化在思想认识上认同，因而是一种大学文化自觉；学院精神的弘扬和核心价值作用的强化是指在学院办学实践中加以落实，各类角色的人在个体行为上有文化自觉，因而也是一种大学文化自觉。学院文化建设要注重学院精神的弘扬和核心价值作用的强化。

（编辑：王索）

（原载《渭南师范学院学报》2010 年第 1 期）

---

① 赵中建. 学校文化 ［M］. 上海：华东师范大学出版社，2004：324.

# 《史记》文化与地方高校校园文化
# 建设融合策略研究

——以渭南师范学院为例

马雅琴[1]　刘小霞[2]

（1. 渭南师范学院，陕西 渭南 714099；

2. 陕西交通职业技术学院，陕西 西安 710049）

司马迁是世界文化名人，他的《史记》是全人类的文化遗产，是上古三千年文化史的凝结，是中华民族文化的精髓，是爱国主义的思想源泉。我们所说的"《史记》文化"，是指以司马迁其人其事及《史记》为载体的文化现象的总和，主要包括司马迁的思想、精神、人格，《史记》的思想内涵、艺术风格，《史记》的传播与研究，与司马迁和《史记》有关的文物古迹，与《史记》有关的民俗、传说，等等。《史记》文化是中国传统文化中的精华，也是地域文化的优秀代表，有取之不尽的文化资源。千百年来，《史记》文化以其丰富的文化内涵和价值，激励着无数中华儿女的成长和进步。

"地域文化是指特定地区的物质文化和精神文化的综合，是人们生活在特定的地理环境和历史条件下，世代耕耘经营、创造、演变的结果。"① 秦东（泛指陕西关中平原东部，特指今渭南市辖区，包括临渭区、韩城市、华阴市、华县、潼关县、大荔县、蒲城县、澄城县、白水县、合阳县、富平县）地区历史文化积淀丰厚，内涵丰富且特点鲜明，拥有诸如沙苑文化、龙山文化、名人文化（秦东地区出现了字圣仓颉、酒圣杜康、汉太史令司马迁、唐代名将郭子仪、伟大诗人白居易、宋代名相寇准、清代状元王杰等文化名人）、《史记》文化等丰富的文化。同时，渭南还是现代革命者活动较早的地

---

① 王娜. 新建地方高校校园文化建设的地域特色研究：以淮阴工学院为例 [J]. 学理论，2011 (35)：194.

区之一，华县的"渭华起义烈士永垂不朽"纪念碑、蒲城的永丰战役纪念塔和杨虎城将军纪念馆等，都是对大学生进行革命传统教育的基地。在这些丰富多彩的历史文化中，《史记》文化不仅是秦东地区优秀文化的代表，更是中国文化的瑰宝。

出生于陕西省渭南市的司马迁，不仅是渭南人民的自豪，更是中华民族的骄傲。作为司马故里的渭南师范学院师生，对司马迁和《史记》更是有着浓厚真挚的情感。渭南师范学院地处渭水华岳之间，是司马故里的最高学府，因此，我们有义务更好地宣传、研究《史记》文化，有义务将《史记》文化的精神发扬光大，这是我们义不容辞的责任和义务，是我们肩负的光荣使命和艰巨任务。《史记》文化进校园，就是要建构以《史记》文化为特色的地方高校校园文化，汲取《史记》文化的思想精华，让学生在《史记》文化的熏陶下，培养积极健康的人格，提高人文修养。

**一、《史记》文化与地方高校校园文化建设的关联性**

马克思指出："人们自己创造自己的历史，但是他们并不是随心所欲地创造，而是在直接碰到的、既定的、从过去继承下来的条件下创造。"① 作为地域文化的代表，《史记》文化虽然具有其时代性，依赖于一定的历史条件，但其不朽的民族精神和深邃的文化内涵，依然是现代社会值得继承和发展的精神财富，是地方高校校园文化建设的精神养料。

《史记》文化与地方高校校园文化建设的关联性在于：《史记》文化与地方高校校园文化是相互作用、协调发展的关系。《史记》文化涵养熏陶地方高校校园文化，地方高校只有在充分吸收《史记》文化营养的基础上，才能更好地培育、凝练出富有生命力的校园文化；《史记》文化可以充分利用高校丰富的载体有效地实现传承、凝练和创新。

（一）《史记》文化蕴含丰富的精神文化资源

时代发展到今天，《史记》文化依然蕴含着丰富的精神文化资源，诸如司马迁的精神、人格、思想，《史记》博大精深的内涵和丰富的人文精神。其

---

① 中共中央马克思恩格斯列宁斯大林著作编译局. 马克思恩格斯选集：第 1 卷 [M]. 北京：人民出版社，1972：254-255.

中，人文精神是《史记》文化的精髓。袁进认为："'人文精神'，是对'人'的'存在'的思考，是对'人'的价值、'人'的生存意义的关注，是对人类命运、人类痛苦与解脱的思考与探索。"① 我们可以看出，人文精神包括对人的尊重，强调人的尊严，又蕴含着对人类命运的思考与探索，对生命意义的追求。《史记》的人文精神，主要是通过对历史事件和历史人物的记载体现出来的。张强教授在《〈史记〉与中国传统人文精神》一文中曾将《史记》的人文精神概括为六方面：浩大弘毅的"君子人格"，建功扬名的入世精神，强烈的人格自尊精神，舍生取义的牺牲精神，言必信、行必果的社会信义精神，呼唤人间真情的人道主义精神。同时，《史记》中表现的爱国思想、求实创新精神，激励着一代又一代志士仁人为中华民族的崛起而奋斗，这种精神由此也成为中华民族的民族精神。当前，高校教育的终极目标指向是培养高素质、高技能的人才，而全面推进包括人文教育在内的素质教育已经成为我国深化高等教育改革的基本主题和重要的奋斗方向。《史记》文化中丰富的精神文化内涵对大学生人文素养的提升具有不可忽视的教育和价值导向作用。

（二）地方高校校园文化建设的新特点

地方高校的发展依赖于地方这个独特的地域结构。在校园文化建设中突出地方特色，是地方高校生存的与众不同的核心竞争力。作为秦东唯一一所高校，渭南师范学院历来重视研究、吸纳地域文化特别是《史记》文化的精髓，并把这种研究和学校的人才培养、学科建设密切联系起来，通过弘扬《史记》文化，彰显学校的办学特色。目前学院拥有陕西省人文社会科学重点研究基地——秦东历史文化研究中心，中心下设中国司马迁与《史记》研究院。《渭南师范学院学报》"司马迁与《史记》研究"是教育部名栏建设项目，与学校的中国司马迁与《史记》研究院、中国司马迁与《史记》研究展览馆、中国史记研究网、司马迁与《史记》研究专题文库等形成面向全国的基础性、引领性和服务性的"《史记》学"研究阵地。长期以来，学校广大研究者秉承《史记》人文精神，司马迁与《史记》研究一直开展得比较活跃，在《史记》研究方面取得了可喜的成果。中国司马迁与《史记》研究院创办并出版了《司马迁与〈史记〉研究年鉴》（目前已出版 9 卷），填补了

---

① 高端泉，袁进，张汝伦，等．人文精神寻踪［J］．读书，1994（4）：73-81.

《史记》学界的空白，获得学界好评。《司马迁与〈史记〉研究年鉴》编辑部获得了中国《史记》研究会"特殊贡献奖"。人文与社会发展学院常年面向全校大学生开设通识教育课《史记》，校学生会编辑了《史记》名言手册，组织学生开展《史记》名言软硬笔书法比赛等活动。可见，《史记》文化已经融入学校的建设中，而学校为《史记》文化的丰富和发展做出的突出贡献，在国内产生了较大的影响。

《史记》问世以来，备受历代评论家的赞誉。东汉史学家班固称之"不虚美，不隐恶，故谓之实录"。鲁迅先生誉之"史家之绝唱，无韵之离骚"。两千多年来，司马迁与《史记》一直是中外文化者研究的"珍宝"和未了的"情结"，尤其是20世纪80年代后，研究成果斐然，不仅研究者人才济济，高质量的学术著作和论文也犹如满天繁星，相关学术组织也如汩汩清泉般不断涌现，出现了空前繁荣的景象，以至于形成了一门新的学科——"史记学"。当前，《史记》文化研究呈现出综合化、开放化、国际化、普及化的趋势。渭南师范学院与中国《史记》研究会于2015年9月联合举办国际学术大会，隆重纪念司马迁2160周年诞辰。

## 二、《史记》文化与地方高校校园文化建设融合的途径

高校校园文化是一种群体文化，以大学生为主体，涵盖全院教职员工，以育人为主要导向，以精神文化、环境文化、行为文化和制度文化建设为主要内容。大学生的品德教育是校园文化的重要方面，是校园文化建设重要的价值取向。《史记》文化中的人文精神，对提升学生的人文品格具有潜移默化的教育作用。《史记》文化与高校校园文化建设融合共进策略研究，重点在于研究如何在地方高校校园文化建设中搭建各种载体平台，把《史记》文化"引进来"，在校园文化建设中开发、利用、宣传《史记》文化的途径策略。

（一）营造浓郁的《史记》文化氛围

培养大学生高尚的美德，不仅需要思想教育的灌输，更需要积极向上、健康良好的校园文化氛围的感染与熏陶。良好的校园文化氛围最能体现高校的文化气质，能展现全校师生员工的精神风貌和理想追求。营造浓郁的《史记》文化氛围，就是在校园内修建司马迁塑像，充分利用墙报、宣传栏、校报、校刊、广播等增设《史记》文化专栏专刊等。在渭南师范学院一号教学

楼前，屹立着司马迁撰写《史记》的高大塑像。走近塑像，人们总能受到一种自强不息、刚健有为的精神的感染。那炯炯有神的目光、刚劲的手臂、发愤写作的神情，吸引着一批又一批学子驻足沉思；每当早读时分，琅琅的读书声萦绕在高大的塑像周围。通过营造《史记》文化氛围，学校的每个角落都散发出浓郁的《史记》文化气息，从而达到陶冶学生情操、提升学生素质的目的。陕西师范大学充分利用地理优势，在司马迁与《史记》研究方面起步较早，研究成果颇丰。在校园文化建设中，陕西师范大学秉承陕西地方文化的优秀传统，特别是《史记》文化的精髓，形成了具有鲜明特色的大学文化：秉承"厚德、积学、励志、敦行"的优良传统，大力弘扬"厚德敦行"的文化精神，建设高品位校园文化，形成了"抱道不曲、拥书自雄"的学风和"淳厚博雅、知行合一"的校风。

　　建立《史记》名言长廊，也是营造《史记》文化氛围的有效方法。司马迁是语言大师，《史记》包含很多名言警句。这些名言，含蓄隽永，富有哲理，诸如"先国家之急而后私仇"（《廉颇蔺相如列传》）、"安危在出令，存亡在所任"（《楚元王世家》）、"良药苦口利于病，忠言逆耳利于行"（《留侯世家》）、"运筹帷幄之中，决胜千里之外"（《高祖本纪》）、"前事之不忘，后事之师也"（《秦始皇本纪》）、"桃李不言，下自成蹊"（《李将军列传》）、"燕雀安知鸿鹄之志哉"（《陈涉世家》）、"智者千虑，必有一失；愚者千虑，必有一得"（《淮阴侯列传》）、"失之毫厘，谬以千里"（《太史公自序》）等。《史记》中许多名言警句，经过长期的流传，已经成为凝练隽永、富有哲理的通俗成语。如"先发制人""破釜沉舟""鸿门宴""霸王别姬"（《项羽本纪》）、"约法三章"（《高祖本纪》）、"卧薪尝胆"（《越王勾践世家》）、"毛遂自荐""脱颖而出""一言九鼎"（《平原君列传》）、"完璧归赵""怒发冲冠"（《廉颇蔺相如列传》）、"奇货可居"（《吕不韦列传》）、"图穷匕见"（《刺客列传》）、"多多益善"（《淮阴侯列传》）、"一鸣惊人"（《滑稽列传》）、"不寒而栗"（《酷吏列传》）、"三令五申"（《孙子吴起列传》）、"韦编三绝"（《孔子世家》）等。这些成语文辞简约、意旨深远，千百年来，人们耳熟能详，代代相传。这些名言对大学生人格的培养具有潜移默化的教育作用。建立《史记》名言长廊，就是充分利用教室、走廊、校内专刊等宣传张贴有关《史记》的名言；编辑《史记》名言手册，师生人手一本。这些活动，使校园文化和《史记》文化在交流融合中发展，既大力弘扬了《史记》文化，又将创建文明和谐的校园文化在"润物细无声"中展开。

（二）诵读《史记》经典名篇，定期召开《史记》文化研讨会

"学科建设离不开一定的文化氛围，地方高校一般位于中小城市，这些城市的地域文化氛围既是学科建设文化氛围的重要组成部分，也是地方高校建设特色学科的重要资源和切入点。"① 渭南师范学院充分挖掘《史记》文化的精髓，培育了具有地域文化特色的学科——中国语言文学省级特色学科，拥有汉语言文学省级特色专业。学校以教学为中心，以科研促教学，加大教学改革，完善课程资源，强化教学实践；立足师范教育，服务基础教育，凸显《史记》文化，强化学生的综合素质，改进学生科技创新计划，为基础教育、地方经济和社会发展培养更多合格的本科专业人才。在学科建设中，渭南师院将《史记》文化与学科教学相结合，把《史记》文化的精神融入学科教学中。面向全校大学生开设了通识教育课史记，要求学生每学期诵读《史记》经典名篇不少于二十篇，通过此项活动，让《史记》中的人文观念在校园里得到传承。同时，广大教师紧紧围绕《史记》文化，积极开展学术研究，长期以来形成了以学科建设为依托、以专题研究为重点、以《史记》文化为特色的科研模式。结合科研特色，学院举办了"秦东人文大讲堂"活动，邀请校内外著名专家为大学生讲授秦东优秀的历史文化。陕西师范大学张新科教授，渭南师范学院凌朝栋教授、梁建邦教授先后为大学生做了"《史记》的民族精神""史圣司马迁""解读《史记》文化"的专题讲座。学院积极拓展教育渠道，利用第二课堂开展"百部经典名著导读"活动，其中司马迁的《史记》成为大学生必读的文化经典。学校还建立了中国史记研究网，为广大《史记》爱好者提供了交流、探讨、争鸣的互动空间。以上活动拓展了学生的学术视野，弘扬了《史记》文化的优良传统，完善了学生的知识结构和人文素质。笔者认为，在开设通识教育课史记的基础上，还应该把《史记》文化列入大学生重要的课题研究范畴，在校团委、学生会的领导下，每学期定期

---

① 曹毓民. 地域文化对地方高校办学特色构建的影响［J］. 赤峰学院学报（汉文哲学社会科学版），2010，31（8）：179.

在学生中举办司马迁精神、《史记》人文精神方面的专题讲座和《史记》文化研讨会，形成学习、研究《史记》文化的氛围。

《史记》文化进校园，就是要让学生在深刻领会《史记》文化博大精深的同时，走进历史，感受历史的发展规律，进而更好地理解今天和明天；使他们走进社会，明确当今社会的时代特点，从而懂得求学之道；使他们能够时常反思自身，养成自尊、自强、诚实、守信的健全人格。目前，渭南师范学院的《史记》文化宣传与研究已经得到了学界的认可和称赞，中国《史记》研究会会长、渭南师范学院特聘教授张大可先生评价："渭南师范学院是《史记》研究的一个重镇。"

作为地方高校的渭南师范学院正因为充分利用了《史记》文化资源，形成了具有不可替代的、具有竞争力的、可持续发展的特色学科，不仅促进了《史记》文化和当地的经济发展，而且得到了当地政府的认可和重视。

（三）丰富高校社团活动内容，创办《史记》文化特色社团刊物

共青团、教育部联合下发的《关于加强和改进大学生社团工作的意见》中指出："高校学生社团活动是实施素质教育的重要途径和有效方式，在加强校园文化建设、提高学生综合素质、引导学生适应社会、促进学生成才就业等方面发挥着重要作用，是新形势下有效凝聚学生、开展思想政治教育的重要组织动员方式，是以班级年级为主开展学生思想政治教育的重要补充。"[1]高校社团是校园文化建设的重要载体，是第二课堂的引领者。因此，开展丰富多彩的社团活动是提高大学生人文素养的重要途径和手段。渭南师范学院根植于秦东这块沃土上，浓郁的地域文化是学生社团活动的重要资源，其中《史记》文化是提升学生综合素质的重要资源。笔者认为，师院的学生社团在文化活动的阵地上，可以立足《史记》文化，不断创新社团活动的形式和内容。例如，围绕"了解《史记》文化，走近《史记》文化，开发《史记》文化"的社团主题，开展以下系列活动：依托人文学社组织学生开展《史记》精神讲演、《史记》故事会；依托书法协会，组织学生开展《史记》名言软硬笔书法比赛；依托摄影协会，组织学生开展《史记》主要人物图片展；依

---

[1]　共青团中央，教育部 . 关于加强和改进大学生社团工作的意见［EB/OL］. 中国共青团网，2005-01-13.

托学生会的文艺部组织举办"弘扬史记文化，传承民族精神"为主题的文艺演出；依托大学生记者团，组织学生召开以"振兴司马故里"为主题的调查报告会；依托学生自办刊物《卉苑》《人文报》《西岳》等，开辟《史记》名篇研讨等特色栏目；依托学生会的新闻部、学习部及人文学社，创办《史记》文化特色社团刊物《史记文化》，系统介绍司马迁的思想、精神、人格，《史记》的思想内涵、艺术风格等。在这些既贴近校园，又贴近生活的活动中，学生提升自我修养，完善健全人格。

### 三、《史记》文化与地方高校校园文化建设融合的价值

渭南师范学院对《史记》文化宣传、普及、研究的实践，说明了《史记》文化与地方高校校园文化建设融合具有一定的价值意义。

（一）探索地域文化与地方高校校园文化构建的新思路新模式

通过《史记》文化与地方高校校园文化建设融合研究，探索地域文化与地方高校校园文化构建的新思路新模式：地方高校校园文化建设必须根植于地域文化土壤，只有汲取优秀的地域文化，才能形成特色的校园文化。渭南师范学院根植于秦东这块沃土，浓郁的《史记》文化不仅对学校的学科建设、校园文化产生了积极的影响，而且对学生综合素质的提升具有重要的意义；在《史记》文化的滋养下，渭南师范学院形成了鲜明的校园文化特色——《史记》文化特色，这在陕西省的所有高校中，是独一无二的亮点；师院人对《史记》文化的弘扬，使《史记》文化得到了有效的传播与丰富，从而提升了《史记》文化的内涵。

（二）焕发《史记》文化的活力，打造《史记》文化品牌

《史记》文化与地方高校校园文化建设相融合，使《史记》文化焕发新的活力，更好地发挥其文化熏陶的影响作用，从而打造《史记》文化品牌。渭南师范学院已经与司马故里——韩城市深度合作，共建大学生素质教育实践教学与科学研究工作站。该工作站的建立，是《史记》文化与校园文化深度融合的体现。它便于广大师生走出校园，走进司马故里，真切地感受《史记》文化的精髓，弘扬不朽的民族精神；便于师院发挥自身科研优势，为韩城市的经济和社会发展做出贡献。韩城市政府可以借助该工作站，使《史记》文化的宣传与研究站在一个新的高度，在互利共赢的基础上，推动《史记》

文化的普及与宣传，推动司马故里的旅游开发和经济发展。张新科先生曾说："司马迁和《史记》是一个非常有文化内涵的品牌，打出这个文化名牌，可以为当代社会服务，产生一定的经济效益。"① 《史记》文化资源是韩城市旅游业发展的基础和依托，与地方高校和当地政府的联合开发，有利于更好地打造《史记》文化品牌，使其在当今的旅游业中显示出独特的文化魅力，从而推动当地的旅游经济发展。

（编辑：王索）

（原载《渭南师范学院学报》2015 年第 11 期）

---

① 张新科. 史记学概论［M］. 北京：商务印书馆，2003：22.

# 论《史记》中的音乐文化

杨冬菊

（渭南师范学院，陕西 渭南 714099）

司马迁在中国文化史上享有崇高的地位，这主要源于其"究天人之际，通古今之变，成一家之言"① 的史学巨著《史记》的精髓思想及其伟大成就。司马迁"竭尽毕生精力所撰写的《史记》，总结了中华两千多年的古代文明，是一部集华夏文化大成的百科全书"②。其中，"除了囊括孔子所致力于诗、书、礼、乐之外，又融汇百家学说于一炉，包括政治、经济、军事、教育、民族、民俗、特别还有天文、地理、医学、科技等"③。这足以证明司马迁思想的伟大与进步，其学识之渊博与精深，其历史记载之严肃与认真。当然其中不乏对音乐的诸多记载。

## 一、《史记》记载音乐文化的旨意

《史记》"历黄帝以来至太初而讫，百三十篇"④，"五十二万六千五百字"⑤，结构宏伟严谨，内容博大精深，其中记载音乐方面的史料异常丰富。研究发现，《史记》中不论是具有典范之举的《乐书》《律书》两个论述音乐的专篇，还是散见于其他篇章中的近30种乐器，以及对音乐、舞蹈人物的音乐观点或者是音乐活动的大量记载，不仅向我们昭示出司马迁的礼乐思想，

---

① 班固．汉书［M］．颜师古，注．北京：中华书局，1962：2735.

② 杨生枝．司马迁教育思想述略［M］．西安：陕西人民教育出版社，1995：4.

③ 杨生枝．司马迁教育思想述略［M］．西安：陕西人民教育出版社，1995：2.

④ 司马迁．史记［M］．北京：中华书局，2014：4029.

⑤ 司马迁．史记［M］．北京：中华书局，2014：4027.

也体现出司马迁对音乐文化的高度重视，同时说明礼仪乐律在古代社会中具有崇高地位。因此，从某种意义上来说，司马迁不仅是一位伟大的史学家，而且是一位伟大的音乐思想家。《史记》理所当然是一部具有音乐文化意义的伟大历史著作。通过对《史记》音乐文化记载渊源的研究，我们能够深刻领略到司马迁在其史学巨著《史记》中记载音乐文化的旨意。

（一）对先贤礼乐文化思想的继承与发展

司马迁在《太史公自序》中曾表明自己创作《史记》的缘起："先人有言：'自周公卒五百岁而有孔子。孔子卒后至于今五百岁，有能绍明世，正《易传》，继《春秋》，本《诗》《书》《礼》《乐》之际？'意在斯乎！意在斯乎！小子何敢让焉。"① 这既说明他撰写《史记》不仅是为了继承祖业、不辱父命、发扬古代圣人之精神，肩负起记天下大事的崇高使命，而且是继承《春秋》，依据《诗》《书》《礼》《乐》的本质意义来写的，他最主要的目的是"以拾遗补艺，成一家之言，厥协六经异传，整齐百家杂语"②，这也是《史记》最吸引人和最具有学术价值的地方之一。在中国古代礼、乐、射、御、书、数"六艺"中，"乐"是高居第二位的，可见"乐"在中国古代社会中的崇高地位。当然，"乐"之所以能够紧随"礼"被排在第二位，其主要原因是古人认为"乐"能够"通天地"。所以，中国古代历朝历代每一个统治者在登基乃至举行大型庆典祭祀活动的时候，都要进行盛大的乐事活动，以祭天地和先祖，祈求幸福和太平，以至于历代统治者登基之后首先要做的事情之一就是立乐、修乐。司马迁所不同于"六艺"或者说高于"六艺"的地方，就在于他更多地搜集遗文以补充"六艺"之不足。在撰写《史记》的过程中，他不仅能够吸收有关"六艺"的各种不同解释，兼采诸子各家之不同说法，而且能够"成一家之言"，这正是司马迁伟大的地方。由此我们也可以看出司马迁在《史记》中是多么重视对先贤礼乐思想的记述、继承与发扬光大。因此说，音乐文化是司马迁《史记》中的重要内容之一。

（二）探究音乐与社会发展演变的关系

综观《史记》之音乐文化史料，《乐书》《律书》是两个最具典范性质的

---

① 司马迁．史记［M］．北京：中华书局，2014：4002.
② 司马迁．史记［M］．北京：中华书局，2014：4027.

论述音乐的专篇，此外还有大量音乐史料散见于其他篇章。司马迁在《太史公自序》中写道："乐者，所以移风易俗也。自《雅》《颂》声兴，则已好郑卫之音，郑卫之音所从来久矣。人情之所感，远俗则怀。比《乐书》以述来古，作《乐书》第二。"① 这说明他编《乐书》是为了记载或交代从古至今音乐的兴衰变化的。那么，司马迁为什么要记载音乐的兴衰变化呢？这是因为："礼乐损益，律历改易，兵权山川鬼神，天人之际，承敝通变，作八书。"② 他写《八书》的目的就是"论述历代礼、乐、律、历的发展变化，和各种兵机谋略、山川形势、鬼神祭祀，以及为了探讨天和人的关系，与社会上各种事物的发展演变"③。他不但记述了音乐的兴衰变化，而且把音乐置于礼、乐、律、历等领域的发展变化之中，借此来探究音乐与政治、经济、军事、社会、自然等万事万物发展演变的关系，这不仅说明司马迁学识渊博，更说明司马迁对音乐艺术的功能性的认知已达到时人难以达到的高度与深度。当然，更重要的是司马迁在《史记》中记载有大量音乐史实，他的根本目的就是希望后人能从音乐这个特殊的视角去认识社会，这显然是社会变迁的隐喻。

## 二、《史记》音乐文化的内容概况

司马迁的《史记》，是在前人历史记载的基础上，创造性地把本纪、表、书、世家、列传五种体裁综合起来，形成一个完整的历史思想及历史统一体。司马迁本着"以人为本"的出发点，开创了以人物为中心的纪传体体例，为其后历代正史树立了标杆和典范。据研究，《史记》凡130篇，除《乐书》《律书》之外，其中半数以上（70余篇）涉及音乐，计220余处。内容涉及乐器，音乐人物及其音乐创作、表演活动，礼乐制度修订，音乐教育、音乐评论、音乐思想等方面。其中散见的音乐文化史实主要分布于《本纪》《书》《世家》《列传》的相关人物与事件中。

（一）《本纪》中的帝王乐事活动

在《本纪》中，除《孝景本纪》外，其余11篇均涉及相关音乐文化记载，约占全书散见音乐史料总量的21%。其内容主要是与历代帝王相关的音

---

① 司马迁．史记［M］．北京：中华书局，2014：4011.
② 司马迁．史记［M］．北京：中华书局，2014：4027.
③ 司马迁．史记：文白对照本［M］．韩兆琦，主译．北京：中华书局，2008：2595.

乐文化活动，大部分为音乐与礼法制度方面的。譬如，《五帝本纪》所载帝尧命舜摄行天子之政，舜乃"同律度量衡，修五礼"①；舜帝"以夔为典乐，教稚子，直而温，宽而栗，刚而毋虐，简而毋傲"②；禹乃"兴九招之乐，致异物，凤皇来翔"③。《周本纪》记载武王作《太誓》向众人宣告殷王纣"用其妇人之言，自绝于天，毁坏其三正，离逷其王父母弟，乃断弃其先祖之乐，乃为淫声，用变乱正声，怡说妇人"④。周成王"兴正礼乐，度制于是改，而民和睦，颂声兴"⑤。《秦本纪》记载秦缪公与由余谈论礼乐治国的问题，而后"令内史廖以女乐二八遗戎王"⑥。《秦始皇本纪》记载秦始皇"收天下兵，聚之咸阳，销以为钟鐻"⑦，还记载始皇心情不好时，"使博士为仙真人诗，及行所游天下，传令乐人歌弦之"⑧。《项羽本纪》记载项王夜闻汉军四面皆楚歌，"于是项王乃悲歌忼慨，自为诗曰：'力拔山兮气盖世，时不利兮骓不逝。骓不逝兮可奈何，虞兮虞兮奈若何！'歌数阕，美人和之"⑨。《高祖本纪》记载刘邦移驾北归，路过沛县时，"发沛中儿得百二十人，教之歌"⑩。并在酒酣时，"高祖击筑，自为歌诗曰：'大风起兮云飞扬，威加海内兮归故乡，安得猛士兮守四方！'令儿皆和习之。高祖乃起舞，慷慨伤怀，泣数行下"⑪。《孝文本纪》记载孝景皇帝元年十月下诏书给御史大夫，要求在祭祀去世的有功帝王时，使用的礼乐都要符合他们各自的身份。"闻歌者，所以发德也；舞者，所以明功也。高庙酎，奏武德、文始、五行之舞。"⑫ "其为孝文皇帝庙为昭德之舞，以明休德。然后祖宗之功德著于竹帛，施于万世，永永无穷，朕甚嘉之。"⑬《孝武本纪》记载孝武帝时，在庆祝消灭南越的祭祀

---

① 司马迁．史记［M］．北京：中华书局，2014：29.
② 司马迁．史记［M］．北京：中华书局，2014：46.
③ 司马迁．史记［M］．北京：中华书局，2014：46.
④ 司马迁．史记［M］．北京：中华书局，2014：157.
⑤ 司马迁．史记［M］．北京：中华书局，2014：171.
⑥ 司马迁．史记［M］．北京：中华书局，2014：245.
⑦ 司马迁．史记［M］．北京：中华书局，2014：307.
⑧ 司马迁．史记［M］．北京：中华书局，2014：330.
⑨ 司马迁．史记［M］．北京：中华书局，2014：422.
⑩ 司马迁．史记［M］．北京：中华书局，2014：489.
⑪ 司马迁．史记［M］．北京：中华书局，2014：489.
⑫ 司马迁．史记［M］．北京：中华书局，2014：551.
⑬ 司马迁．史记［M］．北京：中华书局，2014：551.

活动中"始用乐舞，益召歌儿，作二十五弦瑟及箜篌瑟自此起"①。以上音乐史料不仅说明古代音乐尤其是上古音乐与礼法制度是紧密相连的，也说明音乐实际上被赋予了更多的政治隐喻内涵。由此看来，司马迁对音乐及其活动的重视更多的是倾向于音乐的政治功能及其维护正统统治的价值。《本纪》记述了黄帝至汉武帝以来历代帝王的言行政绩。从其所记载的音乐史料的数量与相关内容来看，足见音乐作为古代文化的重要组成部分在古代社会以及帝王政治生活中的重要地位。

（二）《书》中的礼乐文化

在《书》中，《乐书》《律书》是两个论述音乐的专篇，其余六书亦均涉及音乐记载，以《礼书》《封禅书》中较多，约占散见音乐史料总量的11%。这主要是因为作为礼仪之邦的古代中国最为彰显的便是礼乐文化。司马迁在《太史公自序》中说，礼的制定关键是既要合乎王道，又要贴近人的性情。"故礼因人质为之节文，略协古今之变。"② 因此，在《礼书》中，司马迁有多处礼乐相须为用的论述。譬如，在礼的盛大充实下，人们"耳乐钟磬，为之调谐八音以荡其心"③。王者用的乐器"瑟"为"朱弦洞越"④，天子出行所用的大车"和鸾之声，步中《武》《象》，骤中《韶》《濩》"⑤，不仅是为了养耳，更以合乎身份的限度。在祭祀去世的亲人时，"清庙之歌一倡而三叹，县一钟尚拊膈，朱弦而通越，一也"等。⑥ 在《乐书》中更是无处不彰显着礼乐并举的思想观念，体现着司马迁对儒家礼乐思想的推崇。譬如，司马迁在《乐书》中对礼乐关系的多角度阐述。"凡作乐者，所以节乐。君子以歉退为礼，以损减为乐，乐其如此也。"⑦ "礼乐行政，其极一也，所以同民心而出治道也。"⑧ "大乐与天地同和，大礼与天地同节。"⑨ "夫礼由外入，

---

① 司马迁 . 史记［M］. 北京：中华书局，2014：599.
② 司马迁 . 史记［M］. 北京：中华书局，2014：4011.
③ 司马迁 . 史记［M］. 北京：中华书局，2014：1372.
④ 司马迁 . 史记［M］. 北京：中华书局，2014：1372.
⑤ 司马迁 . 史记［M］. 北京：中华书局，2014：1376.
⑥ 司马迁 . 史记［M］. 北京：中华书局，2014：1384.
⑦ 司马迁 . 史记［M］. 北京：中华书局，2014：1398.
⑧ 司马迁 . 史记［M］. 北京：中华书局，2014：1402.
⑨ 司马迁 . 史记［M］. 北京：中华书局，2014：1414.

乐自内出。故君子不可须臾离礼……不可须臾离乐。"① 这些均是我国古人看中音乐的社会功能、实用功能和教化功能的体现。《书》是记载古代典章制度的部类，其四分之一的专篇篇幅充分彰显了音乐在古代社会生活中的重要性。

（三）《世家》中的乐事活动

《世家》中有17篇涉及音乐，约占散见音乐史料总量的30%。从某种意义上来说，《世家》是记述各诸侯国的兴衰变迁及其杰出人物业绩的，其中对音乐的相关记载，充分展示了音乐在古代社会政治文化交流与个人社会活动中的重要作用。在《孔子世家》中，便有19处有关大教育家孔子音乐活动及其史迹的记载。譬如，孔子和齐国太师谈论音乐，"闻韶音，学之，三月不知肉味"②。孔子放弃做官，"退而修《诗》《书》《礼》《乐》"③，在鲁定公与齐景公夹谷友好会见中，孔子挥袖呵斥乐舞表演者："吾两君为好会，夷狄之乐何为于此！请命有司！"④ 还有"孔子击磬"⑤，"孔子学鼓琴师襄子"⑥，以及孔子与善歌者学唱歌等翔实的相关史料记载。据研究，孔子的言论主要见于《论语》，而其事迹则主要见于《史记》。其中与孔子相关的音乐记载，充分体现了孔子的礼乐观，反映了孔子对音乐在维护古代礼法制度中的作用和价值的高度重视，以及音乐活动本身在孔子社会活动中的重要地位。

（四）《列传》中的音乐人及其乐事

《列传》是记载各种代表人物社会活动的。70篇《列传》中有34篇涉及相关音乐记载，约占散见音乐史料总量的38%。其中所涉及的音乐人物，既包括专业音乐人物李延年、张苍、壶遂等，又包括文人士族音乐人物司马相如、仲尼弟子、孟子荀卿、叔孙通、季札、邹忌等，还包括民间音乐人物高渐离等。就其内容而言，上层社会政治交往中的音乐活动、普通百姓人民大众的音乐商业活动，以及职业音乐艺人的音乐生活等均有涉猎，涵盖了乐器文化与音乐表演形式及其风格特点等诸方面的音乐文化信息。

---

① 司马迁．史记［M］．北京：中华书局，2014：1467．
② 司马迁．史记［M］．北京：中华书局，2014：2315．
③ 司马迁．史记［M］．北京：中华书局，2014：2319．
④ 司马迁．史记［M］．北京：中华书局，2014：2321．
⑤ 司马迁．史记［M］．北京：中华书局，2014：2332．
⑥ 司马迁．史记［M］．北京：中华书局，2014：2332．

### 三、《史记》音乐文化的特征

《史记》作为一部史书，有一般史书的共性，那就是科学地记录历史。但《史记》之所以伟大且影响深远，又得益于其独特的文本特征与无可比拟的学术价值。这当然得益于司马迁广博的学识修养与深厚的学术功底、严谨的治史态度与寻根溯源的学术精神、崇高的史学观与实事求是的学术思想，更源于其不平凡的人生经历与高度超凡的人生价值观，这些都赋予了司马迁笔下《史记》音乐文化独特的形态呈现及特征。《史记》不是音乐专著，其核心并不在音乐，但其对音乐的记载有其独特之处。除两个音乐专篇《乐书》《律书》之外，其余有关音乐文化及其活动的记载散见于其他篇章中，有其鲜明的史书文本特点与史书记载音乐的特点，即关注对象主要为朝廷、时政、文人生活、传统学术等。综合分析，《史记》音乐文化的特征主要体现在以下五方面。

（一）主要为与宫廷相关的音乐文化

《史记》有关音乐的记载主要为与宫廷相关的音乐人、音乐事件及其音乐活动。譬如，从五帝至汉武帝期间很多帝王的音乐生活，关于夔、李延年、张苍、戚夫人、师延、师涓、师旷、师襄、师曹、师乙等宫廷音乐人的音乐活动与贡献，以及高级音乐大师（太师）、少师（小师），低一级的乐工，地位较低的盲人乐工瞽、矇、瞍等乐官的乐事活动；还有一些为宫廷服务的乐人、女乐，与朝廷相关的文人的音乐活动等均有涉猎。在司马迁笔下，音乐实际上被看作宫廷文化的重要组成部分。

（二）音乐文化均依附于人物与事件的记述中

从撰述方式与内容来看，《史记》所记载的音乐文化不是先入为主的，而是依附于各阶层人物与相关事件的记述中。譬如，《田敬仲完世家》中所载"驺忌子以鼓琴见威王"[1]，并以琴声的浑厚温和、高亢清脆，以及演奏持弦放弦的时紧时缓等方面来与齐威王谈论治理国家、安抚百姓的道理。《孔子世家》中记载"孔子学鼓琴师襄子，十日不进"[2]，并从"未得其数""未得其志""未得其为人"上严格要求自己。《绛侯周勃世家》中记载"勃以织薄曲

---

[1] 司马迁. 史记 [M]. 北京：中华书局，2014：2290.
[2] 司马迁. 史记 [M]. 北京：中华书局，2014：2332.

为生，常为人吹箫给丧事，材官引彊"①。《范雎蔡泽列传》中所载伍子胥"鼓腹吹篪，乞食于吴市"②。《廉颇蔺相如列传》中记载秦王与赵王"为好会于西河外渑池"③，秦王令赵王鼓瑟，蔺相如请秦王击缶。《刺客列传》中记载了荆轲、高渐离与秦王之间的音乐故事等。那些音乐史料中，相关的人与事无疑是司马迁著述的主要方面，而其中涉及的音乐内容只是人与事能够得以翔实论述的依附材料。司马迁的这种撰述方式，不但说明音乐与社会人事的不可分割，也就是因人而"乐"，而且体现出音乐本体（文化、元素）在历史人物、事件的刻画、描述中的重要价值与意义。

（三）音乐文化史料的原始性与广博性

从《史记》的整个篇幅来看，关于音乐文化的记载相对有限。但是《史记》作为我国古代二十四史中唯一一部通史，它连贯地记载了上古至西汉的历史史实，而且司马迁笔下的历史，是集社会政治、经济、军事、文化、艺术、宗教、自然等为一体的以人物为中心的历史。（这说明司马迁记述的核心是人，也说明人对社会的主导作用，更说明中国古代社会更看重"人治"对于维护社会稳定、促进社会发展以及"人治"本身的弊端及其对社会发展所造成的负面效应。在这一点上，司马迁是非常清楚的，这对我们今天社会的法治建设及其进步发展也不无启发作用。）其中必然也就囊括了与社会方方面面相关的音乐史实。因此，《史记》虽然不是音乐著作，但其中所涉及的相关音乐记载，无疑为我们提供了上起上古时期下至武帝元狩年间这一历史时空音乐文化发展的重要的第一手资料。而且，《史记》作为我国第一部通史，与其前的史书《尚书》《春秋》《左传》《国语》《战国策》等文献相比，《史记》所记载的音乐文化，无论是从时间跨度，还是从空间跨度上来说，都比以前的史书所涉及的范围要广博得多。

（四）音乐专篇的独创性

《史记》作为我国第一部纪传体史书，从撰述体例上以两个音乐专篇《乐书》《律书》来论述音乐，具有开创性与独创性，突破了之前音乐文化散记无章的局限性，开创了以专篇记录音乐的先河，为以后历代史学家确立了典范。

---

① 司马迁．史记［M］．北京：中华书局，2014：2509.
② 司马迁．史记［M］．北京：中华书局，2014：2921.
③ 司马迁．史记［M］．北京：中华书局，2014：2960.

这在中国音乐史学史上的贡献无疑是巨大的。

（五）新音乐文化的生成与繁荣发展

《史记》的撰述时间，主要在西汉的全盛时期。当时政治稳定、经济繁荣，文化也得到大力发展。例如，音乐机构乐府的设立，极大地促进了民间音乐的传承与发展，对其后几百年中国音乐的发展产生了重要影响；西域交通路线的开辟（丝绸之路的开通），武帝时代的对外征战举措等，在与西域各民族进行政治、经济等交流的同时，也极大地促进了各民族间的音乐文化交流，使音乐文化得到高度繁荣发展。此时，外域音乐以不同的方式传入中原成为一个显著特点，这在《史记》中多有记载。譬如，《孝武本纪》与《封禅书》中所记载的汉武帝征战南越取得胜利后，在举行祭祀活动中开始使用音乐，首次使用"二十五弦瑟及箜篌"，其中的乐器箜篌是当时新出现的乐器。另外，《佞幸列传》《孝武本纪》《封禅书》《外戚世家》《平津侯主父列传》中所记载的汉代杰出音乐家李延年，便根据张骞从西域带回的乐曲《摩柯兜勒》，"写成二十八曲新的曲调，被统治者采用为军乐"[①]。这些新音乐文化的生成均与当时国内外广泛的政治、经济、文化交流息息相关。

从以上分析我们可以初步推定，司马迁《史记》中的有关音乐文化，在一般历史著作所具有的共性的前提下，又表现出其鲜明的独特性。也就是说，无论是从内容的广博丰富程度，还是史料历史的建设性、音乐记述体例的独创性等方面，《史记》均表现出独特的呈现特征，在中国音乐史学及其相关研究领域都有着其他音乐文献无可替代的历史价值。

## 四、《史记》音乐文化的学术价值

通过对《史记》中音乐文化史料的梳理与分析，我们不难发现，《史记》中音乐史料的呈现样式由于受史书文本特有形式的限定，从音乐文献的角度来看，往往具有文化层面的高度概括性与综合性特点。因此，从音乐学的角度，深度剖析《史记》音乐史料所蕴含的丰富的音乐文化信息，展开学术探讨，尤为重要。

---

① 杨荫浏 . 中国古代音乐史稿（上）［M］. 北京：人民音乐出版社，1995：109.

（一）对《史记》音乐文化史料的音乐学认知

《史记》关于音乐的记载，往往不是从音乐本体的角度出发的，因此关于音乐的内容便不是很详细具体，而是具有某种大文化层面的性质。譬如，其中与乐器相关的史料，只记述了某种乐器被某人在某种情况下演奏的史实，而没有涉及乐器的形制、性能及其演奏方式方法等乐器本体方面的内容。比如，《孔子世家》中"孔子学鼓琴师襄子"①"孔子击磬"②，《绛侯周勃世家》中周勃"常为人吹箫给丧事"③，《范雎蔡泽列传》中伍子胥"鼓腹吹篪，乞食于吴市"④，等等。而且往往一处音乐史料更多的是被包含在了与之相关的社会政治、经济、文化等大文化背景中，其自身的独立价值并未得到应有的重视。因此，我们往往要从大文化层面的角度去分析、理解，认知其中的相关音乐元素，而不能从音乐本身去分析隐含其中的多层面文化内涵。司马迁是在一种历史文化中解读音乐的，而不是在音乐中展示文化的。如《李斯列传》记载：

> 斯乃上书曰：……夫击瓮叩缶、弹筝搏髀，而歌呼呜呜、快耳目者，真秦之声也；郑、卫、桑间、昭、虞、武、象者，异国之乐也。今弃击瓮叩缶而就郑卫，退弹筝而取昭虞，若是者何也？快意当前，适观而已矣。今取人则不然，不问可否，不论曲直，非秦者去，为客者逐。然则是所重者在乎色乐珠玉，而所轻者在乎人民也。此非所以跨海内制诸侯之术也。⑤

李斯《谏逐客书》是《史记》中经典的历史事件之一。李斯在得知秦王将要采纳宗室大臣的意见决定驱逐六国客卿，而自己又在被驱逐的人员之内的时候上书秦王，反对逐客，目的是说服秦王，保全自己的位置。以上史料是《谏逐客书》中相关音乐文化的内容，从整篇谏逐客书的内容来看，音乐相关文字相对较少，而呈现给我们的是在当时的政治文化背景下，李斯回顾了穆公以来，秦重用大批六国客卿对其发展强大所起的重要作用，并论及秦

①　司马迁. 史记 [M]. 北京：中华书局，2014：2332.
②　司马迁. 史记 [M]. 北京：中华书局，2014：2332.
③　司马迁. 史记 [M]. 北京：中华书局，2014：2509.
④　司马迁. 史记 [M]. 北京：中华书局，2014：2921.
⑤　司马迁. 史记 [M]. 北京：中华书局，2014：3085-3088.

重用由余、百里奚、商鞅、张仪、范雎等客卿，而使国力"强大富足起来"的事实。李斯把秦王对本国音乐与异国音乐的喜好、取舍与用人政策结合起来，来谈论用人之道，使秦王收回了逐客令，恢复了自己的官职，并且秦国还采用了他的诸多计谋。以文献来看，音乐在其中只是被李斯作为论证的依据之一，并且音乐是包含于当时政治、经济、文化、事件等大文化背景之下的。在那个大文化背景下，我们首先了解到的是当时秦人音乐表演中所使用的乐器"瓮、缶、筝"及其演奏方式"击、叩、弹"，以及"搏髀、歌呼呜呜"等与之相配合的音乐表演形式，还有"郑、卫、桑间、昭、虞、武、象"等异国音乐在秦国的广泛流传，而且道出了秦人音乐与异国音乐在倾听观赏过程中的不同审美体验；我们进而可以看出秦人音乐娱乐表演活动的形式、场面，及其粗犷、豪放的独特风格。通过史料，我们不仅能够更深层次地了解到秦人音乐表演风格特点的形成与其所生活的地域文化环境的密切关系，还可以认识到当时宫廷音乐与民间音乐互补共存的音乐文化发展状况。另外，史料还更深层次地隐含了中国古代音乐审美观念在当时政治、经济、文化背景下的演进。秦人音乐粗犷、豪放的特点及其"快意当前，适观而已矣"的审美意识，隐含了秦朝"焚书坑儒"对儒家雅乐所带来的灭顶之灾，以及对其以前"平和"审美的极大冲击。"'不平'审美观应是秦国音乐审美实践的主流。"① 从而打破了先秦以"平和"为审美价值标准的音乐审美观。同时，史料也给我们透露出当时的政治背景对当时及其以后民间音乐蓬勃发展的重要意义。以上音乐文化史料的文本形态，在其他篇章中也有多处记载。

（二）对《史记》音乐文化史料借鉴价值的考究

司马迁出身于一个世代相传的史官之家，其父司马谈学识渊博，曾"学天官于唐都，受《易》于杨何，习道论于黄子"②，并做过30多年的太史令。司马迁深受其父影响，从小便养成了勤奋好学的习惯，"年十岁则诵古文"③，曾向孔安国学习古文《尚书》，还师从儒学大师董仲舒学习《公羊春秋》。20岁开始南下游历，后入仕做了郎中后，曾侍从汉武帝到西北考察，又奉命出使巴、蜀、滇等地，参加过汉武帝的泰山封禅，还亲自参加太初历的制定。

---

① 叶明春. 中国古代音乐审美观研究［M］. 北京：人民音乐出版社，2007：84.
② 司马迁. 史记［M］. 北京：中华书局，2014：3993.
③ 司马迁. 史记［M］. 北京：中华书局，2014：2714.

这些广博的理论知识学习与广阔的实地考察经历，都成为司马迁学术修养形成的重要基石。司马迁的《史记》"就是从长期的实地考察和实际生活经验中概括出来的"①。

　　另外，司马迁在《太史公自序》中说道，汉朝建立以后，"则文学彬彬稍进，《诗》《书》往往间出矣"②。他又说："百年之间，天下遗闻古事靡不毕集太史公。"③ 当时国家的各种文书档案，都成为司马迁撰写《史记》的重要参考资料。而且，为了继承祖业，完成父亲的遗愿，司马迁"网罗天下放失旧闻，王迹所兴，原始察终，见盛观衰，论考之行事"④，这种竭力搜集历史文献，严谨考究人事发展变化之因果盛衰的做法，是司马迁严肃、认真的修史态度的真切反映，以至于使其著述达到"文成数万，其指数千"⑤ 的涵盖与价值。司马迁精深的学术修养，寻根溯源的学术精神与史学风范，从古至今得到了学术界的一致认可，为后人垂范。对其本人的史学才能，后人即有"良史之才"⑥ "博雅弘辩之才"⑦ 等高度赞誉。对其学术态度，东汉史学家班固就有"涉猎者广博，贯穿经传，驰骋古今，上下数千载间，斯以勤矣"⑧的崇高评价。《史记》的著述特点博得了后人的极高推崇。班固在其《汉书·司马迁传》中就有比较中肯的评价："善序事理，辨而不华，质而不俚，其文直，其事核，不虚美，不隐恶，故谓之实录。"⑨ 清代人王鸣盛在《十七史商榷》卷六中亦有较高评价："子长于《封禅》《平准》等书，《匈奴》《大宛》等传，直笔无隐。"⑩ 这些对历史问题进行原始察终、翔实质朴、直笔无伪、严谨准确的考辨式撰写方式，体现了司马迁的求实精神，这些都足以说明司马迁基本的史学观，也是对《史记》学术价值的高度肯定。因此，我们可以毫不夸张地说，《史记》中的音乐史料不但广博丰富，而且均是司马迁对历史

① 聂石樵．司马迁论稿［M］．北京：中华书局，2010：3.
② 司马迁．史记［M］．北京：中华书局，2014：4026.
③ 司马迁．史记［M］．北京：中华书局，2014：4026.
④ 司马迁．史记［M］．北京：中华书局，2014：4027.
⑤ 司马迁．史记［M］．北京：中华书局，2014：4003.
⑥ 范晔．后汉书［M］．李贤，等注．北京：中华书局，1965：1386.
⑦ 刘勰．文心雕龙［M］．赵仲邑，译注．桂林：漓江出版社，1982：138.
⑧ 班固．汉书［M］．颜师古，注．北京：中华书局，1962：2737.
⑨ 班固．汉书［M］．颜师古，注．北京：中华书局，1962：2378.
⑩ 王鸣盛．十七史商榷［M］．上海：上海古籍出版社，2013：61.

遗迹、古书记载考察、考辨、印证、概括、总结的结果。其真实性、确凿性亦得到学术界一致认可和推崇，其为后人进行学术研究提供了弥足珍贵的历史文献。

《史记》史料的真实确凿性在近现代历史学与考古学研究领域也不断得到印证。例如，"傅斯年所在的研究院历史语言研究所的建立，以及其后10年内对河南殷墟连续15次的发掘，从出土的数万片带有文字的甲骨上，发现了其上所载殷商先王先公的世系，竟与《史记》所载基本吻合"①。

尤其是《史记》音乐史料的借鉴价值，在中国古代音乐史学研究领域有非常突出的体现。在中国音乐史学著作领域的西汉以前部分，作为第一手资料的借鉴价值极高。比如，杨荫浏的《中国古代音乐史稿》被誉为"传统的中国音乐史学领域内迄今无人超越的顶峰之作"②，笔者梳理统计结果表明，其中在秦汉以前的内容中，就有24处注引《史记》中的相关音乐史料，分别出自《周本纪》《秦纪》《高祖本纪》《天官书》《孔子世家》《范雎列传》《李斯列传》《货殖列传》《滑稽列传》《史记·赵世家》《匈奴列传》《孟尝君传》等篇章，内容涉及音乐文化各个方面，如乐器、乐舞作品、音乐人物、礼乐制度，音乐生活与音乐表现技术的发展，倡优、歌舞女乐的音乐商业活动与流向商业中心城市的社会流变，音乐文化的地区特点与音乐文化交流，音乐文化和统治阶级的关系，最早的角色的创造、傀儡戏戏剧因素等。另外，杨荫浏在其《中国古代音乐史稿》中谈及两汉音乐文献时，是这样评价《史记》的：伟大的史家司马迁写了头一部伟大的历史著作《史记》，其中用两个专篇——《乐书》和《律书》论述音乐，为后来的史家建立了典范。③

中华民族素有"文明礼仪之邦"之称，其"礼乐"观念更是由来已久。在古代中国，虽然没有系统的音乐史学著作，但在《史记》之前的史书与古籍文献中，音乐文献也占有非常重要的地位，这些都成为司马迁《史记》音乐文化的原始材料来源，并深刻影响了司马迁的学术思想，成为司马迁音乐思想形成的理论基础。《史记》音乐文化之记载，不仅是司马迁理论学习与实践考究的学术研究成果，凝聚了司马迁的学术精神与学术思想，而且更体现

---

① 王子初.论中国音乐史料系统的重构［J］.星海音乐学院学报，2010（4）：23.
② 王子初.论中国音乐史料系统的重构［J］.星海音乐学院学报，2010（4）：25.
③ 杨荫浏.中国古代音乐史稿（上）［M］.北京：人民音乐出版社，1995：133.

出司马迁的音乐社会学思想，成为中国古代音乐史学研究史料来源的重要组成部分，在其后的中国史学、文学、音乐史学、音乐美学、音乐考古学等研究领域的研究中都成为必不可少且至关重要的参考文献。

（编辑：王索）

（原载《湖南大学学报（社会科学版）》2016 年第 5 期）

# 文化修养对舞蹈创作的影响因素分析

郭秦岭

（渭南师范学院，陕西 渭南 714099）

舞蹈是一种表现人体动态美的艺术，是经过提炼、组织和美化了的人体动作。舞蹈是通过肢体语言来表达自己内心的喜悦、悲伤、愤怒等直观的艺术方式，表达着人们精神世界深邃的情感和思想，属于视觉艺术门类。文化修养是人文文化与科技文化各学科的总和，文化修养的提升需要实践的锤炼，需要依托物质载体，借助参加文体活动等。舞蹈同时也是民族文化的一部分，它是中华民族智慧的结晶，体现的是一个人的文化底蕴。[①] 若想成为专业的、高层次的、高阶段的舞蹈创作者和舞者，就必须具备很好的文化修养、音乐感知和深刻的生活感悟。

## 一、文化的含义与文化修养

### （一）文化的含义

中国传统文化内涵丰富，博大精深，不仅是中国的文化精髓，也是世界文化中不可缺失的重要部分。众所周知，文化需要积淀，需要培育。[②] 这种积淀和培育不是一朝一夕之事，要通过几代人，甚至是十几代人共同的努力才能形成。什么是文化？确切地说，文化是凝结在物质之中又游离于物质之外，能够被传承的国家或民族的历史、地理、风土人情、传统习俗、生活方式、文学艺术、行为规范、思维方式、价值观念等，是人类进行交流的普遍认可

---

① 崔惠林. 浅谈舞蹈创作与文学作品的关系：以舞蹈《孔乙己》为例 [J]. 大舞台，2010（7）：65.

② 钱仁康. 音乐的内容和形式 [J]. 音乐研究，1983（1）：29-42.

的一种能够传承的意识形态。文化是包含了"知识""信仰""艺术""道德""法律""习俗"和其他任何人类作为社会成员所具有的能力和习惯的总和。它包含了人类的一切思想和活动，而且强调这些思想和活动应该是一个人作为社会的一部分所体现出来的特征。

（二）文化修养

文化修养的提升需要实践的锤炼，良好的文化修养是创意的源泉，是生活与创意之间的纽带，创意源于实践的桥梁。① 作为一名称职的舞蹈编导要经常读一些经典书籍，养成读书的好习惯，不断从书中汲取"养分"，来提高自身的修养。除此之外，还要学会观察生活，观察生活中的点点滴滴，当身体内的文化感知和情感精神达到高度融合的时候，才能将舞蹈形象的三个支点——提炼生活形象、借鉴传统形式和寄寓诗的意境的统一结合得更出色，才能创造出优秀的作品。艺术修养的深浅决定着其作品艺术水平的高低，因此，为了更好地从事艺术创作，承担社会责任，艺术家就必须不断学习、锻炼和培养，多读、多练、多实践，不断加强自身思想、知识、情感、艺术等方面的修养，逐渐形成个人风格，从而实现以创作服务社会、反映生活的目的。

## 二、文化与艺术的关系

（一）文化与音乐

音乐文化多样性是中国音乐文化发展的动力，也是中国音乐文化生态发展的动力。不同的地域、历史传统和文化价值观形成不同的文化思想，特定地理环境下人们的性格，不同的民间风俗习惯，人们的欣赏、爱好，各个历史时期的政治、经济、哲学、美学思想对民间文化生活的影响，以及重大的历史变迁对社会文化的分解和融合，无不影响着民间音乐风格的变化和发展。民族音乐应以"母语"文化和本民族音乐文化为基础，离开"母语"文化谈音乐无异于无源之水、无本之木。众所周知，美国历史较短，对文化却是非常包容的，融合了多种文化、多种传统和不同背景的民族；英国的音乐教育以欧洲古典主义传统为基础，但同时努力开掘自身民族的音乐文化财富；德

---

① 金秋. 中国传统文化与舞蹈 ［M］. 北京：中国社会科学出版社，2006：117.

国将本国艺术音乐为母体的民族歌曲列为音乐教材的重要内容；很多历来都以本民族音乐文化为生命的国家和民族对待民族音乐的态度上从来未曾改变过。① 只有充分发挥音乐的文化传承功能，实践多元文化音乐，致力于促进本民族音乐文化发展，才能立足本土、着眼全球，全面实现音乐教育的文化价值。

（二）文学与舞蹈

舞蹈是表现社会生活、人们内心情感的一门人体动作艺术。文学以文字为附属工具，舞蹈则是以肢体动作为依附的。舞蹈的主要艺术表现手段是以舞蹈化了的人体动作，表达人们的内在的精神世界，如细腻的情感、深邃的思想、鲜明的性格和人与自然社会、人与人之间以及人与自身的矛盾冲突，创造出一个个被人们感知的舞蹈形象。② 文学与舞蹈虽然在表现形式上有所不同，但它们的本质都属于艺术，都反映了社会生活，都是满足人们精神需求的意识形态。文学作品经常用文学语言文字来塑造典型形象和表现故事情节、意境等。而舞蹈创作、舞蹈编导，有了良好的文学修养再去构建这个结构，应该学会去运用文学手法构建创作者所看到的和感知到的场面，用舞蹈手法去诠释出所想要表达的。较高的文学修养会给创作者带来事半功倍的作用，给创编的作品带来吸引力。文化是支撑，思想立精神，精神出形象，形象出风格。无论任何一种艺术门类，如果没有丰厚的文化为基础，是难以完成的。而对舞蹈创作者来说，如果没有文化作为支撑和精神动力，编出来的作品就会缺乏品位，更谈不上深度了。

### 三、文化对舞蹈创作的影响

舞蹈是人类艺术形式中重要的一个载体，人类诞生以来直至人类历史发展的每个阶段都不可避免地穿插着舞蹈艺术。舞蹈通过富有个性的肢体语言，搭配合适的背景音乐，往往能够恰当地表现出舞蹈创作的精神内涵。通过对舞蹈创作和编排中的人文精神的剖析和研究，有利于我们进一步对舞蹈创作表现人文精神的可行性做出研究，发挥其价值和作用。"艺术来源于生活，生

---

① 于德江. 音乐在舞蹈创作中的作用 [J]. 北方音乐，2009（8）：53.
② 赵文波. 电影音乐对舞蹈创作的影响 [J]. 作家，2008（22）：267-268.

活是艺术的源泉"，艺术家在实践中都信奉着这一信条。在实践中，舞蹈的本质决定了它的群众性，只要把握了舞蹈创作的基本方法，把握正确的创作途径，牢牢抓住舞蹈艺术表现手段的根本，在不断地总结与实践中，就能创作出好作品。舞蹈作品要歌颂崇高品格，富有时代精神，熟悉积累专业素材，全面提升专业修养，并且要明晰什么是主题、什么是题材、什么是结构等问题。要想在舞蹈的编排中突出其精神内核，倘若只知跳舞而不懂文化及不同文化之间的差异，往往在创作中就显得似是而非。由此，我们在编排不同精神内核的舞蹈的过程中，一定要争取对其文化进行详细深入的了解。任何艺术品的创作都离不开丰富的想象，舞蹈创作更是如此。构思新颖、手段巧妙也是舞蹈创作者毕生追求的目标。

（一）文化对舞蹈创作素材的影响

舞蹈创编是一项十分细致复杂的工作，其中素材的选择是第一要素。选材要紧紧抓住身心特点和实际需求，要使作品突出舞蹈的艺术个性和特点。舞蹈的素材十分广泛，由于每个编舞者的生活经历、文化素养、情趣爱好、性格特征以及接受教育的不同，因此选材的方法也不尽相同。一是从生活中提取素材，生活是丰富多彩的，编舞者要创作优秀的舞蹈，就要深入观察生活，从中提取创作元素。抓住生活场景提炼加工，确立主题，反映人们的真实生活状态，符合审美情趣，从而激起共鸣。[①] 二是从丰富多彩的大自然中选取素材，大自然给编舞者的选材提供了广阔的天地，可以运用拟人化的表现手法，使人们在舞蹈中感受大自然，从而更加热爱大自然。三是从其他艺术中汲取素材，例如，文学、音乐、美术等，这些可以为编舞者提供更加广阔的选材空间。我们所熟知的作品如《宝莲灯》《昭君出塞》《木兰归》《梁山伯与祝英台》《孔乙己》等，在这些舞蹈的背后，都有一个文学蓝本，为舞蹈创作提供一条叙事的线索和情感依托的方向。这些成功的艺术实践，无不有力地说明文学对舞蹈所产生的巨大影响。[②] 文学是舞蹈的营养补充剂，大大丰富了舞蹈的题材、内容、人物形象和结构，使舞蹈更加具有表现力和生命力，进而成为鲜活的艺术。

---

① 吴祖强. 舞蹈艺术中音乐和舞蹈的关系 [J]. 音乐研究，1982（1）：60-71.

② 中华人民共和国文化部艺术司. 国家舞台艺术精品工程评论：2002—2003 [M]. 北京：文化艺术出版社，2004：344.

（二）文化对舞蹈创作风格的影响

舞蹈创作风格首先表现在构思和表现手法上，要有积极的教育意义。在创编舞蹈时，应选择对人们的成长有积极教育意义的素材。选材要有形象性，所有的艺术作品都力求塑造鲜明而生动的形象，舞蹈创编时应该使作品生动形象。以朝鲜族舞蹈为例，朝鲜族的民间舞蹈深受朝鲜族传统民俗文化的影响，形成了独特而鲜明的民族风格。朝鲜族民间舞蹈中的扇子舞、农乐舞、僧舞等，作为一种艺术的特殊语言形式，同时作为一种有形的文化载体，承载了朝鲜族民俗文化的精华，是朝鲜族民俗文化最有效的传承方式。朝鲜族的舞蹈风格是在朝鲜族的巫俗信仰、农耕文化以及儒道佛思想的影响下形成了典雅优美、潇洒柔婉的内在律动美，达到了曲线美与动静的结合。文化是舞蹈创作风格依存的根本土壤，为舞蹈增添了浓郁的文化色彩，提供了广阔的传承空间和特定的社会文化背景，对舞蹈风格的形成起着决定性作用。

**四、良好的文化修养是舞蹈创作的基础**

（一）文学艺术作品是舞蹈创作的重要来源

文化修养的深浅决定着其作品艺术水平的高低。舞蹈创作来源于生活，因此，舞蹈创作深受文化底蕴修养的影响。一个舞者的文化修养不仅决定他对舞蹈的理解和驾驭能力，而且舞者只有具有丰富的文化修养，才能创作出优美的舞蹈，才能被接受者接纳。舞蹈的创作需要编导从深入生活、寻找灵感到进行艺术构思，精选舞蹈表现手段，直到最终以舞蹈的形式展现在舞台上。一个好的舞蹈需要长期的知识积累，丰厚的思想艺术修养，以及对舞蹈中所表现出来的社会生活的感受力和发现辨别的能力，还要具有一定的审美感知，这就需要有一定的文化修养做基础，才能对舞蹈有独特的认知。现今社会，舞者大多出身艺校或者舞校，严重忽略了文化修养的重要性，很小的年纪就在思想上和文化划清了界限，认为只要学好自己的专业就能成功，就能当一个优秀的舞者。殊不知想成为一名艺术家、一名舞蹈者，承担社会责任，进行艺术创作，就必须不断地学习，锻炼和培养自己的文化修养。① 舞蹈创作过程也需要文化底蕴做支撑，舞蹈创作者需要学习文化知识，再将其运

---

① 程眉眉. 浅谈戏曲中的舞蹈［J］. 安徽新戏，2000（2）：70-71.

用到舞蹈教学中。舞蹈创作者具有较深的文化素养才能理解舞蹈作品的深刻含义，创作出更好的舞蹈作品。在创作作品时，创作者首先要确定可以代表主题情感的动作，其次按照情感或者事情的前因后果去表达，这样编创出来的舞蹈会很通畅，有结构有情感，容易被人们接受。大家所熟知的舞蹈家杨丽萍，她的舞蹈作品大多是依据自己的家乡地域文化而创作的，她从小生长的大自然与她的舞蹈创作息息相关，使得她的舞蹈创作有着浓郁的民族特色和独特的柔美灵性，舞蹈中表达出的纯净和圣洁，就是其民族特色的集中体现。还有那些已经深深镌刻在我们心中的《红色娘子军》《东方红》《阿里山的姑娘》……我们在这些作品中看到的是一代代艺术家们用自己的情感和渊博的知识铸就的丰碑。我们要正确认识地域文化与舞蹈创作的关系，要在继承优秀民族文化和地域文化的基础上，不断追求艺术的创新。注重深入生活，勤于思考，正确把握舞蹈创作与文化修养的关系，用心去体会舞蹈作品中所孕育的情感内涵。

（二）电影戏剧文化与舞蹈创作密不可分

舞蹈是通过充满情趣的人体语言传达他们的灵魂感知。以电影中的人物形象为主题，借助电影来渲染人物情感灵魂，表达舞蹈人物内心情感的舞蹈作品，借助电影的魅力来表现舞蹈所要表达的一种全新的思想，在舞蹈创作中起到了推波助澜、锦上添花的作用，形成了电影和舞蹈创作完美的结合。舞剧《大红灯笼高高挂》的成功，就是我国演艺业在文化市场中的一个典型范例。导演张艺谋是摄影师出身，在这部舞剧中充分地展示出了他优秀的专业素质，在视觉心理暗示的处理上也是技高一筹。舞剧同时还借鉴了许多中国传统艺术形式，如京剧、皮影、民俗歌舞及充满生活气息的市井风俗等。由此可见，我国演艺业要想获得更好的发展，就必须将演艺产业和文化市场有力结合。戏曲是以演唱和念白为主要表演，而戏曲舞蹈则是伴随着演唱和念白进行的，但在伴随过程中分为演示性动作和表现性动作。表现比演示更富有深意，演示是在为演唱和念白解释，而表现是抒发戏曲舞蹈过程中的情感，所以戏曲舞蹈中伴随性表情身段显得尤为重要。在隋唐时期和宋元时期便有记载，《霓裳羽衣舞》颇具代表性，白居易曾在观赏《霓裳羽衣舞》后写道："飘然转旋回雪轻，嫣然纵送游龙惊。小垂手后柳无力，斜曳裾时云欲升。"这首诗后来成为盛唐时期的表现乐舞的著名篇章。

（三）商业化抑制了舞蹈创作的发展

目前我国的舞蹈教学创作，到了一个理论和实践"断层"的阶段，所以就要将科学文化等合理地融合在一起。舞蹈艺术从某种意义上来说是一种很形象的艺术，所以从古至今来成功的舞蹈创作大多以丰富、辉煌、优美、内涵的形象展现，那种缺乏形象思维的往往是舞蹈艺术的失败者。随着时代的迅速发展，那种只凭经验的教学创造方法的不足之处逐渐凸显，无法跟上时代的需要。改革开放以来，舞蹈教学创作又染上了不少的商业气息，也产生了大量劣质的舞蹈作品。随着时代的发展、人类文化的进步，人们在舞蹈艺术中忽视了精神生活的需求，忽视民族性、地域性、文化差异，造成了方法与理论、创作与文化的脱节。面对我国教育体制改革的快速发展，走社会化、市场化道路和走向世界已经是高等院校发展的必然趋势。学校可以通过组织学生对外演出、交流、宣传等，提高学院的知名度。这就要求我们必须全面提高教学水平，提高学生的素质以及文化修养，使我们中国的舞蹈艺术能扬名世界。

一个国家，一个民族，没有优秀传统文化，没有民族人文精神，就会虚无，就会异化。良好的文化修养会对我们的人生起到至关重要的作用。我国具有悠久的文化历史，有很多具有代表性的文化特色的舞蹈，例如，《雀之灵》《云南印象》《安代》等。一部好的舞蹈作品能让欣赏者读出知识文化，那无疑就是一部有深度的作品。培养高素质的舞蹈家是时代进步的需求，也是历史赋予我们的任务，是一项艰巨而伟大的任务。舞蹈创作者应该集中智力资源、信息、知识、技术，创作出更高水平的作品。没有知识的奠基就不能进步，创新也就难以实现。文化修养与舞蹈创作相辅相成，我相信在不久的将来一定会"青出于蓝而胜于蓝"，在创新的道路上奋勇前进。

（编辑：王索）

（原载《渭南师范学院学报》2014 年第 17 期）

# 坚定文化自信自强　担负文艺铸魂育人使命

代　娟

（渭南师范学院，陕西 渭南 714099）

　　文化是一个国家的精神之魂，文艺是一个民族的繁荣之基。习近平总书记在中国共产党第二十次全国代表大会的报告中指出："全面建设社会主义现代化国家，必须坚持中国特色社会主义文化发展道路，增强文化自信，围绕举旗帜、聚民心、育新人、兴文化、展形象建设社会主义文化强国，发展面向现代化、面向世界、面向未来的，民族的科学的大众的社会主义文化，激发全民族文化创新创造活力，增强实现中华民族伟大复兴的精神力量。"这为新时代文化和文艺工作指明了前进方向，坚定了发展信心。时代的使命需要文化去继承弘扬，时代的荣光需要艺术去叙述华章，时代的责任更需要我们去勇敢担当。新时代文艺教育工作者，要顺应时代潮流和发展方向，始终把人民的利益与形象放在第一位，心中常怀对时代的赤诚之心、对文艺的炽热之心、对社会的奉献之心、对文化的大爱之心，为文艺事业贡献青春力量，嘹亮唱响昂扬向上的中国之歌。

　　爱因斯坦说："自信是向成功迈出的第一步。"习近平总书记在党的二十大报告中关于"文化自信自强"的重要论述中，凝结并体现着对文艺创作的更高要求和重要意义。一是文化自信对文艺创作具有积极推动作用。2016 年 11 月 30 日，习近平总书记在中国文联十大、中国作协九大开幕式上的讲话中指出："文化自信，是更基础、更广泛、更深厚的自信，是更基本、更深沉、更持久的力量。"有了坚定的文化自信，就能从人民生活中挖掘灵感和来源，也能为文艺创作提供充足的思路和素材，让文艺创作在内容和构思上充满生机与活力。由此可见，这个重要论述是对新时代文艺发展的又一次方向引领和指导；其中体现着文艺创作要依托文化自信走向更高层次的要求。二是文化建设是增强文艺活动高质量发展的重要支点。2013 年 8 月，习近平总书记在全国宣传思想工作会议上强调："只有物质文明建设和精神文明建设都搞好，国家物质力量和精神力量都增强，全国各族人民物质生活和精神生活都改善，中国特色社会主义事业才能顺利向前推进。"其中特别强调文艺作品对于填补和满足人民精神需要的重要作用，强调坚定文化自信是实现文艺活动高质量发展的根本遵循。三是文艺创作对推进文化自信具有创新力量。随着新媒体、互联网、人工智能、新能源等行业的快速发展，文艺工作者逐渐成为核心价值观的传播者和践行者，其思维模式更加活跃自由，传播内容更具穿透力；因不受过多外在条件的束缚，拥有形象生动的感染力，更便于有效传播社会主义核心价值观。因此，文艺创作在推进文化自信自强中必将体现出强大的创新力量。

在坚定文化自信的过程中，文艺始终发挥着不可替代的重要作用。增强文化自信，文艺工作者、文艺教育工作者、文艺创作、文艺事业和产业都必须全方位投入，也必将展示出更多的行动和作为。

## 一、勇毅前行，以赤诚之心讴歌伟大新时代

国家之魂，文以化之；国民之神，艺以造之。国家繁荣昌盛离不开文化的滋养呵护，民族的繁衍生息更离不开强大的精神支撑。著名艺术家刘文西先生，用其一生诠释了一件事，"为人民画像，为时代立传"，这就鲜活地印证了习近平总书记在党的二十大报告中所指出的："坚持以人民为中心的创作导向，推出更多增强人民精神力量的优秀作品。"满腔真情绘领袖，笔墨丹青为人民，深入生活求创作。他用画卷书写出西北地区人民的精神风貌与风土人情，展现着画家对祖国大地的热爱，流露出对这片黄土地的深情。作品寄心传情，他的一幅百米长卷《黄土地的主人》，凝聚了自己 13 年的心血，构图宏伟、气势恢宏，人物刻画栩栩如生，让人们深刻感受到劳动人民蓬勃向上的伟大力量，这正是作品写人民、作品讴歌时代的集中体现。

新时代文艺教育工作者，要始终牢记党的嘱托，勇担文化使命，紧跟时代步伐，追求德艺双馨，倾尽心血培养社会主义接班人，果敢向前，以一颗赤诚之心去讴歌伟大祖国新时代。

## 二、踔厉奋发，以炽热之心勇攀文艺新高峰

沈尧伊的油画作品《遵义会议》，生动展现了这次伟大事件。画面着力还原历史真实，人物朴素却又崇高。借古开今、继往开来，每次重温这幅画作，都能深刻感受到长征精神的永恒，更深深为中国共产党人的智慧、坚韧和团结精神所折服。可见，文艺作品在再现历史重大关头与重要时刻时，总能体现出自身的激情与感慨，能始终站立在时代的前沿，为伟大祖国欢呼与鼓舞，文艺作品必将成为一个国家、一个民族在某一段历史变迁中的意识形态先导。

2014 年 10 月 15 日，习近平总书记在文艺工作座谈会上的讲话中指出："举精神之旗、立精神支柱、建精神家园，都离不开文艺。"文艺始终代表着一个时代的面貌和风气，引领着一段历史的意识和思想。例如，春秋战国时期的百家争鸣，欧洲意大利的文艺复兴等，这些都是思想家和文艺学者在率先发声，启发人们的思维，打开大众的心灵，传递真善美的核心价值观，为时代的使命提供源源不断的精神食粮和内心营养。推动文化自信自强，新时代文艺教育工作者唯有踔厉奋发、笃行不怠、赓续向前、奋楫争先，怀有一颗炽热之心，勇敢向上向前攀登文艺新高度，才能不负韶华、不负时代、不负人民。

## 三、守正创新，以奉献之心描绘社会新画卷

回望过去，文艺创作皆从原道通变而来；展望未来，文艺创作将由守正创新而出。在艺术创作中的"守正"，就是恪守正道，正确把握创作过程中的意识形态与思想指向，秉承积极向上的创作来源与理念，准确把握优秀传统文化的精髓。而"创新"需要的是智慧和能力，具备敏锐的观察力，善于感知新形态、新技术、新材料，与时俱进。"守正"是文艺创作的根本前提，而"创新"才是艺术旺盛的生命。

在中国共产党成立 100 周年之际，电影《长津湖》上映，获超高口碑与票房。影片生动还原了抗美援朝的长津湖战役中，在极具寒冷的恶劣环境下，中国人民志愿军奋勇杀敌、保家卫国、无所畏惧的英雄气概，细腻描写了战士们的民族大义与家国情怀，抒发了真挚的兄弟情、战友情和家国情，是一部展现历史题材中的史诗巨作。新时代文艺教育工作者要弘扬爱国主义精神，用文艺作品讲述中国故事、传递中国声音、树立中国形象；在守正创新的艺术实践中，守正情怀与民心呼应，积极创新与时代同步，努力创作出朝气蓬勃、映射未来的新面貌、新蓝图、新画卷。

随着时代的发展，文化的繁荣发展更需要媒介的传播。在媒介，尤其是新媒体传播的过程中，要坚定文艺创作守正创新，将博大精深的优秀文化与先进文化、激昂向上的红色文化与革命文化传承下来，增强中华文明的影响力与传播力，坚守中华文化立场，革新文艺创作方向，为民族复兴提供充足的精神保障。

### 四、自信自强，以大爱之心铸就文化新辉煌

党的二十大报告提出："推进文化自信自强，铸就社会主义文化新辉煌。"旨在通过文化建设，加强中国人民的底气，促使五十六个民族更加团结一心，凸显中国文化强大的包容性，为民族复兴提供强大精神支撑，从而不断满足人民精神文化新需求。

在北京冬奥会的冰雪盛宴中，二十四节气倒计时将中华文化的厚重与大气展现得淋漓尽致。火炬飞扬取自融合共生，黄河之水表达浪漫情怀，五环破冰彰显国之大器，都在体现中国人民心系天下的博大胸襟，表达中国文化自信的宽广胸怀。一袭青绿、一身水蓝，花样选手的比赛服装取自中国画传统中的"青山绿水"之意，"鸿运山水""唐花飞雪"；饺子、豆包深受外国友人的喜爱，甚至成为中国美食的代表；奥运会吉祥物"一墩难求"，还有徽章设计、中医药体验馆、皮影、剪纸、景泰蓝……一张张文化名片、一件件文艺作品，都传递着中国文化的自信与辉煌。古老文明与奥林匹克相互交融，传统文化与现代技术完美结合，诠释出盛会设计中的理念之新，更加深层次地展现中国文化自信自强。

新时代文艺教育工作者要坚持做先进文化的传播者与捍卫者，以一颗大爱之心去包容全国乃至全球的众多领域，推动文化达到前所未有的新高度、新辉煌，推进文化自信自强。要坚持以文化人、以艺育人，要深入生活、扎根人民，要立足中国现实，根植中国大地，踔厉奋发，勇毅前行，以一颗赤诚之心、炽热之心、奉献之心、大爱之心，去完成党交给文艺工作者的历史使命与重大责任！

（编辑：王索）

（原载《陕西社会科学"学习宣传贯彻党的二十大精神"理论征文集》2023 年 2 月）

# 高校主旋律视听文化作品的育人功能与创作技巧

## ——以微纪录片为例

于占豪

（渭南师范学院，陕西 渭南 714099）

新时代的历史性变革和新媒体技术的不断前进为主旋律视听文化作品的创作提供了更加丰富的素材，同时也带来了新的挑战和机遇。在新技术不断升级、主旋律元素逐渐增多、新媒体平台加速融合的当下，如何创作出高校师生群体喜闻乐见的视听文化作品？如何在创作技巧上更多元化？如何让作品更接地气，促进大学生的网络文化育人功能以及社会主义核心价值观引领？这些问题值得进一步探索与思考。

## 一、高校主旋律视听文化作品创作现状

新时代主旋律视听文化作品在传统纪录片的发展助力下，依托当前全媒体环境的优势逐渐发展出了属于视听文化作品特有的传播体系，受互联网和短视频平台的影响，高校拥有了更多创作视听文化作品特别是主旋律题材的条件和机遇，但受环境和技术的限制，高校视听文化作品在创作主体、题材选择等方面依然存在一些问题。

（一）创作选题单一、效果受限

以陕西省高校为例，近三年，依托高校宣传部门主管的校园电视台或新媒体中心在不同时间节点创作并上线各类微视频，如《我和西部有个约定》《我的教书育人故事》《建党百年 MV 短片》等，涉及主旋律题材的视听文化作品相对较少，且选题单一。部分高校主旋律题材的视听文化作品选题多为

优秀共产党人物的介绍或写实，如何从大学生生活实际角度出发，选取大学生喜闻乐见的主旋律题材作为内容，值得思考。

此外，当前一些主流网络媒体平台（腾讯视频、B 站等）还未完全并入主旋律微纪录片的传播体系，致使这类平台上的主旋律微纪录片传播范围降低，综合效果远不如综艺节目和其他影视剧。

（二）意识形态的多元化带来的困扰

当前高校意识形态的多元化影响着大学生的实践方向和价值取向，社会不良元素的输入，积极与消极的博弈等间接影响着大学生的日常行为方式和创作理念。同时，西方意识形态的间接侵袭，逐渐影响着大学生的日常生活方式、思想观念和价值诉求，这样的内容逐渐附加在更多的影视作品或网络游戏当中。结合当前新时代大学生思想观念的发展现状，如何抵制不良意识形态的侵扰，在创作中体现符合新时代青年大学生特点的观念、思想，将爱国、爱党、爱校元素融入于无形，成为当前高校主旋律视听文化作品创作中值得思考的问题。


**二、高校主旋律微纪录片的网络文化育人功能**

（一）运用主旋律微纪录片进行网络文化教育创新的时代机遇

高校媒体融合的进一步发展为微纪录片创作提供了更好的技术支撑，其在大学生网络文化方面的育人价值越发重要。当前，以官方微信公众平台、微博、抖音、快手等为代表的新媒体平台深受广大师生喜爱，成了获取信息、对外宣传的第一重要窗口，这为微纪录片的传播提供了强大的宣传平台。同时，人工智能技术促进了全媒体平台的深度融合与协同发展。这些不仅为运用主旋律微纪录片进行网络文化教育创新提供了强大的宣传平台和技术支撑，同时也带来了新的发展机遇。

以渭南师范学院为例，微纪录片《我的中国梦，我的渭师梦》与时俱进，紧紧抓住时代需求和师生思想信念，以纪实影像的形式，展现了青年大学生对党和国家以及学校的热爱、无限畅想等。作品的创作打破了传统纪录片的单一创作模式，融入大量的师生采访，让更多师生参与到微纪录片的话题征集以及拍摄制作的过程中来，这不仅为主旋律微纪录片的创作提供了丰富鲜活的线索与素材，同时让更多师生成为直接或间接参与创作的记录者和见证者，也为新时代主旋律微纪录片网络文化教育创作方式的创新积累了宝贵经验。

（二）主旋律微纪录片网络文化育人功能的价值体现

当前正处于网络短视频盛行时期，网络文化教育受到冲击，主流平台上大量的短视频为了吸引流量和博人眼球，甚至超越道德底线，对青年大学生群体极易产生误导。主旋律微纪录片的创作与发展，能够在一定程度上抵消非主旋律短视频带来的消极影响，改变和引领短视频文化主流方向，逐渐让大学生从主旋律题材的短片中吸收更多信念，感受和凝聚正能量。

高校通过准确掌握大学生成长需求，探索"视频+网络思政"育人新模式，通过积极传播主旋律微纪录片这一互动性和体验性较强的视听文化作品，更好地筑牢网络意识形态阵地，构筑起高校网络思政文化育人新阵地。

通过开展高校主旋律微纪录片创作活动，还能激发大学生的创造能力和价值观念。主旋律微纪录片具有鲜明的特征，例如，宣传习近平新时代中国特色社会主义思想，演绎人民至上生命至上的崇高追求，弘扬社会主义核心价值观，等等。加之微纪录片具有拍摄时间短、制作费用低、时长较短等特点，使得学生创作的可实施性更强，从而激发学生想创作、敢创作、会创作的动力。而这一过程会深刻影响大学生思想行为模式，从而提升其文化素质和媒介素养，也更有助于高校精神文明建设，形成和谐校园文化。

### 三、高校主旋律微纪录片的创作技巧探析

（一）教育创新的时代机遇

新时代的历史使命为运用主旋律纪录片进行爱国主义教育创新明确了政治方向。当前，我国正处于新的历史方位，面临百年未有之变局，爱国主义教育不断发展，逐步展现出内容系统、表达生动、载体丰富、传播立体、氛围浓厚的演变趋势。主旋律纪录片是新时代爱国主义教育的重要载体。新时代、新情况、新挑战下，运用主旋律纪录片进行爱国主义教育创新拥有着宝贵的时代机遇。在此背景下，主旋律纪录片的创作从主题到内容再到传播均需要与时俱进、不断创新，充分发挥其政治优势、艺术优势与传播优势，从而实现爱国主义教育实效性的提升。

（二）时代题材的巧妙融入

检视当前主旋律视听文化作品的创作转型，可以发现关注时代主题的现实题材发挥着建构主流价值的重要作用。在微纪录片的创作过程中，应聚焦时代主题，以创新性表达传递主流价值与时代风貌。通过时代题材的巧妙融入，积极反映新时代青年大学生助力脱贫攻坚的奉献精神，展现疫情中的责任与担当。例如，渭南师范学院制作的扶贫题材微纪录片《青年大学生牵手夕阳红》等作品，以大学生助力脱贫攻坚为主题，利用"小切口、正能量、大情怀"的创作手法，以时代精神为内核，小切口展现大主题，把正能量融入细节之中，通过精品化内容和创新化表达进行价值传递，努力寻求观众情感共鸣与精神认同，实现主旋律与主流观众的对接。

（三）故事先行的情感共鸣

有研究指出，主旋律微纪录片出于意识形态和宣传的考量，常以"主题先行"模式作为创作的理论基石。这种模式在一定程度上制约了当前我国视听文化作品创作特别是主旋律微纪录片创新性的表达。传统的主旋律纪录片多属于阐释型叙事，这种叙事以主流意识形态的立场讲述故事，故事常常沿用主观化而非自然客观的状态来演绎，导致故事的讲述往往刻板、严肃，过于"高冷"而不接地气，同时人物塑造符号化、脸谱化。因此，在主旋律微纪录片的创作中，结合微纪录片的独立特点，在创作过程中既要注重视听语言手法上的创新，也要注重叙事模式上的创新，注重以故事内容为本，让微纪录片中的小故事更加生动活泼，人物塑造更加形象立体，从而使受众产生情感共鸣。

（四）媒体融合的技术支撑

在媒体大融合的趋势面前，善于运用融媒体技术手段，能够使微纪录片内容更加客观，无限贴近青年学生受众心理，为创作过程提供强大的技术支撑。一是善于在创作中增加视听趣味，采用电影化视觉传播手段，用青年学生更适应、更喜欢的方式表达主旋律内容，通过抖音、快手、视频号或校园电子屏、移动终端等多平台传播微纪录片作品。二是善于运用众筹化创作方式，增加作品的互动性，让更多青年大学生通过拍摄行为参与主旋律微纪录片创作，通过体验创作，感受正能量作品的感染力和传播力。

（五）思政课堂的基本构建

充分发挥主旋律影视作品的价值导向和思想教化功能对促进高校课程思政建设具有重要意义。在进一步扩展高校思想政治教育方法途径的过程中，将新时代爱国主义精神、中华民族传统美德等元素运用到微纪录片的创作过程中，通过主旋律视听文化作品进行大学生社会主义核心价值观教育。在高校有关专业中开展相关视听文化作品创作课程，构建思政大课堂，让每一位学生在创作中感受主旋律视听文化作品的内涵与魅力。可选取共产党人的初心故事、探寻革命根据地等题材，让学生在创作中回顾中华民族的奋斗史，从而激发爱国主义情感。

**四、结语**

在主旋律微纪录片的创作过程中，应紧跟媒体发展的大趋势和新潮流，充分结合当下网络科技发展和主流舆论导向，与当下最受青年大学生关注的新时代主旋律题材视听文化作品创作相结合，同时优化高校电视台、抖音、视频号等主旋律网络文化育人传播平台的建设，找准传播优势，进行科学传播。主旋律微纪录片具有记录和阐释的双重力量，这不仅可以锻炼和提升学生的专业实践能力，为后续创作积累更多的经验和方法，还对促进青年大学生弘扬爱国青春主旋律，加强大学生思想政治教育具有积极影响，对宣传学校形象、促进校园文化建设、推动学生文化自信具有实践意义。

（编辑：王索）

（原载《教育学文摘》2021 年第 19 期）

第三篇

# 03

## | 校史校训篇 |

# "明德新民，止于至善"是大学校训的核心价值

## ——兼论渭南师范学院的校训文化建设

庞德谦　王昌民

（渭南师范学院，陕西 渭南 714099）

在大学文化的诸多载体中，校训是最能体现一所学校核心价值的文化载体。校训，是学校领导者对学校文化传统的总结，是对学校人才培养目标和培养过程长期思考的成果结晶，是对优秀文化传承和优良校风发扬光大的期望和要求。渭南师院的校训怎样体现"明德新民，止于至善"的核心价值？校训文化建设如何才能成为优良校风的先导？本文力求通过理论与实践的结合加以论述。

### 一、"明明德""新民"与大学校训的功能

（一）大学确立校训的根本目的是"明明德"

清华大学老校长梅贻琦先生在《大学一解》中，用《礼记·大学》中"大学之道，在明明德，在新民，在止于至善"的名句，对大学教育的价值做出了解读。梅先生按朱熹的《大学章句》引程颐曰"亲当作'新'"解，故将《礼记·大学》原文中"亲民"改写为"新民"。他说："大学课程之设备，即属于教务范围之种种，下至基本学术之传授，上至专门科目之研究，固格物致知之功夫而明明德之一部分也。课程以外之学校生活，即属于训导范围之种种，以及师长持身、治学、接物、待人之一切言行举措，苟于青年不无几分裨益，此种裨益亦必于格致诚正之心理生活见之。"① "明明德"，前

---

① 杨东平.大学精神［M］.沈阳：辽海出版社，2000：68.

一个"明"为动词，即彰明；明德，光明的德性；"明明德"即发扬自身光明之德①。梅先生认为，"明明德之义，释以今语，即为自我之认识，为自我知能之认识"。他认为，"格物，致知，诚意，正心，修身，属明明德"之目。自我知能之认识是自我修养的必由之路。梅先生所谓"教务范围之种种"和"训导范围之种种"，就是指学校人才培养的全部过程，是需要学校营造"格致诚正修"的条件和氛围。大学校训确立的目的，正如《辞海》对校训的解释："学校为训育上之便利，选若干德目制成匾额，悬之校中公见之地，是为校训，其目的在使个人随时注意而实践之。"② 也如《教育大辞典》的解释："学校为树立优良学风而制定的要求师生共同遵守的准则。"③ 校训中的"若干德目"与"明明德"之目"格物，致知，诚意，正心，修身"在教育目的上是一致的，在功能上是相通。师生共同遵守的准则与"止于至善"的行为准则也是相通的。校训的"若干德目"是为了使师生"随时注意而实践之"以完善人格。"明明德"是为了在"知、情、志三个方面皆修明"④。因此，大学确立校训的根本目的是"明明德"。

（二）"明明德"和"新民"是大学校训所具有的客观教育属性

梅先生在《大学一解》中的解释，给了我们考察校训功能以启发。第一，如果大学之道可以理解为大学的理想、大学的使命、大学的职能，那么我们就可以从大学的理想、大学的使命、大学的职能方面去考察大学校训的功能。第二，如果"明明德""新民"可以理解为大学人才培养目标，而"教务范围之种种"和"训导范围之种种"可以理解为人才培养过程，那么，我们就可以从培养目标和培养过程两个层面去考察大学校训的功能。第三，如果大学培养目标可以理解为在"知、情、志三个方面皆修明"的"新民"，培养过程可以理解为"明明德"之目"格物，致知，诚意，正心，修身"，那么校训的确立和实践就是"明明德"的过程，是"新民"的过程。第四，如果大学的职能可以理解为"基本学术之传授""专门科目之研究""新民之道"，大学的使命可以理解为"明明德"和"新民"，那么大学的理想就可以理解

① 顾明远．教育大辞典：增订合编本［M］．上海：上海教育出版社，1998.

② 舒新城，沈颐，张相，等．辞海：上册［M］．北京：中华书局，1981.

③ 顾明远．教育大辞典：增订合编本［M］．上海：上海教育出版社，1998.

④ 杨东平．大学精神［M］．沈阳：辽海出版社，2000：70.

为"止于至善"，而"止于至善"又可以分为大学培养"君子"人格的"至善"和大学培养过程的"至善"。第五，如果把"明明德"看作校训确立和实践过程中使人具有心理健康、道德完善、人格完美等特点，"新民"可以看作校训确立和实践过程中使人具有创造性、能动性的特点，看作校训实践的结果，那么，校训的确立和实践过程就是"明明德"的过程，"明明德"和"新民"就是大学校训所具有的客观教育属性。

（三）大学校训最基本的功能是"明明德"，是"新民"

关于校训的功能，顾明远教授认为："校训，是学校文化建设的重要内容，它凝聚了学校的办学宗旨、办学理念，是从校风、学风的精神中提炼出来的。它反映了全校师生的意志和追求，指导着学校的办学方向和师生的行为。"① 侯怀银认为，校训具有导向功能、规范功能、激励功能。② 李中伟认为，"校训有其独特的熏陶、感染、同化、导引、激励、凝聚、约束和评价的德育功能"③。丁艳红等人认为，校训有三项社会功能：一是在校训的感染和熏陶下，大学培养优秀的人才为社会服务。二是校训所蕴含的人文和科学精神影响甚至引领着社会进步。三是大学校训所代表的人格力量影响着国民性格的培养和生成。④ 谢美航认为，校训具有塑造大学精神、塑造受教育者的人格、提供好的科研环境、倡导社会进步文化四项功能。⑤ 彭方第认为，彰显大学精神的实质，是大学校训特有的功能。⑥ 陈桂生教授认为，校训是"指引学校群体自我教育和共同奋斗的旗帜""集中体现一种本校着力建树的精神"。⑦ 李莉认为，校训是"传播学校声誉的一张名片"⑧。

结合梅先生对五点启发和笔者对国内外大学校训的分析，本文认为：第

① 顾明远. 校训关键在实践［N］. 光明日报，2005-06-29.
② 侯怀银，周涛. 谈大学校训的特征和功能［J］. 中国高等教育，2007（Z2）：74-75.
③ 李中伟. "校训"论稿［J］. 当代教育论坛，2004（8）：45-47.
④ 丁艳红，陈怡，郑惠坚. 大学校训的文化蕴涵及其功能［J］. 云南大学学报（社会科学版），2005（1）：77-86，96.
⑤ 谢美航. 大学校训功能及其构建研究［J］. 湘潭师范学院学报（社会科学版），2004（3）：148-150.
⑥ 彭方第. 浅谈校训［J］. 理论导刊，2003（11）：49-50.
⑦ 陈桂生. "校训"研究［J］. 宁波大学学报（教育科学版），1998（1）：29-33.
⑧ 李莉. 我国高校校训的文化传统与价值取向［J］. 江汉大学学报（社会科学版），2008（4）：16-19.

一，国内外著名大学的校训是大学理想的表达，或是大学使命的概括，如浙江大学的"求是"、东南大学的"止于至善"、哈佛大学的"与真理为友"、斯坦福大学的"愿学术自由之风劲吹"，就是大学理想的概括，北京大学的"爱国、进步、民主、科学"、南开大学的"允公允能，日新月异"、中南大学的"经世致用"、中国医科大学的"救死扶伤，实行革命的人道主义"、普林斯顿大学的"为国家服务，为世界服务"、芝加哥大学的"让知识充实你的人生"、康奈尔大学的"让任何人都能在这里学到想学的科目"、日本早稻田大学的"学问独立，培养模范国民"等，就是大学使命的阐述。第二，一些国内外著名大学的校训强调人才培养过程的要求，如复旦大学的"博学而笃志，切问而近思"、哈尔滨工业大学的"严格规格，功夫到家"、中山大学的"博学、审问、慎思、明辨、笃行"、中国科技大学的"红专并进，理实交融"、南昌大学的"格物致新，厚德泽人"、麻省理工学院的"既学会动脑，也学会动手"、宾夕法尼亚大学的"毫无特性的学习将一事无成"、日本筑波大学的"追求教育与科研的新方法"、澳大利亚国家大学的"重要的是弄清事物的本质"等。这种强调人才培养过程的要求，是人才培养理念的体现。第三，国内更多的大学是从"知、情、志三个方面皆修明"的通识教育理念，培养完美人格的角度确立自己的校训。如清华大学的"自强不息，厚德载物"、南京大学的"诚朴雄伟，励学敦行"、东南大学的"止于至善"、西北工业大学的"公诚勇毅"、西北大学的"公诚勤朴"、香港大学的"明德格物"、澳门大学的"仁、义、礼、智、信"等。本文对397所大学校训的统计分析发现，国内243所大学的校训中都有"明德""至善""自强""力行""勤""公""诚""朴""勇""毅""敬"等与人格因素有关的词语。

不论是大学理想的表达、大学使命的概括，还是人才培养理念的阐述，校训都体现了学校的办学定位和办学思想，为学校师生思想和行为指明努力方向，促使学校发扬光明之德，成就"大学教育新民之效"。因此，可以说，大学校训最基本的功能是"明明德"，是"新民"。这里是用"明明德""新民"的语言符号来概括地表示大学校训功能的本质内涵。

### 二、"明德新民，止于至善"是大学校训的核心价值

（一）"明德新民，止于至善"充分表达了大学人才培养的理想

《大学》在开章明义讲大学之道，讲"明德""亲民""止于至善"。朱熹注："亲，当作新"，"新者，革其旧之谓也"。[①]"止者，必至于是而不迁之意。至善，则事理当然之极也。"[②] 止于至善，即达到理想境界。止于至善的理想境界，可以从教育目标和教育过程两方面去理解。教育目标的理想境界，就是培养"自强不息、厚德载物""养天地正气，法古今完人"的"君子"人格，培养"学无止境，气有浩然"的"绅士"人格，培养"明德厚学，求是创新"的通识人才和"实事求是，敢为人先"的创新人才；教育过程的理想境界，就是实现"明明德"和"新民"，就是追求德性和知性的统一、通识教育与专业教育的统一、教学和科研的统一、科学精神与人文精神的统一。校训中"厚德""博学""求是""笃行""拓新"都是大学课程体系设计的基本要求，也是"止于至善"的基本要求。

（二）大学校训表达了大学最基本和持久的信念

对理想境界的评判要受价值观的制约。价值观是"个人关于行动的理想模型和理想的终极目标的信念"[③]。人的多种价值观组成一个系统。某些价值观成为一定文化所选择的优势观念形态，具有评价事物、唤起态度、指引和调节行为的定向功能的核心部分，就是价值取向。[④] 从中国大学校训的角度来说，个人本位是一种以个人道德修养为表现形式，以道德完善为准则看待个人的发展。个人本位实际上是德育价值取向。

核心价值的概念来自企业文化，是指一个组织的最基本和持久的信念，与组织的使命相联系。核心价值在价值观系统中处于最高地位，起主导作用。笔者分析了397所大学的校训，不难看出，不论是对大学理想的表达，还是对大学使命的概括，以及对人才培养理念的阐述，校训都是表达大学组织的最基本和持久的信念。

---

① 顾明远．教育大辞典：增订合编本［M］．上海：上海教育出版社，1998：1215.
② 顾明远．教育大辞典：增订合编本［M］．上海：上海教育出版社，1998：2040.
③ 顾明远．教育大辞典：增订合编本［M］．上海：上海教育出版社，1998：673.
④ 顾明远．教育大辞典：增订合编本［M］．上海：上海教育出版社，1998：674.

（三）大学校训的整体价值取向体现了"育人为本，德育为先"的精神

陈桂生教授说："在'校训'中，价值原则的择定固然重要，而价值原则的结合能否集中体现出一种总的精神（价值取向），更不可忽视。"① 李翠珍认为，"'校训'有别于学校规范（校规），是因为它是一所学校的总体价值取向"，我国大中学校的校训的价值取向主要有道德目标至上、注重修身、求知和非智力品质的养成。② 这是一种育人为本、德育为首的价值取向。"校训作为价值原则的集合，集中体现了一所学校的办学取向或者说人才培养规格，这是与其特有的育人本性分不开的。"③ "育人为本，德育为先"是事关中国特色社会主义建设事业要求培养什么人、怎样培养人的根本问题。"明德新民，止于至善"正是体现了"育人为本，德育为先"的高等教育价值观。

（四）"明德新民，止于至善"是大学最基本和持久信念的概括

我们对中国 201 所大学、161 所师范院校的校训和外国 35 所著名大学的校训进行分析研究，可以看出，外国著名大学校训，要么是追求真理、追求知识的价值取向，如哈佛大学、芝加哥大学、哥伦比亚大学、斯坦福大学、剑桥大学；要么是服务国家的价值取向，如普林斯顿大学、早稻田大学。也有两种价值取向组合的，如耶鲁大学的"真理和光明"，匹兹堡大学的"真理与美德"，杜克大学的"追求知识，信仰宗教"。中国大学校训都是以词语组合形成多种价值原则的组合。以 119 所国内著名大学校训为例，如果把阐述大学使命、大学理想、社会对人的要求（作风取向，如团结、进取、勤奋、严谨、创新等）为主要内容的校训界定为社会本位，那么有 41 所大学的校训是社会本位的；如果把"求是""求真""博学"和培养过程的要求界定为知识本位，那么有 27 所大学的校训是以知识为本位；如果把个人品格养成如"自强""厚德""诚""勇""毅"等界定为个人本位，那么有 25 所大学的校训是以个人为本位的；还有 26 所大学是多种价值原则的组合，如西安交通大学的"爱国爱校，追求真理，勤奋踏实，艰苦朴素"，云南大学的"立一等品格，求一等学识，成一等事业"，北京航空航天大学的"艰苦朴素、勤奋好学、全面发展、勇于创新"，中国矿业大学的"好学力行、求是创新、艰苦奋

---

① 陈桂生．"校训"研究［J］. 宁波大学学报（教育科学版），1998（1）：29-33.
② 李翠珍．"校训"的价值取向分析［J］. 教育探索，2005（4）：49-50.
③ 李中伟．"校训"论稿［J］. 当代教育论坛，2004（8）：45-47.

斗、自强不息"，中国台湾大学的"敦品、励学、爱国、爱人"等。

师范院校校训注重教师自身道德修养，强调"学高"等知识本位取向和"德高"等个人本位取向，还强调"师表""身正""世范""树人""敬业"等品质，后者可视为社会本位的价值取向。在161所学校的校训中，有90所学校有"博学""笃学""勤学""好学""尚学""求真"等表述，64所学校的校训中有"厚德""明德""崇德""重德"等表述，58所学校的校训中有"为人师表""身正""世范""敬业""勤奋""树人"等表述。

如前所述，尽管各个大学校训表述不同，有三种价值取向，但每一所大学的校训都力求发扬光明之德，都贯穿着本校最基本和持久的信念。这三种价值取向在大学文化中的功能是一致的，都指向了大学的理想、大学的使命。因此，"明德新民，止于至善"构成了大学的整体价值取向，是大学最基本和持久信念的高度概括，是大学校训的核心价值。

### 三、渭南师范学院的校训文化建设

中国大学校训具有浓厚的传统文化色彩，人文思想占据主要的地位，体现了对知识的追求和完善道德的观念。大学校训在表达方式上大多采用了传统典籍的经典格言。① 传统文化是构建校训并使之更具文化魅力的源泉。2002年，渭南师范学院在总结办学经验、明确自身定位的基础上，按照"师生发展为本""德育为首""质量第一""强化师范特色"的办学理念，结合中国大学校训的表达方式，提出了"励志、笃学、求实、敬业"的校训。学院校训中的前三句六字都出典于中国古代文献，并且"励志""笃学""求实""敬业"都是中国古代书院学规中的关键词。②

"励志"一词，最初出自南朝谢灵运《述祖德诗》"惠物辞所赏，励志故绝人"③。"励"即激励、鼓励之意，励志的"励"是指磨炼、振奋之意。"志"，一指志向、抱负，亦即理想、目标；二指意志、决心、态度，有对理想、奋斗目标追求的强烈程度，有追求上进的决心和勇气及做成某事的气概，达到某种目的而产生的心理状态。《辞源》中"励志"解释为"激励心志，

---

① 侯怀银，周涛. 谈大学校训的特征和功能［J］. 中国高等教育，2007（Z2）：74-75.
② 储朝晖. 中国大学精神的历史与省思［M］. 太原：山西教育出版社，2006：270.
③ 徐志刚. 论语通译［M］. 北京：人民文学出版社，1997：384.

集中心力于某种事业"①。"励志"，意为振奋精神，奋发志气，始终保持积极向上的精神状态，集中心思致力于某种目标，从而实现远大目标。古圣贤们十分重视立志。《易·乾》曰："天行健，君子以自强不息。"说明人们为了实现人生理想而自强不息、顽强拼搏的精神。孔子曰："志于道，据于德，依于仁，游于艺。"② 认为一个人应该有志于道，再根据德，依靠仁，然后以六艺为活动范围。古人不仅注重立志，而且提倡树立远大的志向和美好的理想，"志当存高远"，"大凡为学，须先立志"。③

青年学子必须"励志"，传道学人也要"励志"，学院在办学中的艰苦创业更需"励志"。学院的校训用"励志"教导广大师生员工保持奋发向上的精神，集中心思于党的教育事业；用远大的理想和坚强的意志，激发莘莘学子的学习动力，发展他们的智力，促进他们全面成长成才。

"笃学"。笃，具有坚守、忠实、一心一意等含义。笃学，指专心好学，勤学，意即笃志于学。中国古代有许多文化典籍都有治学、劝学、勤学、笃志于学的论述。《论语》中有8篇涉及学习的内容。《论语·子张》中，孔子的弟子子夏说："博学而笃志，切问而近思。"④ 《论语·述而》中孔子曰："学而不厌""发愤忘食，乐以忘忧，不知老之将至"。⑤ 《论语·泰伯》中孔子曰："笃信好学""学如不及，犹恐失之"。⑥ 荀子、韩愈、朱熹等都有劝学、治学名言。《荀子·劝学》中讲"学不可以已""真积力久则入，学至乎没而后止"。⑦ 韩愈强调"强学力行"⑧。朱熹说："君子之学，不为则已民，为则必要其成，故常百倍其功。"⑨ 这些圣贤都认为治"学"要一心一意地坚

---

① 广东、广西、湖南、河南辞源修订组，商务印书馆编辑部．辞源 [M]．北京：商务印书馆，1979：384.
② 徐志刚．论语通译 [M]．北京：人民文学出版社，1997：76.
③ 王贞志，马奇柯．如何对青年进行励志教育 [J]．中国青年研究，2006（8）：85-88.
④ 徐志刚．论语通译 [M]．北京：人民文学出版社，1997：242.
⑤ 徐志刚．论语通译 [M]．北京：人民文学出版社，1997：74.
⑥ 徐志刚．论语通译 [M]．北京：人民文学出版社，1997：90.
⑦ 黎顺清，曹鸿远，李知华．中国古代教育名著选读 [M]．西安：陕西师范大学出版社，1989：136.
⑧ 黎顺清，曹鸿远，李知华．中国古代教育名著选读 [M]．西安：陕西师范大学出版社，1989：329.
⑨ 陈光磊，胡奇光，李行杰．中国古代名句辞典 [M]．上海：上海辞书出版社，1986：617.

持，要下功夫，不可懈怠，不可停息。

学生"笃学"以成人成才，教师"笃学"以求真求新。学院的校训用"笃学"教育师生，一是要有勇于质疑、不断探索的科学精神，二是要有勤学好问、刻苦钻研的治学态度，三是要有乐于实践、善于创新的良好品格，四是在学识才能、人格完善上有不懈追求。

"求实"，按《现代汉语词典》的解释，是指"讲求实际"。① "求真、求实、求是"是许多中国大学校长办学的终生追求。最早把"求实"用作校训的是 1921 年郭秉文给东南大学提出的第三个校训"诚朴、勤奋、求实"②。后来，全国有 37 所高校的校训中采用了"求实"一词。③ "求实"是学风、校风、领导作风的根本要求。学院校训用"求实"，不仅表达了学院办学的基本价值追求，也体现了以"求实"作为师生员工的行动指南。对于办学，就是从实际出发，以教育教学质量为准绳，寻求科学发展之路；对于教育者，就是脚踏实地做学问，一心一意育人才；对于求学者，就是不仅学好基础理论、基本知识、基本技能，还要注重实践，在各类实践活动中锻炼自己，塑造自己的人格。

"敬业"一词，在《现代汉语词典》中，是指"专心致力于学业或工作"④。"敬业精神"是教育实践固有的职业特性，这种特性在中国古代即表现为"学而不厌、诲人不倦""身为正仪""教学相长""闻道在先""术业有专攻"等。

在 2007 年第 23 个教师节的时候，胡锦涛同志在全国优秀教师代表座谈会上发表了重要讲话，对教师提出了四点希望："爱岗敬业、关爱学生""刻苦钻研、严谨笃学""勇于创新、奋发进取""淡泊名利、志存高远"。顾明远教授就此发表了《敬业爱生　严谨笃学》的文章。他说："敬业爱生、严谨笃学是教师职业道德的具体体现。所谓敬业，就是忠诚于人民的教育事业。

---

① 中国社会科学院语言研究所词典编辑室. 现代汉语词典：修订本 [M]. 北京：商务印书馆，1978：1040.

② 周川，黄旭. 百年之功：中国近代大学校长的教育家精神 [M]. 福州：福建教育出版社，2005：131.

③ 陈桂生. "校训"研究 [J]. 宁波大学学报（教育科学版），1998（1）：29-33.

④ 中国社会科学院语言研究所词典编辑室. 现代汉语词典：修订本 [M]. 北京：商务印书馆，1978：672.

做一名教师首先要热爱教育事业，不断钻研教育教学业务，提高业务能力和水平，提高教育质量。所谓爱生，就是要用满腔热情来对待学生，热爱每个学生。敬业和爱生是密不可分的，它们统一在培养人才上。敬业是为了更好地培养人才，敬业也体现在爱生上。"① "严谨笃学就是要树立严谨治学的态度，建立优良的学风。教师要学为人师，行为世范，就要不断学习，努力钻研，不断提高教育教学的业务能力和水平。严谨笃学不仅要钻研学科，钻研教材，更要钻研学生。"② 我们可以借用顾明远教授的论述，对学院校训中"笃学"和"敬业"加以解释。

"敬业"是为了更精心地"传道"，更有效地"授业"，是师范特色的充分体现。学院校训用"敬业"教育广大师生，一要热爱教育事业，忠诚教育事业，"熔铸师魂"；二要对工作精益求精，刻苦钻研业务，潜心科学研究，"苦练师能"；三要关爱学生，诲人不倦，既对学生严格要求，又对学生尊重信任；爱每一个学生，关心他们的学习、生活和就业，"大树师德，涵养师风"；四要爱国爱校，关心集体，关心国家大事，关心基础教育改革。

梅贻琦先生说，"学子自身之修养为中国教育思想中最基本之部分"，"格物、致知、诚意、正心、修身"都与此有关。③ 不论是"励志""笃学"，还是"求实""敬业"，都须先有"格物、致知、诚意、正心"的修养功夫。做不到"诚意、正心"，就不会始终保持积极向上的精神状态，集中心思致力于某种事业目标，也不会严谨治学，更不会敬业爱生。做不到"格物、致知"，就不可能"求实"，不可能"笃学"，更不可能创新。

渭南师范学院在校训的确立和实践中着力体现"明德新民，止于至善"的核心价值。不论是校训"励志、笃学、求实、敬业"的"明明德"功能还是"新民"功能，都注重培养人的道德品质和完美人格，以"止于至善"为根本价值取向。"励志"是修身和非智力品质养成的价值取向，也是道德目标至上的价值取向。"笃学、求实、敬业"都有求知求真的价值取向，也有道德

---

① 顾明远. 敬业爱生　严谨笃学：纪念第 23 个教师节 [J]. 中国教育学刊，2007（9）：1-2，6.

② 顾明远. 敬业爱生　严谨笃学：纪念第 23 个教师节 [J]. 中国教育学刊，2007（9）：1-2，6.

③ 杨东平. 大学精神 [M]. 沈阳：辽海出版社，2000：72.

目标至上的价值取向。校训给全校师生员工提供了正确的价值导向和高尚的精神追求，明确怎样做事、怎样做人，明确什么应该做，什么不应该做。这就是"明明德"的体现。师德问题、学风问题、师生关系问题、学术方法问题、学术道德问题都是师生应"随时注意而实践之"的具体内容，都与教师和学生的精神境界的高低有关，都在校训的训育范围内。

渭南师范学院始终坚持把加强大学生思想政治教育放在各项工作的首位，坚持"育人为本，德育为先"的思想，教育学生确立成人成才的观念，教育学生树立正确的世界观、人生观、价值观。通过深入持久地开展"三进"工作、发展大学生党员、济困助学、办学术讲座、开设文化素质选修课、教学参观、社会实践等多种途径，进行"励志"教育和"笃学"教育。

渭南师范学院始终注重以"成长成才"为目的，以"提高课程质量"为重心，以"浓郁学风"为主线，以"素质拓展"为突破口，以"强化课外途径"为着力点，注重课内课外整体设计，拓展多种育人途径，以"四提升"促进每一个学生成才。一是以贯彻素质教育理念为出发点开设文化素质课，多途径提升学生人文素质；二是以培养学生个人兴趣为切入点广泛开展课外科技活动，提升学生科学素质；三是以培养学生从教能力为着重点，组织好课外文化活动和社会实践活动，提升学生的教师职业技能素养；四是以为基础教育培养优秀教师为立足点，加强艺术素质教育，提升学生的艺术素质和校园文化品位。通过"四提升"培养学生的"励志"品格、"笃学"风格、"求实"态度和"敬业"精神。

渭南师范学院涌现出一大批勤奋学习、立志成才的优秀学生。代表人物有"陕西省青年突击手标兵"吴垠，大学生年度人物胡翔、马生福等。在学院的优秀毕业生中，有许多已成为教授、副教授、高级教师、中学校长。代表人物有全国百杰校长史亮，全国优秀教师张岱莎、孙崇录、高继平、党正民，还有2008中国教育年度新闻人物邓健。从这些优秀学生和毕业生的表现中，我们看到了校训的育人作用，已经取得了令人欣喜的效果。

在渭南师范学院的教师队伍里，涌现出了多名全国优秀教师、省级劳动模范、省级"教学名师"、省级教书育人先进个人、省师德标兵、学院学科带头人、学术带头人、学术骨干、"教坛新秀"，他们用自己的行动诠释着学院的校训，实践着学院的校训。

**四、校训实践就是树立优良校风，是"止于至善"的追求**

陈桂生教授在《"校训"研究》一文中指出："现今相当多的学校，不明'校训'与'校风'之别，往往把'校训'（办学意向，即应有的校风）误认为实然的'校风'。""校训，若真正成为学校群体的精神，久而久之，可望自然而然地化为校风的组成部分。"① 这就提出了校训如何成为优良校风的先导的问题，校训实践如何为"新民之准备"。这个问题的实质就是校训如何充分体现"明德新民，止于至善"的核心价值。笔者认为，树立和发扬优良校风，就是"止于至善"的追求。校训要成为优良校风的先导，就要有一个树立和培育的过程，就必须解决如下三个问题。

第一，理解、省思与认同。

理解、省思与认同是校训"化"为校风的前提。要使校训理念的精髓深入每个师生员工的心灵，使大家自觉地投入校训的实践当中，就要让广大师生员工理解校训的内涵。学院应对校训做出权威的解释，并以文本形式把校训表现的内容公示或印发小册子。也可以通过校园广播、院报、报栏等形式广为传播。在新生的入学教育中，把校训教育作为重要内容。每年新生的军训中应把校训作为响亮口号。

校训的理念转化为个人的意识和自觉行为，以至形成风气，必须得到师生员工的认同。要认同，就要促使师生在教学、科研、管理、服务等实践活动中对校训进行省思、体验。为此，学院宣传部门可以通过校训反思征文活动，使校训的理念真正内化为师生的自觉行为。也可以撰写校训方面的教育故事，以叙事方式研究校训、传播校训。

第二，常规化和制度化。

陈桂生教授指出："'校训'彰明以后，日常关注的，校风而已。于校风中，捕捉落实规范、价值原则的契机，以建树新的校风。"② 建树良好校风，规范要求必须常规化，必须在日常工作、学习、生活中检视每一个人的言行，有无不合校训要求之处；必须把校训的实践情况纳入常规检查之中。把校训的要求贯穿在学院的各项规章制度之中，是特别有利于常规化的。学院应借学习实践科学发展观，进行扎实整改，对现有各项规章制度进行修订，使之

---

① 陈桂生．"校训"研究 [J]．宁波大学学报（教育科学版），1998（1）：29-33.
② 陈桂生．"校训"研究 [J]．宁波大学学报（教育科学版），1998（1）：29-33.

落实校训要求。如学生管理制度，如何体现"励志"要求，如何有利于"笃学"；又如师资管理制度，如何贯彻"笃学""求实""敬业"的精神；再如教学管理制度，如何有利于培养学生的"笃学"品格、"求实"态度和"敬业"精神。

第三，强化通识教育课程。

渭南师范学院校训中的"励志"就是要求师生都有一种精神动力，"笃学"就是要有一种科学精神和治学态度。要实践"励志"和"笃学"，关键在于如何使学生获得精神生命，获得求真求实的动力和创新实践的动力，获得适应未来社会需要的能力和素质。这就要从课程设置上为学生创造条件，营造氛围。"通识教育的课程教学在大面积地确保全体学生掌握必要的基础知识和基本技能，全面地提高基本文化修养，进而陶冶学生的情操修养方面具有不可替代的意义。""通识教育在深层意义上是一种精神、一种文化的内蕴的感染和熏陶，它是情感的成熟、品位的提升，是人的整个精神世界的完满和丰富。"[①] 因此，强化通识教育课程是完善教育过程的必要举措，是实践校训的必要途径，也是校训文化建设的重要内容。

（编辑：石明）

（原载《渭南师范学院学报》2010 年第 3 期）

---

① 李曼丽. 通识教育：一种大学教育观［M］. 北京：清华大学出版社，1999：192.

# 蒙尘的记忆

——渭南师院创立初期之拾遗

安　黎

（渭南师范学院 1979 级校友）

> 世间的所有摩天高楼，都是从深坑里开始奠基和砌造的。位于秦东的渭南师院，这栋高等教育的大厦，也是从深坑里一砖一石逐渐垒高的。
>
> ——题记

　　几栋红砖楼房，一圈红砖围墙，蹲坐于塬下渐次升高的土台上——这就是一九七九年渭南师院的前身——渭南师专，留给我的印象。像一个套了件西服的农夫，无论西服的质料如何光滑，都无法遮蔽表情的呆滞和手上的裂纹。一个名叫韩马村的村庄，与它如胶似漆地粘连在一起，难解难分。那些颜色发黑的麦垛，那些凌乱无序的柴火，就堆放在几步开外的大门外。碾打过后，大门口的那块水泥空地，就被一片片被晾晒的麦粒占据。一到黄昏，随着扬场木锨的起落，那些飘飞的麸皮，便像散落的尘雨，降落于树梢和墙头。久而久之，树梢毛茸茸的，墙头也毛茸茸的。

　　学校的大门是敞开的，是畅通无阻的，村里闲逛的小伙子，敞开着衣襟，裸露着前胸隆起的肌肉，牵着一条凶巴巴的大狼狗，时常大摇大摆地从门里进进出出。

　　铲去了庄稼，收拾了农田，一所新近诞生的高等学府，像一株树苗，被栽植入土，在土里生根，在土里发芽，带着土色，与土相拥，与庄稼相伴，与村舍为邻，在鸡鸣犬吠中，开始了自己的成长历程。

　　对村庄来说，学校就像一个争食的异乡客，突然就在村庄之旁安营扎寨，蚕食着本该属于村庄的田畴，挤占着本该属于村民的空间；对学校而言，村

116

庄反倒像累赘，像绳索一样捆绑着学校的手脚，像荆棘一样羁绊着学校的扩张。

对立又统一，村庄与学校，既是对手，又是伙伴，相互嫌弃却日夜相守，彼此接纳又难以携手。

校园内只有一条水泥通道，其他的路，还都是来来往往的乱脚踩踏而成的。水塔还在砌造，食堂尚在构筑，刷牙、洗脸、打洗脚水、洗衣服等，都需要奔下楼去，在那根栽立于一片废墟之上的水龙头前挤搡。洗完衣服，水泼向地面，那些来不及渗透的肥皂水，仿佛众多蜿蜒的小蛇，扭捏而去，流到哪里算哪里；刷完牙，一口口白沫，吐向建筑废渣，于是连那些半截砖头，都被喷成了一个个的大花脸。吃饭就地而蹲，盛有饭菜的碗碟，摆于脚前，或三两人围在一起边吃边聊，或独自一人低首狼吞虎咽。吃完，收拾起碗筷，将其拿到那唯一的水龙头上去冲洗。

半年后，食堂建好了，水塔立起来了，所有的一切，才得以改变和改善。

在省水文地质队看电影，俨然已化为那时校园生活的一部分。

刚从冬天走出来，历经满目的荒芜，于是哪怕闻到一缕花香，瞥到一株草绿，都会心花怒放并欣喜若狂。校园生活是单调的，甚至是贫乏的，从教室到宿舍，从食堂到阅览室，每天重复着仅有的那几项内容，即使再有耐心，也会感到枯燥而烦闷的。

没有电视，没有手机，没有影院和歌厅，闲暇时打发寂寞的方式，要么是在阅览室里阅读，要么与同学结伴去野外的田间散步，但这些，并不足以抚慰精神世界的汹涌暗潮。精神是人隐形的肠胃，和真实的肠胃一样贪得无厌，也需要不断地被喂食和供水，不然就饥渴难忍。

何以解忧？唯有电影。

水文队的电影，像精神的止疼药一样，能让动辄抽搐的精神，得到暂且的释然和回归原始的宁静。水文队与学校，相距仅一里路，被一片民居分隔东西。水文队无疑也属于外来者，但相较于学校，它盘踞于此，已有相当的年头，因此显得根深而叶茂。至少，它生活区的配套是完善的，居住其中者的衣着也是时尚的。水文队尽管同样也被村庄围堵，但其相貌与气质，与村庄大相径庭。

电影是露天播放的。一道白色的银幕，悬于半空。银幕前偌大的空地，像插秧一般密密匝匝地挤满了黑压压的脑袋。前面的人一排排地坐着，后面的人乱哄哄地站着。坐着的人，都是自拿凳子。那些想占据有利地势的人，太阳还未落山，就已将自家的凳子，搬出来放在被自己相中的位置。天色擦黑，学生们人人都手提一把坐凳，络绎不绝地朝水文队的院子涌去。

总有人，因为这样或那样的因素，只能站着看电影。站着看的人，若被前面的高个子遮挡了视线，就绕到银幕的背后去看，于是看到的画面，总是方向倒错——我的一位同学，因受处分的公告张贴于饭堂门口，全校师生对其受处之事耳闻较多。耷拉着脑袋的他，因畏惧他人的讥言讽语，便像老鼠躲猫般地整日缩在宿舍里，不敢也不愿跨出宿舍门半步。他吃饭，我替他打饭；他上街，我陪他走僻壤小道；他看电影，我陪他在银幕后面观看。

水文队放映的电影，比渭南市电影院似乎还要提早半步。最新的电影，在它那里放过半月一月之后，该电影的海报，才缤纷地浮现于各电影院的宣传栏里。适逢改革开放初期，大量的进口电影，像潮汐那般，朝中国刚开启不久的大门扑身而入，让曾经看惯了《地雷战》之类电影的中国人，难免眼花缭乱并心潮荡漾。中国人视野的扩大，以及精神领域被激活，与这些外来文化的输入密不可分。美国好莱坞的电影、印度宝莱坞的电影、日本的电影等等，几乎成为水文队银幕上备受热捧的常客。让人印象最为深刻的，一是日本的电影《绝唱》，一是印度电影《大篷车》。前者，属于阳春白雪，既具有哲学的追问，又具有震撼人心的力量，堪称电影群山中的珠穆朗玛峰；后者是下里巴人，质朴、粗犷、野性、观赏性极强，但在诙谐与热闹之中，其主题依然保持着精神质地的纯正和优良，如爱和宽容等。

水文队的电影，是我们求学时期，一道无法抹去的记忆；而渭南师院后来的"村姑"摇身变"公主"，更让我们这些对母校牵肠挂肚的老毕业生，欣然而欣慰。

（编辑：石明）

# 为了忘却的记念

——纪念渭南师专建校 20 周年

赵明理

（渭南师范学院，陕西 渭南 714099）

现在 40 来岁的渭南人中，知道 20 世纪 60 年代初渭南还有一所师范学院者，可以断言：寥寥无几。

渭南师范学院是 1960 年经国务院批准成立的。采取的方针是"边筹建，边招生，边教学"，体现了"鼓足干劲，力争上游，多快好省地建设社会主义"的总路线精神。省教育厅高教局党组任命原西安美术学院副院长陈士斌为渭南师院院长兼党委书记；原陕西师范大学党委组织部长崔化民为党委副书记。他们率领了从陕西师大等高校和渭南大县抽调的 50 多名行政干部和教师，来到了渭南县（今渭南市，后同）西郊的杜桥，散居在县文化馆和几十户农民家中，开始了紧张的征地、绘制平面图、采购建材、联系基建队等筹建工作。那时，渭南县是三门峡水库的渗透区，是不允许搞高层建筑的，校舍规划一律是平房。说句实话，在各行各业争相"跨上跃进马"，抢着上项目的疯狂年月，就是准许修建高楼大厦，凭我们这些书生气十足的创业者，使尽浑身解数，也别想搞到钢材、木料、水泥之类的基建材料。

我是陕西师大主动申请参加筹建渭南师院的。因为我的家在潼关县，当时是渭南大县的一个公社。我衷心愿为发展桑梓的教育事业尽点绵薄之力。我到筹建处报到的第二天便被派到华阴三门峡库区，采购移民们拆掉房屋而运不走的旧木料。白昼，头顶烈日，在满目凄凉的残垣断壁间穿行，给一堆堆被烟熏黑的檩条、山柱、椽子上用粉笔写上"渭院"二字，表示它们已被采购。夜间，和库区的留守移民同住在八面来风的草棚里，在如豆的油灯下

119

拨着算盘，算账、付款。在完成采购旧木料的任务之后，时隔两日，又被派到铜川南边的黄堡小镇去订购水泥。我住进一家生产队开的小客栈。这是土改时没收地主的院子，有 12 间半边流水的厦房，虽属砖木结构，却岌岌可危。山墙裂开的缝可伸进拇指。背墙的上端向外倾斜，用几根椽子顶着。房间低矮，举手可触斑驳的纸糊顶棚；光线不足，白天看书写字必须点上蜡烛；地面潮湿，墙角、床下长了许多半尺高的"狗尿苔"。那年月，水泥是紧俏物资，我们又不是计划供给的单位，要搞几百吨，谈何容易。

我每天早上八点前赶到厂供销科门口。等人家开了门，尾随其后，帮他们扫地、抹桌、打开水。干完这些之后，找个空位坐着，随时听候差遣，充当着临时工角色。就这样磨了半个月，才订购了 300 吨 400 号水泥。接着又去火车站联系车皮。任务之艰巨不亚于搞水泥。我仍然采取献殷勤的办法来拉关系。总算功夫不负有心人，用了一个星期就弄到了车皮。由于这次任务完成得好，回到筹备处，几次受到领导的表扬。

基建工程进度神速。3 个多月，不仅盖起了办公院的"工"字房，还盖了两栋宿舍、灶房和厕所，总共 50 余间，700 多平方米，把散居农家的筹建人员收拢到了一起。赶在 9 月开学之前，2 座教室、理化实验室、图书室和 20 多间学生宿舍都如期竣工。虽然如此，也只能容纳两个系的两班学生。眼看就要招生，只好向外求援，在原渭南师范学校和地委党校，各借用了 10 多间房。这两个地方一在南边十来里的半塬上，一在东边十来里的老城街，和杜桥的校本部形成三足鼎立之势。

因为渭南师院当年未被纳入统一招生的高等院校，只好在全省高校录生结束之后，直接到各县去录取落榜生。那时候县里好像没有招生办公室，考生档案都在县教育局。8 月底，渭南师院兵分三路去招生：一路去陕南，一路去陕北，一路在关中。我被分配去西府。不到半个月，中文、数学、物理、化学 4 个系各录取新生 40 名。这些被其他高校拒之门外的考生中，可以分为 2 大类：一类是成绩优异，由于政治条件不好而被淘汰的应届高中生；一类是成绩差的"调干生"，对他们来说可谓"山重水复疑无路，柳暗花明又一村"。学生入学以后，尽管学校各方面条件都很差，但是无须进行专业思想教育，不但一个个安心满意，而且学习都很刻苦，校风学风无可挑剔。

先天不足的渭南地区唯一的高等学府，从诞生到寿终正寝的 3 年里，师生员工们所受的恓惶，现在说来，青年们会以为是天方夜谭，难以置信。教学方面虽有种种困难，但因为有陕西师范大学的支援，所以比较容易克服。最难的是生活问题。

每人每月 28.5 斤粮，如果放在今天，的确不算少。可是，在困难时期，为了勒紧裤腰带向"老大哥"还债，把肉类都送到了苏联。全国自上而下，从国家最高领导人到普通的老百姓，几乎都是"三年不知肉味"。副食只有白菜、萝卜，就这还是限制供应。人们的肠胃长期不见荤，一天到晚饿得发慌。不少人由于"瓜菜代"，脸上变成菜青色，继而患了浮肿病。

我是中文系的政治指导员，每天课余时间，经常带领学生到学校周围的农田拣拾玉米秆，刨玉米根，用它来做"人造肉精"，美其名曰"改善生活"。利用星期天到渭河北去买白菜、萝卜。那时候，公社害怕本辖区有人饿死，实行地方保护主义，不准把菜卖给外单位。我们便背着公社的干部，偷偷和生产队商量好，白天"支农"分散到各队劳动。夜深人静时，才把白菜、萝卜装上架子车，披星戴月，衔枚疾走，做贼一般，生怕被公社干部发现。当时，渭河上边没桥，还得坐船，等到过了河，天上的星星几乎屈指可数。在拉架子车时，学生们不愿驾辕和拽稍，都争着在后面掀车。这倒不是避重就轻，奥秘在于后边可以"近水楼台先得月"，许多棵白菜被掏空了芯儿，萝卜更是被生吞了不少。第二年春，学校开展了生产自救，在已征购了的几十亩空闲地里种上了小麦、豆类和蔬菜，师生员工亦学亦农，轮流作务。从此以后，日子便好过得多，每月给大家补助 3 斤粮票，此外还分给一些豆子、蔬菜。这年冬天，不论教工还是学生，晚上都围着火炉，有的炒黄豆，有的煮萝卜，温饱问题基本解决，害浮肿病者日渐康复。

1963 年，国家实行整顿，大专院校也在其列。初具规模的渭南师院，送走了她的第二届学生，便被宣布"下马"停办。为这所短命的学校曾经含辛茹苦的教职员工，饱含热泪，四分五散。校园被几个单位瓜分，校产分赠一些中学和师范。渭南师范学院很快从地球上消失了。然而由于领导们走得仓皇，散得急促，竟没来得及组织几个人把渭南师范学院短暂的历史著之竹帛。

渭南师范学院虽则只有 3 年寿命，只招了两届学生。但是，她对发展陕西省乃至全国的教育事业所做的贡献不可磨灭。这两届毕业生，都参加了全国分配，而且多数去了边疆和穷困的陕北和山区。1995 年春节，有几位渭南师院毕业的学生，给本省和从外地回来过节的同学发了联系信，正月初五搞了一次校友聚会，我有幸被邀请。他们赠给我一本"通讯录"，我十分高兴地从中看到，这些学生大多数在教育战线。他们有的是副教授，有的是高级教师，有的是中学校长，有的走上了比较重要的领导岗位。中文系第一届毕业的王昙，现在是延安地委党校的教授，出版了几本专著，被提拔为副校长。第二届毕业的王志伟和封漫潮，分别担任渭南市委书记和安康行政公署专员。物理系第一届毕业的韩新民，曾任山东省淄博市市长，1995年被调到国家工商总局任副局长。第一届化学系毕业的吴崇信原是中共陕西省委政策研究室副主任。还有的在国有大中型企业任党委书记和厂长、经理。我并不因他们当了什么领导而骄傲，而是为渭南师院在那样艰苦条件下，保证了教学质量，给党和国家培养了一批德才兼备的干部感到欣慰。

时间过去了33年。当年风华正茂的我，已是满头飞雪，记忆力随着年岁的增长而减退。所回忆起来的东西，可谓挂一漏万。目的不是填补渭南师院没有校史的空白，不过是"为了忘却的记念"，如此而已！

（编辑：石明）

（原载《渭南师专学报（社会科学版）》1998年第4期）

# 20 周年校庆感怀

段国超

（渭南师范学院，陕西 渭南 714099）

想不到我们学校建校至今，转眼就是 20 周年了。

1978 年 3 月 28 日，我持介绍信到我们学校报到，属于我们学校第一批调进的职工。当时我们学校的全称是"陕西师范大学渭南专修科"，其前身是"渭南师范筹建处"。当时的"筹建处"，也并非只是"筹建"渭南师范，还挂有"渭南地区中教学习班"的牌子，有一部分同志已在这里办中教学习班，为渭南地区培训在职中学教师。我记得当时学校是刚刚批下，还未招生，周三政治学习，是同炊事员同志在一起的，总共似不足 40 人。当时的学校是怎样的情形呢？只有一座教学楼，即现在的"教学东楼"，所谓"职工宿舍楼"也只有一座，就是现在紧靠"教学东楼"的一号小楼。其"学生宿舍楼"也同样只有一座，即现在紧靠一号小楼的二号学生宿舍楼，当时还正在赶建，其建筑工人即使在晚上也还在大电灯泡下干活，到 5 月底才建成。6 月初学生住进时，房子还是湿的，楼房四周的砖土还未铲净。当时紧靠学校西北墙根有一简易食堂，还没有饭厅，师生一起蹲在放满砖头、木头、水泥、石灰的露天场地吃饭，如遇天雨，则都冒雨把饭菜端到各自的宿舍里去。在今教学东楼的北侧有一简易厕所，开始是露天的。师生站在教室的窗口，一目了然，白天不能用，雨天自然也不能用，师生上厕所得在韩马村里窜来窜去。后来钉上了木板顶棚，可以用了，但因太贴近教学楼，师生上课常常是一阵微风吹来，便有股股臭气熏鼻。还有一个不合格的学生礼堂，也即现在学生的饭厅。当时的学校面积还不到现在的四分之一，其低矮的土夯围墙一推就倒；校门板是建筑用的剩余木板钉的，一到天黑须几个人抬着它才能将校门口堵住。当时学校的外部情况也即所谓"硬件"大致如此。

第一批学生也即第一届学生招进来了，教学情况又如何呢？我记得 1978 年 5 月是我们第一批进校教师最忙的时候。因为基本上都是从中学调进的，不要说当时大学"怎么教"，就是"教些什么"，也不甚了然。学校要求教师 6 月上课，5 月就要把课备好，于是大家就匆匆搜寻自己过去上大学时的教材，并纷纷到西安各大学寻找自己的门路。因是 10 年"文革"刚刚结束，百废还待复苏，摆在教师面前的可以说步步都是困难。然而 6 月学生进来了，大家照常上课，效果还不错。我记得当时一到晚上，教师住在 12 平方米的小房子里拼搏，灯光几乎都是彻夜不熄。因为人手少，不少教师要同时讲授几门课（我自己当时就是同时讲授现代文学、当代文学、写作 3 门课）。当时不记工作量，更无钟点费一说，但大家都干劲十足。尽管当时的学生都是"老三届"，年龄都在 30 岁左右（当时即有"老师不老，学生不小"的顺口溜），并不好教，但常话说"万事开头难"的难关还是闯过来了。这些情况，今天回味起来，令人精神振奋，启迪不少。

后来，第二届学生招进来了，第三届学生招来了，……第四座楼房盖起来了，第五座楼房盖起来了，……大约 1988 年以前还是一片苞谷地的校东墙之外，现在也早已是楼房七八座的家属生活区了。学校在一届届学生的"进""出"之中，在座座楼房的崛起之中，生机勃勃地发展起来了，特别是最近五六年，发展尤快，能有现在这个规模，着实令人殊觉不易。当时学校占地才 40 来亩，现在占地则有 170 多亩；当时教职工才三四十人，现在则有五六百人；当时只有 500 来名学生，现在则有两千六七百名学生；当时只有中文、数学、物理、化学 4 个教学系科，现在则有中文、政史、数学、物理、化学、英语、体育、计算机 8 个系 16 个专业，另外还有成教部、基础部等；当时只有一个小小的图书资料室，管理人员只有一个，现在则有初具规模的图书馆，管理人员已有近 40 个；当时学校藏书只有 4800 本，现在学校藏书则有 26 万册；当时还没有自己的学术阵地，现在则有在国内外发行且很有影响的《渭南师专学报》；当时只有一辆客货两用的小汽车，现在则有十几辆各种类型车辆的车队，……1981 年有了自己的第一批讲师，1985 年有了自己的第一批副教授，1991 年有了自己的第一批教授，等等。最近五六年，学校领导班子团结，关心职工生活，工作作风比较务实，因而教师队伍趋于稳定，教学、科研水平不断提高，学校面貌大为改观，1989 年被国家教委评为全国普通高校教学成果奖励工作先进单位，1996 年被省教育工委、省教委评为全省高校的"最佳单位"，1997 年被中共陕西省委、省政府授予"陕西省先进集体"的光荣称号，等等。这变化已引起了兄弟院校的刮目相看和社会的注目。写到这里，我有如下一些感想：

一、渭南师专的发展，反映了我们党和国家的高等教育事业在"文革"结束后，特别是十一届三中全会以后改革开放的基本轨迹。这份成绩应该记在改革开放的这本大账上，应该记在邓小平拨乱反正、尊重知识、尊重人才和科教兴国的光辉思想和伟大实践上。这是大背景、大气候、大条件！

二、一个学校，同其他单位一样，要办得好，首先要有一个懂行的、作风正派、办事认真的领导班子。我们学校历届领导班子总的来说是好的，我们学校的发展与他们的组织领导和辛勤工作是分不开的。特别是 1992 年以来，我们学校迅速发展，在我们建校 20 周年之际，我们要特别地向历届领导同志，尤其是近一届领导同志，问一声好，道一声谢！

三、我们学校教职员工的整体素质，总的来说是好的，我们学校的发展与他们的辛劳和创造是分不开的。在我们广大教职员工的身上体现了我们"渭南师专人"的精神，这种精神，就是开拓、创造、吃苦、耐劳，就是对党和国家的忠诚，对工作的认真负责。试想，如果没有我们广大教职员工的辛勤努力，哪有我们今天日新月异、热气腾腾的渭南师专！

当然，我们学校还是一所条件设施较差的普通地方高等院校，距我们党和国家的要求还相去甚远。但它正在飞速发展，正在遵循我们党和国家的方针政策而加速建设。虽然在教学科研上投入还不够，在培养中青年教师队伍的力度上还应加强，但应知我们学校就好像一个人一样，才只有 20 岁呀！何况在党的十五大以后，科教兴国已经是我们的基本国策，我们学校的生存与发展就更充满了希望，在我们前进的路上已经洒满了鲜花、阳光和雨露！

建校时，我才 38 岁，现在 59 岁了，老了，说"不老"也只是"精神不老"。而我们学校才只有 20 岁，刚刚步入成年，还正是一个充满青春活力的、朝气蓬勃的精壮小伙子，前程似锦，前途无量，永远年轻，永远向上！

（编辑：石明）

（原载《渭南师专学报（社会科学版）》1998 年第 4 期）

# 人生第一次"追星"

姬雷锁

（渭南师范学院 1993 级校友）

直到高中毕业，我一直在村、镇里的学校上学，几乎没有出过远门；就连去县城的次数也屈指可数，就那也是不得已而去医院的。外面的世界仅仅靠有限的报纸、为数不多的看电视机会以及老师的传授与同学的交流感知的。所以从来没有什么"星"的狂热，也没有机会接触"星"的机会。

到师专后，学校的社团活动很多，什么事情都很新鲜。当时文坛陕军东征之风在各种报纸杂志炒得很热，我们的语文老师雷广文先生给我们全方位地介绍了陕军东征的概念、时代背景、意义以及具体的作家和书目，也就是陕西作家的五部力作：陈忠实的《白鹿原》、高建群的《最后一个匈奴》、贾平凹的《废都》、京夫的《八里情仇》、程海的《热爱生命》。尤其是对《白鹿原》进行了深入的分析鉴赏，雷广文先生引导我们以一种时空的概念、立体的感觉来认识那些苍白、枯燥的文字，使我们打开了思维，眼前一亮，有种茅塞顿开的感觉。由于提前阅读，加之又是关中农村人，我对书中的好多场景和事物有身临其境的感觉，对陈忠实老师肃然起敬。1993 年 11 月 25 日下午，陈忠实老师被请来给中文系师生讲课，我们这些理科生有幸提前得到雷广文老师通知，做了充分准备。我抱着"追星"的目的去大礼堂听课。

整个大礼堂黑压压的一片，通道里都坐满了人，我有幸蹲在讲桌前的人群里，到后来窗子外面都站满了人，简直围得水泄不通。在掌声中陈忠实老师走上了讲桌，坐了下来。他满脸沧桑，神情凝重，讲述自己创作《白鹿原》的心路历程。从创作的欲念到资料的收集准备，无不浸透着一个作家的历史使命和社会责任感，他诉说着创作过程的痛苦，塑造的人物在内心世界的冲突，思想深处对民族情感的纠结，更多的是对这个苦难民族发展的思考。究竟以怎样的形式将这部作品呈现给世人并经得起历史的检验，他没有把握，内心的焦虑和彷徨不是常人可以想象的。他为了完成《白鹿原》这部作品，远离尘嚣回到乡下老家，"谁爱开会讲话领纪念品谁去，谁爱出国谁去"，把自己封闭起来沉下心创作。在烟雾中捕捉灵感和方向，在静夜中寻找与先人对话的途径，在晨雾中探寻民族文化的继承和宣扬方式。在他创作最艰难的时刻，每天写了揉、揉了写，几乎要前功尽弃的时刻，是一个儒家知识分子的社会良知和责任感促使他坚持了下来；以"大不了给自己写个枕头"的英雄气概，以"大不了回家养鸡，不领文联那份工资"的豪迈气势给自己扫清了思想上的顾忌，坚定地朝既定目标迈进！谁能知道当时他义无反顾的壮士情怀，谁能了解他悲壮孤寂的责任情怀，谁能感知他内心的痛苦是一种思考探索民族发展的痛苦，"一个作家内心的痛苦，其实是整个社会的痛苦"！白嘉轩是世世代代中国农民受儒家文化教育的代表，忍受着各种苦难屈辱挣扎的生存；朱先生是传统（儒家）文化知识分子的代表，他能得到各个阶层的敬重和崇拜。在小说《白鹿原》中，陈忠实借白嘉轩的口说道："这个人一生留下了数不清的奇闻逸事，全都是与人为善的事，竟而找不出一件害人利己的事来。""世上肯定再也出不了这样的先生喽！"何时何日，价值观分裂了，传统稀薄了，那样的先生自然再也出不了。或者，先生还在，只是各个人群对先生和传统的崇敬已然消失。没有那样的人群，也便没有被那样传诵的先生了。

四个多小时的演讲，陈老师几乎是用心血来控诉自己的内心世界，几度哽咽，强压着自己的泪水向渴望了解的群体倾诉发泄着常人难以理解的苦楚。他在最后的交流环节中，特别对书中关于性的描写做了大胆的阐述：第一，凡是书中描写的都是他经历的；第二，一个作家必须用理性的、健全的心理来解析和叙述性文化心理和性心理结构，而不是以性为诱饵来诱惑读者！

在拥挤的人群中，我很荣幸地得到了陈忠实作家的签名，遗憾的是有签名的第一版《白鹿原》在参加工作后被人借读弄丢了。尔后1995年暑假我有幸在延安枣园碰到了陈忠实老师，他们一共三个人并排边走边说着什么，他照旧脚上穿布鞋，一副农民打扮，只是手上少了根烟，我在后面找机会想和他照个相，但没有机会，也没有人能帮我。可惜有些事情被著名评论家李星在 1994 年的一次讲课中说中了："《白鹿原》的完成，预示着老陈把毒气放完了，他要重新积淀生活；这几年他再不出作品，今后可能就没有了！"果真，陈先生再没有写出长篇了。

　　虽然只听过陈公一堂大课，但他对我懵懂的思想影响是巨大的。多年来一直关注陈老师的动态，关注他那张饱经风霜的中国知识分子的脸，不论在电视荧屏上还是在其他媒体上，我都能感受到他那浑实厚重的、具有穿透力的西安话，深邃的目光凝视着远方，用良知思考着民族的未来。

　　陈忠实老师于 2016 年 4 月 29 日西去，就用这些文字来表示我的怀念之情吧。陈公的远去，意味着一个高峰的终结，但《白鹿原》史诗般的生命力必将得到印证。它是研究关中文化的活化石！

（编辑：石明）

第四篇

# 04

| 经验成果篇 |

# 文明花开芳满园　沁心润德育新人

——渭南师范学院创建"六好"文明校园

朱芳转　王　索

（渭南师范学院，陕西 渭南 714099）

　　近年来，渭南师范学院以创建"六好"文明校园为抓手，落实立德树人根本任务，对标开展省级"文明校园"和全国文明城市创建工作，积极推动学校精神文明建设高质量发展，呈现出"人人讲文明，时时抓文明，处处见文明"的良好局面。

## 一、思想道德建设好

　　理论武装凝心铸魂。学校以党建为引领，全面加强党的建设，积极开展习近平新时代中国特色社会主义思想"五进"工作，通过中心组学习、"三会一课"、理论宣讲、微思政、专题培训、实践研学等形式，增进师生对党的创新理论的政治认同、思想认同、理论认同、情感认同，坚持不懈用党的创新理论凝心铸魂，学校先后获批陕西省、渭南市党建"双创"标杆院系 3 个、样板支部 3 个。

　　思政教育稳步推进。坚持举办"思政课教师大练兵"和"课程思政示范教学"活动，组织开展"赓续红色血脉，传承红色基因"思政课实践教学活动，在青年大学生中组织开展"网上祭英烈""青年向党""向国旗敬礼"等思想教育活动，深化中国特色社会主义和中国梦系列主题宣传，学校获评陕西省思想政治工作先进单位、优秀工作案例等奖项多项。

　　文明实践丰富多样。围绕抗击疫情、省十四运会、文明城市创建等中心工作，开展青年抗疫志愿服务、文明交通志愿劝导、文艺轻骑兵进社区等活动，组织青年大学生志愿者深入街道、敬老院、儿童福利院等开展志愿服务活动，让学雷锋活动在广大渭师青年中蔚然成风。学校获批陕西省学雷锋活动示范点。

## 二、领导班子建设好

坚持党的全面领导。学校领导班子坚守为党育人、为国育才初心使命，自觉在思想上、政治上、行动上同以习近平同志为核心的党中央保持高度一致。认真贯彻执行党委领导下的校长负责制，严格执行"三重一大"决策制度，完善科学决策和科学议事。

重视文明创建工作。校党委会、精神文明建设工作领导小组做到定期研究和安排部署学校文明创建工作，对各单位文明创建工作进行检查督查，先后召开工作安排会、推进会等 10 余次。制作学校《文明创建工作简报》，总结近期工作中好的做法，通报工作中发现的问题，确保学校文明创建工作有序推进。

加强清廉学校建设。学校纪检监察机构发挥"前哨"作用，围绕"人、财、物"等关键岗位，从思想品德、外部环境、岗位职责、权力运行、作风效能和制度机制等方面，深入排查存在的廉政风险点，制定具体的防控措施，及时指出存在问题，跟踪督促整改，切实增强学校领导班子廉政风险防控意识和能力。

## 三、教师队伍建设好

完善师德考评制度。明确将教师政治立场、政治态度、理想信念和思想品德等内容作为绩效评价、评优奖励和人才推荐首要条件，纳入职称晋升、岗位评聘、课题申报、导师年审和出国访学教师的教育管理、纪律约束等环节，实施师德"一票否决制"。

构建长效工作机制。强化"五个着力"，即着力提高思想认识，着力加强制度建设，着力深化价值引领，着力树立师德榜样，着力完善评价考核；丰富"五项活动"，即开展师德规范培训、师德学习提高、师德典型引领、师德故事创作、师德管理创新等活动，使学校教师严守职业道德，静心教书，潜心育人，立德树人，为人师表，不断在教育学习中提升职业理想，在实践中规范职业道德。

选树师德先进典型。评选师德师风先进集体和先进个人，组织开展"最美教师""教书育人楷模""我最喜爱的老师""我心目中的好导师""岗位学雷锋标兵"等"最美师德"主题教育，涵养师德，尊师重教，发挥师德师风引领作用，弘扬教育家精神。学校先后获评陕西省"师德建设示范团队"2个、陕西省"师德标兵"2人、陕西省"最美教师"1人。

### 四、校园文化建设好

校园文化氛围浓厚。把文化育人理念和元素通过校园景观、标语、宣传栏、校史展、主题活动、艺术创作、文艺展演等形式表现出来，使师生思想在充满主流价值观的文化环境中受到熏陶。组织开展全民阅读活动，举办"读经典·爱阅读""书香·润心"读书会等活动，构建书香校园。

文化品牌多元打造。积极加强学校思想文化特色品牌建设。目前，已在全校选树和打造出"书记小喇叭""文心润玉""用外语讲好中国故事""清风化语""艺心向党"等思想文化特色品牌20个，学校思想文化工作呈现出做出品牌、特色凸显、百花齐放的良好局面，先后有5个文化特色品牌建设成效荣获陕西省高校优秀校园文化建设成果奖。

经典作品创作展演。深挖革命文化育人内涵，结合陕西渭南历史文化，推出原创红色话剧《渭华回响》《一张特殊的全家福》，展演经典话剧《共产党宣言》，展播红色原创微纪录片《我的爷爷付自善》，举办红色经典诵读等主题特色活动多项，让红色基因浸润感染师生，让红色文化砥砺熏陶师生。

### 五、校园环境建设好

平安校园坚守底线。学校深入贯彻习近平关于总体国家安全观的重要论述精神，狠抓"平安校园"建设，牢牢坚守安全稳定发展底线，先后组织开展安全教育主题讲座、现场演练等活动20余次，定期召开安全稳定工作会议，健全校园安全稳定日常工作体系。学校荣获陕西省"平安校园"称号。

绿色校园共建共享。加强校园生态环境综合治理，持续推进生态文明校园建设，组织开展"节约粮食，光盘行动"主题活动、"世界水日，中国水周"节水宣传活动、"世界粮食日暨全国粮食安全宣传周"活动、"秋之语——叶与枝的创想"环保制作活动等，大力建设绿色校园，营造绿色低碳校园环境氛围，通过了陕西省绿色校园验收。学校荣获"陕西省节水型高校"称号。

生态环境美丽宜人。加强校园规划和建设，实现校园山、水、园、林、路的使用、审美和教育功能和谐统一，陶冶学生关爱自然、关爱社会、关爱他人的情操。突出地域文化、学科文化、专业文化的展示，美术学专业开展主题美术创作，音乐学专业进行公益歌曲视频录制，学前教育专业组织幼儿舞台短剧等，在师生中开展生态文明教育系列宣传活动。学校荣获渭南市"市级园林式单位"称号。

### 六、活动阵地建设好

筑牢宣传思想主阵地。切实巩固学校宣传思想文化工作阵地，按照"守土有责、守土负责、守土尽责"的要求，加强形势政策报告会、哲学社会科学报告会、研讨会、讲座、论坛、读书会的审批，加强校报、广播电视、宣传橱窗、电子屏以及微信、微博等各级各类新媒体平台的日常管理。

守好网络文明新平台。开展网络文明教育，举办网络文明进校园主题教育、网络安全宣传周等活动，承办陕西好网民故事分享会，传播网络文明理念，展示网络文明风采，形成师生科学、文明、健康、守法的上网意识和习惯。学校电视台荣获"陕西校园好网民（集体）"称号。

建好网络文化工作室。发挥学校官微、官博、学习强国等思想政治工作平台功能，建好大学生网络文化工作室，全力推进新媒体联盟建设，开展网络教育名师培育工程、校园好网民培养工程和高校网络育人优秀作品推选展示等活动，先后推出有影响力的网络名篇名作30余个，多项成果荣获省部级奖项。

下一步，学校文明创建工作做到抓住重点、精准发力、对标提升，不断巩固"六好"文明校园创建成果，持续推动学校精神文明建设工作提质增效，为加快推动学校内涵式、高质量发展，建设特色鲜明的一流师范大学贡献文明创建力量。

（编辑：朱芳转）

# 铸魂·启智·赋能

## ——渭南师范学院人文学院思想文化建设实践

张　晶　周雨坤

（渭南师范学院，陕西 渭南 714099）

近年来，渭南师范学院人文学院持续强化思想政治教育在人才培养质量中的核心地位，结合新时代青年学生思想特点，以学生喜闻乐见的方式，因事而化、因时而进、因势而新开展思想政治教育，力求让思想政治教育变得"有意义""有意思"。以"经典诵读"、网络思政品牌"文心润玉"和面对面答疑平台"与析斋"为抓手，春风化雨、润物无声地开展大学生思想政治教育，同时力求将思想政治教育与专业素养提升有机融合，既实现"五积累"（听说读写诵）、"五优化"（讲辩演创研）人才培养目标，又切实将为党育人、为国育才使命落到实处。

### 一、经典诵读品古今

近年来，学院坚持每周三下午在学校中心广场举行"经典诵读"活动，旨在引导学生在诵读中理解，在诵读中品味，在诵读中感悟，在诵读中传承。诵读篇目选自古代典籍中的经典作品以及建党百年来的红色诗歌，通过诵读将思想政治教育与中文类专业课程相结合，通过诵读激发广大学子的爱党爱国爱校之情，通过诵读引导青年学生进一步增强"四个意识"、坚定"四个自信"、做到"两个维护"。

2021 年是中国共产党成立 100 周年，诵读主题为"赓续红色血脉 争当时代传人"；2022 年是党的二十大召开之年，主题为"喜迎二十大 永远跟党走"；2023 年是学习贯彻习近平新时代中国特色社会主义思想主题教育关键之年，主题为"奋进新征程 建功新时代"；2024 年是中华人民共和国成立 75 周年，主题为"忆峥嵘岁月 颂家国情怀"。

（一）在经典诵读中传承优秀传统文化

学院坚持开展经典诵读活动，将中华优秀传统文化融入丰富的第二课堂活动中，挖掘与诠释中华经典文化的内涵及现实意义，引领青年学生更好地熟悉诗词歌赋、亲近中华经典，更加广泛深入地领悟中华思想理念、传承中华传统美德、弘扬中华人文精神。例如，2024 年 3 月 15 日，举行"忆峥嵘岁月 颂家国情怀"庆祝新中国成立 75 周年经典诵读活动第一期，主题是"春日序曲，向阳而生"，诵读篇目为《春江花月夜》《我和春天有一个约会》，师生相约在春天的诗里，感受草木萌动、万物复苏，感受新的开始与新的希望；2023 年 6 月 21 日，举行"我们的中国节·端午"暨 2023 年度第四期"奋进新征程 建功新时代"经典诵读活动，诵读篇目为《离骚》选段和《屈原颂——生死交响》，在诵读中向伟大的爱国主义诗人屈原致敬，在诵读中感悟屈原爱国忧民、清正廉洁、宁死不屈的气节和风骨，在诵读中凝聚勇往直前的奋进力量。

（二）在经典诵读中激发爱国主义精神

诵读活动是一种有效的爱国主义教育形式，帮助大学生更深刻地理解和感受中华文化的博大精深和独特魅力，从而增强民族自豪感和爱国情怀。例如，2023 年 12 月 13 日，举行"奋进新征程 建功新时代"2023 年经典诵读活动第八期，主题是"勿忘国殇，吾辈自强"，诵读篇目为《公祭，以国家的名义》《和平宣言》。正值第十个法定的南京大屠杀死难者国家公祭日，师生以诵读的形式追思历史、感念英烈，向为国捐躯、为民族做出重大贡献的英雄先烈致以崇高的敬意，同时，也更进一步激励师生传承和发扬先烈们的爱国主义精神。

（三）在经典诵读中怀念英雄、铭记历史

学院还会根据重要事件和重要时间节点选取相关诵读篇目举办诵读活动。例如，2021 年 5 月 22 日，袁隆平院士逝世，5 月 26 日学院举行悼念袁隆平院士暨第五期"赓续红色血脉，争当时代传人"红色经典诗文诵读活动，通过《七律·到韶山》《妈妈，稻子熟了》两篇诗文的诵读，引导全体学生铭记历史、铭记英雄、学习英雄、淬炼灵魂，在不懈奋进中创造更加辉煌灿烂的明天。

学校主要领导也参与到人文学院的经典诵读活动中来，与学院师生共同诵读。2023 年 4 月 25 日，《中国教育报》第 1 版"要闻"刊发《渭南师范学院人文学院开展"书香人文"系列活动：以红色经典诵读浸润学生心灵》，让书香浸润校园，逐步打造良性的诵读环境，确保红色基因代代相传。

**二、话剧排演悟人生**

学院指导学生先后排演经典话剧《雷雨》《屈原》《人生》和红色题材原创话剧《一张特殊的全家福》，将专业课程学习与思想政治教育相结合，将所学的专业知识运用到实践中，提高学生的实践能力和创新能力，深入了解社会问题，增强爱国主义情怀。

（一）在话剧中增强家国意识

话剧的成功排演，能够让学生进一步感受中国革命历史和社会变迁，更深刻地理解新中国成立的艰辛过程，进一步增强国家意识和社会责任感。2019 年 1 月 1 日晚，学院经典话剧《雷雨》在学校陶然楼演艺厅成功首演，两个多小时的演出中，掌声不断。此后，更是在渭南市部队、中小学等成功演出多场。将话剧《雷雨》搬上大学校园的舞台，不但传承了中国经典文化，为观众献上了一场精彩的文化盛宴，同时也体现了人文学院的文化特色，提升了学院学生的专业技能，营造了浓厚的校园文化氛围。

（二）在话剧中增进文化自信

话剧的成功排演，能够帮助学生学习和领会中华民族的优秀传统文化，促进文化自信和文化认同。2019 年 6 月 5 日，正值端午节前后，学院经典话剧《屈原》在陶然楼演艺厅全校首演。2019 年，正值中华人民共和国成立 70 周年，为了怀念为建立新中国做出巨大贡献和牺牲的革命先辈和先烈，怀念中国历史上伟大的爱国诗人屈原，培育当代大学生的爱国情怀，引导学生践行社会主义核心价值观，学院师生耗时 6 个月全力打造爱国主义题材话剧《屈原》，话剧全部演员来自人文学院 2018 级学生。

（三）在话剧中激发奋斗精神

话剧的成功排演，能够让青年学生进一步体会话剧人物不屈不挠、艰苦奋斗的精神，从而激发青年学生的奋斗意志，为个人的成长和国家的发展贡献力量。2019 年 12 月 26 日，学院在陶然楼演艺厅举办"纪念路遥诞辰 70 周年暨经典话剧《人生》展演"活动。2019 年是路遥 70 周年诞辰，为了纪念路遥，激励青年学子向上向善、自强不息，学院耗时 5 个月，根据著名作家路遥同名小说改编话剧《人生》。人文学院师生自编自排自演话剧《人生》，是对作家最好的纪念方式，是对路遥奋斗精神的自觉传承，必将促进青年学子对路遥作品的接受，引导青年学生将奋斗精神转化为人生的不竭动力。

（四）在话剧中传承红色基因

话剧的成功排演，能够进一步讲好红色故事、讲好革命故事，让学生更加生动地了解党的光辉历程和革命精神。2021 年 5 月 28 日晚，学院在陶然楼演艺厅举行"天地英雄气 千秋尚凛然"——原创话剧《一张特殊的全家福》首演活动。2024 年 3 月 19 日，《一张特殊的全家福》经完善后再次登上舞台，并在渭南市中小学、驻地部队等地进行多场演出。

《一张特殊的全家福》是学院师生根据共产党员温济厚烈士的真实事迹创作的原创话剧。话剧讲述了渭华起义的领导者之一、革命烈士温济厚不忘初心，为党和人民的解放事业献出宝贵生命的感人事迹。该话剧为 4 幕剧，导演、编剧、演员均为人文学院师生，从 2023 年 3 月开始剧本打磨，10 月选角，历经 30 多次集中排练，以话剧的形式讲述了革命烈士温济厚舍身报国的动人故事。

铭记历史、铭记英雄，讲好发生在渭南这片革命热土上的红色故事，是学院将学习"习近平新时代中国特色社会主义思想主题教育"与大学生思想政治教育高度融合的有力举措。旨在通过讲述红色故事，让当代大学生深刻认识到红色政权来之不易，吃水不忘挖井人，感党恩、听党话、跟党走，让红色基因代代相传，确保红色江山永不变色。


三、"文心润玉"浸心田

面对互联网给思想政治工作带来的变化和影响，学院主动适应互联网时代的新要求，充分利用新媒体平台，开设网络思政专栏"文心润玉"，精准发力提升思政教育网络话语权。该专栏根据新生代大学生的性格特点，以学生喜闻乐见的题材、通俗易懂的语言积极占领网络思想宣传文化主阵地。

该专栏 2020 年 9 月依托"渭师院人文院"微信公众平台创建，目前有 3

个子栏目，截至目前已推出原创文章 20 余篇、《为你读诗》10 余期、《悦读史记》5 期，是学校 2022 年思想文化特色品牌重点建设项目。

（一）"文心润玉"原创文章

"文心润玉"原创文章根据热门影视剧、热门电影等话题选取行文角度，对其中包含的现象进行解读。例如，以热门电影《长安三万里》为主题，提出"我们如何才能抵达心中的'长安'"这一问题，并对影片中第一男主高适进行分析，教育引导青年学生要怀有"始终如一，理智、清醒、自持、自洽，有节制、有反省以及不懈的努力与坚持"，才能够抵达心中的"长安"。以热播剧《狂飙》中爆火的演员张颂文为题，从"坚持""热爱""认真"三方面浅析张颂文爆火的原因，结合张颂文本人蛰伏多年、厚积薄发获得认可的故事，鼓励同学们磨炼品质、锻炼心性、认真坚持，为自己的梦想付出努力。

专栏依据社会热点，及时通过撰文在网络平台上主动发声，弘扬主旋律。以网络热门话题"大学生特种兵旅游"为题，结合大学生在周五晚上或双休日清晨出发，打卡各大景点后，在周一早上赶回教室上课的"特种兵"实际情况，从"快就是慢""慢就是快"两方面对"大学生特种兵旅游"现象做出分析和解释，并鼓励同学们只有慢下来才能静下来，只有静下来才能沉下来。以网络热门话题"孔乙己文学"为题，深入剖析造成"脱不下的长衫"问题的原因，从"读书、实践和就业"三者之间的联系入手，结合习近平总书记对青年学生提出的殷切希望，在提出问题、引起反思的同时，又给青年学生以帮助和启示。

在特殊节日，"文心润玉"也会撰写文章及时做出思想引领，引导学生树立正确的价值取向。例如，根据 3 月主题"妇女节"，以"写给最美的人文女神"为题，以"悦己""坚韧""破浪"3 个关键词为线索，向所有女性传递力量。在浓情 5 月歌颂母爱、歌颂祖国母亲，结合学生专业知识，用"慈母手中线，游子身上衣""哀哀父母，生我劳瘁。无父何怙？无母何恃？""可怜梁上燕，一巢生四儿。四儿日夜长，索食声孜孜"等诗句切入，唤起学生对母亲的感恩之情。

同时，"文心润玉"还重视学生原创文章，不仅能够提升学生的文学素养，还能促进他们的自我成长和相互学习。例如，学生读唐代诗人孟郊的

《观种树》有感，体悟到对生命的坚守和对美好与希望的坚持。作者从大家耳熟能详的影视剧人物袁湘琴、江直树入手，鼓励大家"选一条追光的路，哪怕这条路注定艰难，但坚持追光的人，终会光芒万丈"。

（二）《为你读诗》诗歌诵读

学院"文心润玉"专栏《为你读诗》子栏目，让学生在诗词歌赋、吟诵朗读中体会诗词之美，感受中华优秀传统文化的魅力，让中华诗词文化在朗读中生生不息。《为你读诗》子栏目旨在引导学生读经典、读原典，截至目前共推出 11 期《诗经》诵读节目，如《国风·周南·关雎》《小雅·鹿鸣》等篇目，通过诵读、解析，感受诗歌之美。2024 年，"为你读诗"围绕二十四节气相关诗词和人教版中小学语文课本中的古诗词进行诵读赏析，如《踏莎行·雨霁风光》《山村咏怀》，并计划以视频微课形式讲解经典古诗词，引导学生深入学习中华优秀传统文化知识，进一步提高师范生专业技能，力求为普及古典诗词尽一份绵薄之力。

（三）《悦读史记》史记科普

学院《文心润玉·悦读史记》栏目以微视频的形式、讲故事的方式叙述《史记》中所蕴含的家国情怀和理想抱负。该栏目是学院"文心润玉"育人工作室将学生专业理论学习和具体实践相结合的全新栏目，也是打造"大思政"格局，提升育人合力的又一次有益尝试。《悦读史记》栏目将会有针对性、系统性地研读经典，建立体系、组成团队，产生规模效应，以"小切口，大视角"将《悦读史记》栏目打造成人文学院"新文科"建设的特色品牌。

**四、"与析斋"里解疑惑**

"与析斋"出自陶渊明《移居》"奇文共欣赏，疑义相与析"，意为探讨学问之处，是学院于 2019 年开设的线下面对面答疑平台，源于对当前教育环境中学生个性化需求的关注。学院注意到，尽管学校教育提供了坚实的知识基础，但学生在成长过程中遇到的诸多困惑往往需要更多的关注和指导。因此，"与析斋"应运而生，围绕学生关心关注的问题、学习就业疑惑以及身心健康方面问题，每周定期选派高职称、高学历的教师和各行各业的校外专家学者为学生答疑解惑，和学生敞开心扉交谈，和学生交朋友，帮助学生解决成长和学习中的疑惑，鼓励学生立志成才、潜心读书，充分运用自己的学识魅力和人格魅力，在润物无声中打动学生，做学生思想的"引路人"，截至目前已经成功举办 30 余次。

（一）解答学生考研、考公问题

"与析斋"围绕学生考研、考公等学习就业问题，邀请校内外专家学者为同学们答疑解惑。例如，2024 年 3 月 6 日，学校领导做客"与析斋"与学生交流畅谈，以"如何把公文写成美文"为题，从怎样把握公文特点、如何写出高质量公文、如何提高公文写作能力三方面，举例生动、深入浅出地分享了公文写作技巧、写作要点和写作要领。2024 年 3 月 27 日，市委办公室工作人员以"公务员需要具备哪些能力"为题与同学们面对面交流畅谈，就公务员日常工作、着装礼仪、会务礼仪等细节问题进行了分享。

（二）解答学生专业学习问题

"与析斋"根据学院不同专业学生面临的学习问题，有针对性地邀请经验丰富的老师学者与同学们交流，提供经验指导。例如，2022 年 11 月 16 日，邀请学院师范生技能竞赛指导教师以"师范生如何备课、说课、讲课"为题与同学们进行深入的面对面交流。2023 年 4 月 26 日，邀请渭南小学教师以"如何成为一名优秀的班主任"为题与同学们面对面交流，就如何进行课堂管理、如何上好一堂语文课、如何培养学生的阅读习惯、如何与家长沟通相处等问题——进行了解答。2023 年 10 月 11 日，邀请《渭南日报》社编辑以"如何写出一篇优秀的新闻稿"为题与同学们面对面交流，积极提升学生的新闻素养和写作能力。

（三）解答学生关心关注问题

"与析斋"持续收集学生最新关心关注的问题，选取普遍性较高的问题，及时为学生解决疑惑。例如，2023 年 9 月 21 日，学校领导以"开学第一课：如何快速适应大学生活"为题与 2023 级新同学面对面交流畅谈，对新生的适应性问题进行耐心细致的解答，并有针对性地给出了意见和建议。

五、结语

人文学院坚持将思想政治教育贯穿人才培养的全过程，构建了"铸魂（思想政治教育纵向深化）—启智（专业培养横向配合）—赋能（教育家精神培育）"为一体推进的中文类专业大思政教育新模式，实现了中文类专业思政教育"课内课外覆盖""校内校外贯通""线上线下联动"的"大思政"工作格局。学院将持续推进"铸魂·启智·赋能"思想文化建设工程，落实"立德树人"根本任务，不断提升思政育人、人才培养水平，为把学生培养成德智体美劳全面发展的社会主义建设者和接班人而不懈奋斗。

（编辑：朱芳转）

《中国教育报》渭南师范学院人文学院开展"书香人文"系列活动

# 以红色经典诵读浸润学生心灵

■推动青少年学生读书行动进行时

"读《青春之歌》，我看到青年知识分子在中国共产党的领导教育下，不断更新自己，摆脱旧思想束缚，在民族危亡时刻挺身而出的最美青春模样。"近日，渭南师范学院人文学院学生雷茜羽在"红色经典读书分享会"上分享读书体会。近年来，人文学院有机融合"全民阅读"和大学生思想政治教育，开展"书香人文"系列活动，多举措引导学生多读书、读好书、好读书。

据悉，10年来，人文学院坚持每周三下午在学校中心广场举行"红色经典诵读活动"，成为渭南师范学院一道亮丽的风景线。人文学院还制定《百年百部红色经典书目》，邀请校内外知名专家学者以学术报告的形式对红色经典书籍进行导读；每月在不同专业、不同年级开展"红色经典读书分享会"，学生结合自身和当下分享读书感悟；开设"与析斋"工作室，选派党员骨干教师和学生一起阅读红色经典，并为学生答疑解惑。

为让思政教育从高校走向社会，人文学院组织学生排演经典话剧，在校内、驻地部队、中小学等场合公演。以渭华起义革命烈士温济厚为原型的原创话剧《一张特殊的全家福》，成为思政教育独特案例。饰演温济厚的学生徐子涵说："我也参与了剧本的采访挖掘与写作，从内心深处明白，今天的幸福生活来之不易。实习期间，我将烈士的故事讲给我的学生听。"

　　该院还创新结合线上方式，创建网络思政专栏"文心润玉"，选取经典书籍、热门影视剧引导学生读经典，让书香浸润校园，确保红色基因代代相传。

　　（2023 年 04 月 25 日《中国教育报》第 1 版，本报通讯员：李三岗、张晶）

# 艺术思政　以美育人　培根铸魂

——渭南师范学院音乐学院思想文化建设实践

白　锐　梁　君

（渭南师范学院，陕西 渭南 714099）

文化建设是大学精神映射和延展的重要内涵。高校思想政治工作在实现"两个一百年"奋斗目标、实现中华民族伟大复兴的中国梦，培养又红又专、德才兼备、全面发展的中国特色社会主义建设者和接班人方面发挥着决定性作用。将思想政治教育和校园文化建设相结合，是新时代高校加强思想政治工作的重要举措，不仅丰富了高校学科专业建设和思想政治教育的内涵，而且在青年大学生人格完善、价值观塑造、文化素养提升等方面有着潜移默化、润物无声的积极作用。

## 一、建设思路

渭南师范学院音乐学院思想文化建设，根据学科和专业优势，按照不同专业不同课程自身建设的规律和要求，实施"艺术课程思政"教育教学改革，采取多种措施挖掘课程思政元素，坚持课堂教学和实践教学相结合，坚持课堂教学与舞台展演相结合，潜移默化地将思政教育元素融入日常教学中，做到"艺术+思政"的有效对接。

1. 用好课堂教学这个主渠道。教师在教授学生演唱、演奏技巧的同时，选取优秀的、反映时代主流价值取向的作品，借助艺术作品中蕴含的深刻教育意义，提升和坚定学生的家国情怀、理想信念，增强学生的社会责任感和文化自信。

2. 用好实践教学这个大平台。以爱国、爱党、爱校为主题，结合专业实践教学，鼓舞师生创作优秀的、反映时代主流价值取向的、弘扬正能量的原创音乐舞蹈、话剧作品进行展演，激发学生的创作能力和爱国热情。

3. 增强提升教师"育德意识"。培养教师的"育德能力"，促进教师养成在课程教学中主动研究、加强思政教育、文化传承的自觉意识。将思政教育元素融入日常教学中，讲好红色艺术作品背后的中国故事，培育青年大学生的文化自信。

## 二、具体做法

（一）加强思想引领，夯实信仰根基

1. 强化理论学习，坚定理想信念

音乐学院将师生的思想政治教育纳入意识形态重要工作领域，坚持正确的舆论导向，用社会主义主流价值观引导教育师生。每月定期召开政治理论学习研讨会、理论学习中心组集中学习、支委会，组织全体师生党员开展集体学习研讨，结合时政编制分发学习材料，筑牢党员干部理论之基。注重对青年学生开展形势政策教育，以总支书记、支部书记、辅导员进课堂、讲党课的形式，引导学生清醒认识国际国内形势发展变化，支持、拥护党和国家的各项决策，树立正确的历史观、民族观和国家观，维护国家主权、安全和发展利益。

2. 探索隐性教育，推动学做融合

在广大团员青年中开展"为祖国歌唱"主题团日活动，通过唱红歌、歌手大赛等形式，引导师生歌唱祖国、致敬祖国、祝福祖国。在重要时间节点、重大节日，组织教师、学生代表集中观看阅兵式、升国旗、《榜样》系列纪录片等，通过隐性的仪式礼仪教育，激发广大师生的民族自豪感。注重发掘中华优秀传统文化的教育意义，运用中华优秀传统文化教化学生，在表演专业学生中开展"修艺先修德"《弟子规》诵读活动，引导学生规范言行，做知文守礼、尊师重道的新时代青年。发挥传统文化的指引、约束和规范作用，为学生终身发展奠定坚实的基础，增强学生对中华优秀传统文化的归属感、认同感。

3. 注重实践教育，推动以行促智

学院从思想政治教育实践和载体上着手，改变传统讲授的教育方式，使学生在社会实践中直观地接受爱国主义和理想信念教育。学院结合主题党日活动，组织师生参观渭华起义纪念馆、军事博览园、瓦子街战役烈士纪念馆，以教学实践的形式观看《12·12》西安事变话剧演出，开展暑期"三学一观"爱国主义教育活动，鼓励师生读红色经典著作、观看红色影视作品、学唱红歌、参观身边的爱国主义教育基地，以亲身实践体验中国共产党带领全国各族人民顽强奋斗，实现民族独立、国家富强的光辉历史。利用红色资源、发扬红色传统，坚持"走出去"，将对师生的理想信念培养外化于个人的实践感受之中。

（二）分享红色经典，培植家国情怀

1. 利用网络思政平台，传播红色经典故事

音乐学院在微信公众号"音苑新声"推出《渭南师范学院音乐学院邀您欣赏》系列专栏作品，节选经典红色歌舞剧、话剧作品，解读经典艺术作品的创作背景、表演技巧、发掘背后的中国故事。在微信公众号中开设《初心永固　学史明志》党史知识宣传专栏，截至目前共推送48期，以传播党史故事、分享红色经典为主要内容，发挥党史故事的育人作用。推出由师生共同参与制作的《清晰的记忆》红色革命故事诵读专栏，截至目前共推送27期，分享建党100年来的优秀人物故事、诗词作品。推出由师生共同参与制作的《习语润心》学习诵读专栏，回顾、学习、宣传习近平总书记的重要讲话精神，引领青年学子在实现中华民族伟大复兴的漫漫征途上，不忘初心、牢记使命，齐心协力、阔步前行。

2. 打造"音乐微党课"，使党史故事深入人心

学院建立了以总支委员、优秀青年教工党员为主体的音乐微党课创作团队，以《东方红史诗》剧目为蓝本，录制《经典艺术作品中的百年党史》微党课6期，通过诠释经典红色剧目的创作背景、时代价值，将音乐艺术与党课有机融合，用音乐上党课、用历史明大道、用艺术讲政治，诠释党的性质和宗旨，再现党的奋斗历程，使师生在音乐和歌声中感受党史、了解党史、理解党史。

（三）唱响红色歌曲，演绎红色故事

1. 传唱百首红歌，永续精神血脉

学院在青年学生中开展"每周一歌"红歌传唱活动、"初心永固、学史明

志"百首红色经典传唱活动，通过线上线下相结合的方式，精选 100 首红色经典音乐作品，通过多场传唱活动，歌颂党的百年历史，传承党的精神文化，发扬红色基因，弘扬时代主旋律，激发学生的爱国主义情怀和青春风采。

2. 演绎党史故事，践行青春誓言

学院在红色文化传承活动中创新艺术实践载体和方法，拓展学习内容，将爱党爱国爱社会主义的家国情怀融入艺术实践活动中。发挥表演专业优势，开展《献礼建党百年　不忘青春誓言》——话剧《共产党宣言》展演活动、《百年青春　强国有我》舞台剧展演，展演活动增进师生们对党的光辉历程的了解，激发广大师生的社会责任意识与爱党爱国情怀，使青年学生在党史学习中汲取精神力量，传承红色基因，践行青春誓言。

（四）创作原创作品，激扬青春力量

学院秉承"艺术实践培根铸魂"的理念，搭建艺术思政教育平台，鼓舞师生创作优秀的、反映时代主流价值取向的、弘扬正能量的原创音乐舞蹈话剧作品，开展浸入式、渗透式、启发式的"隐性教育"，激发学生立志专业成才报国的精神。坚持课堂教学和思政教学相结合，着力打造《青春·使命》系列原创文化活动品牌。

1. 以音诵情，以乐明志

学院以培育和践行社会主义核心价值观为根本，结合党和国家重要活动主题，突出活动的思想性、政治性、文化性，开展"不忘初心、牢记使命"主题教育《青春·使命》原创作品大赛。师生创作 70 首原创音乐作品，表达对"初心与使命""青春与担当""理想与信念"的理解和对祖国的赞颂之情。所有原创曲目均倾注了师生们的专业素养、艺术激情与创作智慧，涌现出诸多优秀作品。

2. 以乐抗疫，用爱发声

新冠疫情暴发期间，学院在师生中开展以"众志成城、共克时艰"为主题的《青春·使命》原创作品大赛，共甄选 64 首原创歌曲辑印成册，创作出《青春·使命》抗击疫情原创音乐作品集。师生用扣人心弦的歌声传唱着中国人民和中华民族铸就的生命至上、举国同心、舍生忘死、尊重科学、命运与共的伟大抗疫精神。

### 3. 学史明志，初心永固

在党史学习教育之际，学院开展"学史明志　初心永固"为主题的《青春·使命》原创作品大赛，评选出 100 首优秀原创作品。将音乐艺术与党史学习教育有机融合，变"理论灌输"为"共情感染"，坚定"听党话、感党恩、跟党走"的决心与信心，将培养爱国、励志、求真、力行的青年期望融入日常的课堂教学中。

### 4. 以学铸魂，笃行建功

在学习贯彻习近平新时代中国特色社会主义思想主题教育期间，学院鼓励师生创作以反映新时代十年党的伟大变革取得的重大成就、时代楷模的光辉事迹、新时代教育工作者胸怀"国之大者"，为党育人、为国育才的使命担当和青年爱党爱国爱社会主义的家国情怀和青年本色为主题的音乐作品 70 余首，筑牢青年学子信仰之基、补足精神之钙、把稳思想之舵。

### 5. 实践育人，以美培元

学院组织开展"艺术思政"大学生艺术团实践教学汇演、教学竞赛、"唱支山歌给党听"课程思政音乐会、"红色印记"庆祝中国共产党建党 100 周年音乐会，举办第一届音乐学院"美育"艺术实践月活动，以博士讲堂、名家讲座、主修生汇报音乐会、实践教学演出、毕业生音乐会为主要内容，将学科专业教学、社会实践和创新教育联动互通，实现了以美育人、以美化人、以美培元思想的有机融通，在审美参与和艺术实践中提高了学院美育的成效。在演中学、在演中悟，实现了艺术课程思政建设同红色文化传承，同思想教育的深度融合。

### （五）发掘榜样事迹，激发奋进力量

学院制定青年教师导师制度，发挥老教师的传帮带作用，引导青年教师发扬无私奉献、笃行育人的精神，做有理想信念、有道德情操、有扎实学识、有仁爱之心的好教师。在学生中开展"我心中最美的教师"网络评选，发掘身边优秀教师的典型事迹，以榜样的力量鼓舞师生，引导广大教师践行爱岗敬业的教师风范，坚守教书育人的初心和使命，教育青年学生刻苦学习，简朴生活，掌握过硬专业知识，践行爱国奋斗、建功立业的时代号召。

### 三、成效反响

（一）以创作、唱响、演绎原创作品提升人才培养质量

音乐学院通过发挥红色文化对青年学生的思想引领、文化引领、意识引领、创新引领和组织引领作用，从欣赏红色经典歌舞剧、唱响红色歌曲、创作原创作品、开展艺术实践、录制音乐微党课等方面加强师生对红色文化的学习传承，以欣赏、唱响、创作、演绎红色旋律、红色作品为主线，促进青年学生的理想信念铸就、精神血脉赓续。其中《青春·使命》系列原创作品展演活动取得了显著效果，通过开展丰富多彩的系列原创活动，发挥学生的艺术特长，激发了学生对专业的热爱。真正实现了"艺术可感，育人无形"的良好校园育人环境。近年来学院《青春·使命》系列原创作品刊印4册，收集作品300余首，活动成效荣获陕西省高校校园文化建设优秀成果三等奖。同时原创作品展演也受到了省、市、校级领导的高度关注，被《人民日报》陕西网、今日头条、新浪微博、《文化艺术报》《三秦都市报》、中国教育在线、华商网、荣耀渭南网等多家媒体报道或转载，其中以"时代楷模"黄文秀的感人事迹为原型创作的原创话剧《誓言》，在演出中博得阵阵掌声，受到观众的一致好评。

（二）发挥专业特色，服务地方文化发展

近年来，学院大学生实践团与白水县、大荔县、潼关县文旅部门开展产学研合作，编排文旅舞台情景剧、组织文化文艺下乡等活动30余场次，为当地人民带来了自编自创的舞蹈、二胡竹笛等优秀节目。师生用文艺演出的方式生动地宣传党和国家的政策，传递党和政府对当地人民的支持和关怀，带动乡村文旅事业发展、文创帮扶效益日渐凸显，更好地服务地方发展，助力乡村振兴战略。学院大学生艺术团的师生带着歌舞《想家的时候》《锦绣前程》《凤求凰》《绣红旗》等原创作品走进中国人民解放军驻渭某部队、陕西省委党校，走上渭南市新春晚会的舞台。选拔优秀学生参与陕旅集团"长恨歌"项目、《12·12》话剧实践演出实习，全年完成演出390余场，为学生提供更为广阔的艺术平台。

（三）以实践教学，践行立德树人使命

学院利用教学实践积极推进文化传播，先后与渭南市瑞泉中学、渭南市高新中学、渭南小学、渭阳中学、澄城县城关中学建立"大中小美育一体化

实践基地"，选派学院优秀师生深入中小学第二课堂、社团开展美育课程教学、排练、演出等活动，落实立德树人根本任务，探索实践德智体美劳全面发展的学生综合素质教育培养路径与方法。学院坚持在实践教学中提升学生的专业素养，人才培养质量不断提高。学生在国家、省市各级教学比赛、专业比赛、艺术展演中屡获佳绩，在全国大学生艺术节、艺术展演等大型比赛和全省普通高等学校音乐教育本科专业学生基本功比赛中荣获各种奖项 400 余项，社会反响良好，影响力不断提升。

音乐学院通过艺术思政探索高校服务社会、服务地方的新途径。创新优化思政教育新机制，打造艺术类专业思政教育新体系，让艺术实践成为思政教育、文化建设的催化剂。利用原创作品大赛系列活动、艺术课程思政系列活动、专业实践技能拓展系列活动完善思政育人、文化育人、实践育人、创新育人的长效机制，将专业教育成果与文化传承相结合，不断提高思政教育、文化建设能力，使学校成为孕育文明的摇篮。以艺载德、以艺促智，充分发挥艺术教育的美育功能，为培养理想高远、信念坚定、专业扎实的优秀人才砥砺前行。

（编辑：朱芳转）

# 把红色资源融入高校大学生思政教育

——渭南师范学院美术学院思想文化建设实践

石海彬　徐　宁

（渭南师范学院，陕西 渭南 714099）

"渭师美院""美院美画"作为渭南师范学院美术学院"一院一品"思想文化特色品牌建设的重要平台，始终坚持以习近平新时代中国特色社会主义思想为指引，以加强"美院美画"特色品牌建设统领学院思想政治教育和校园文化建设，落实立德树人根本任务，实践"三全育人"综合改革。

美术学院于 2021 年在渭师美院公众平台推出"美院美画"栏目，结合学院专业特色，以建党百年、红色经典画作、富平及周边红色文化资源、喜迎党的二十大等为主题，通过红色主题画作讲解和红色主题插画的形式，专题介绍红色资源和红色故事，深入开展大学生思政教育和学院文化建设，塑造爱国主义教育引领高校大学生思政教育的良好生态。截至目前，共推出作品93 期，阅读量达万余次。

## 一、背景与意义：寻红色经典之思想精髓，悟红色精神之思政力量

学院始终坚持把实践育人作为落实高校大学生思政教育的重要抓手，积极打造新时代爱国主义实践育人新范式，着力教育引导广大青年学生在广阔的红色教育天地中感悟思想伟力、厚植家国情怀、激发挺膺担当。

"渭师美院""美院美画"栏目建设内容分为两部分。第一部分为红色主题画作讲解篇，邀请专业教师、学生等来讲解和分享红色主题画作的内容、表现手法以及背后深意，使得读者对红色主题画作有基本的认识的同时，引发其深度思考；第二部分为红色主题插画篇，通过挖掘富平县及其周边的红

色故事，并在专业教师的指导下，创作者亲身进入爱国主义教育基地，感悟红色故事背后的思政力量，在此基础上开展创作，在创作中感受红色故事的教育意义。

红色主题画作讲解篇先后以《论持久战》《转战陕北》《抗联组画——生存》《广州起义》《三大主力会师》《毛泽东会见尼克松》等红色题材的优秀画作为讲解范本，让读者在欣赏画作、认真听讲的过程中，感悟革命岁月的艰辛和当今生活的来之不易，更好地让青年学生感悟红色画作背后的思政力量。

红色主题插画篇先后以《从工农红军到国民革命军第八路军》《渭华起义在华县》《陈乔年　陈延年的革命精神》《中共中央关于陕甘宁边区范围与国民党之谈判》《张思德入党故事》等红色主题故事为创作源泉，学生通过插画的形式，将红色故事发生的关键节点生动地表现出来，从而在创作过程中领悟红色故事背后的思政力量。

（一）价值向度——"美院美画"与铸魂育人的深度契合

高校大学生思政教育要牢牢把握理想信念教育这一主线，教育引导青年学生坚定对马克思主义的信仰、对中国特色社会主义的信念、对实现中华民族伟大复兴中国梦的信心，深入理解和把握习近平新时代中国特色社会主义思想的世界观和方法论。"渭师美院""美院美画"就是通过让青年学生深入学习红色文化教育，实地走访爱国主义教育基地等形式，积极践行"有理想、敢担当、能吃苦、肯奋斗"的时代要求，将知与行的足迹刻在祖国大地上，肩负起强国建设、民族复兴的时代重任。

（二）文化载体——"美院美画"与思政教育的有机耦合

"渭师美院""美院美画"秉承"不忘初心、牢记使命"的责任担当，在探寻走访红色经典中不断融合高校思政教育元素，在绘制和凝练中汇聚红色文化传承的当代力量。在"渭师美院""美院美画"品牌平台的创建和推广期间，美术学院积极组建团队，构建以学院院长为总策划、学院党总支副书记为执行策划，以具有设计专业背景的教师为设计指导老师，以具有思想政治教育专业背景的教师为文本指导老师，并从学院各专业分别选取优秀学生组成"渭师美院""美院美画"创作团队，这些做法对挖掘和传播红色经典中的思政元素，教育引导师生感悟红色文化力量起到了重要的积极作用。

（三）探索创新——"美院美画"与以美育人的协同提升

作为美术学院以美育人实践的重要探索，"渭师美院""美院美画"坚持以美育人、以美化人，积极弘扬中华美育精神，引导青年学生自觉传承和弘扬红色文化，全面提升青年学生的审美和人文素养，增强文化自信。以"艺术+思政"为基本路径，不断提升课程思政教育水平。以思政理念为先、美育实践相辅，搭建"思想教育""日常管理""品牌活动"三位一体的思政教育模式。把传承文化基因、培育爱国情怀作为德育工作的出发点和落脚点。通过组织师生学习党史、参与红色主题插画创作、瞻仰革命烈士陵园、讨论分析优秀红色文学作品等，多途径、多形式将思政教育与艺术教育有机结合。

**二、探索与实践：融红色经典之初心使命，聚红色传承之当代力量**

实践育人重探索。学院深入开展和实施思政工作"进头脑、进课堂、进公寓、进网络"的"四进"机制，将"美院美画铸魂育人实践研究基地"设于学校富平校区学生公寓楼。同时，将红色作品学习视频和党史绘作品完美融合，通过让青年学生亲身视听红色画作讲解和现场观摩党史绘作品，切身体会百年党史的筚路蓝缕，深刻感悟百年党史的历久弥坚。

（一）思想引领铸魂，宣讲有声有色

打造美术学院大学生思政教育品牌"金课"。学院全体党员领导干部、辅导员、专任教师深入研究大学生思政教育规律和课程思政相关内涵和要求，将思政教育、专业教育放在整个学科体系中认识和把握，充分运用案例式、体验式等形式，以鲜活的语言、真挚的感情，把道理讲深、讲透、讲活，注重引导学生深入了解富平县及周边的红色文化资源，使学生在内心深处产生共鸣，全面深刻地理解教学内容，真正做到入脑入心。

2023 年 3 月，为深入学习宣传贯彻党的二十大精神，充分发挥辅导员作为青年学生知心人、热心人、引路人的重要作用，引领青年学生把思想和行动统一到党的二十大精神上来，学院辅导员宣讲团面向全体班级、全院学生开展党的二十大精神宣讲和学习《中国共产党章程》等活动。

（二）聚焦学生实际，创新教育方式

2013 年 6 月，习近平总书记在主持中共中央政治局第七次集体学习时强调："历史是最好的教科书。学习党史、国史，是坚持和发展中国特色社会主义、把党和国家各项事业继续推向前进的必修课。"红色资源承载着厚重的党史文化，凝结着民族和时代精神，是对中华优秀传统文化的传承与发展。

一幅幅红色主题故事的插画创作，都是美术学院学生平时以红色文化资源学习为基础创作而成的。其中既有我国革命、建设、改革中的重大事件，也有中国特色社会主义实践取得的历史性成就；既有关于理想信念的宏大叙事，也有身边小事小景的体验感悟。同学们通过红色题材插画的形式，主动探索共产党人的初心和使命，增强自身理想信念。

（三）深植红色基因，凝心铸魂育人

美术学院创建的思政育人平台栏目"美院美画"，是构筑党建引领下的理论育人和实践育人的新探索。学院以"美院美画"平台栏目全面统筹各方面的育人资源和育人力量，推动实现知识教育与价值塑造、能力培养有机融合。积极发挥教师队伍"主力军"、红色党史"主战场"、学生创作"主渠道"作用，实现学院各类课程与思政教育同向同行，形成协同效应，达到思政教育"润物无声"的效果。

2023年5月，学院举行富平庄里试验区一二〇师抗日誓师纪念地爱国主义基地揭牌活动，组织师生瞻仰八路军一二〇师抗日誓师纪念碑并敬献花圈，大家集体参观一二〇师抗日誓师陈列室，在广场举行誓师体验，深切缅怀老一辈共产党人的丰功伟绩，重温烽火硝烟的红色历史。

2023年6月，学院举行陕甘边革命根据地照金纪念馆爱国主义基地揭牌活动，组织师生瞻仰陕甘边革命根据地纪念碑并敬献花圈，集体参观照金纪念馆，在照金1933主题广场开展重温入党誓词活动。

### 三、总结与展望：创"一院一品"之美院特色，淀渭师文化之育人力量

利用红色资源优势，聚焦问题导向，作为弘扬伟大建党精神铸魂育人的重要阵地，美术学院"美院美画"栏目将从以下四方面持续发力，不断优化：一是加强组织领导，在顶层设计中落实育人宗旨；二是深入理论研究，在学术成果的生成运用中阐释红色精神；三是整合红色文化，在日常环境的耳濡目染中落实文化育人；四是深化红色文化溯源地走访，在社会实践的身体力行中强化实践育人。

今后，美术学院"美院美画"栏目将继续结合大学生思政教育的热点和

学院的专业特色，不断在推进大学生思政教育、党史教育等方面精耕细作、推陈出新。学院将坚持扎根富平大地，把立德树人作为根本任务，把学科建设作为发展根基，把加强党的建设作为坚强保证，为全面推进学校高质量发展贡献力量。

（编辑：朱芳转）

# 网络思政是政治性、思想性和亲和性的统一

——渭南师范学院网络思政栏目《小"马"在线》建设实践

马耀斌

（渭南师范学院，陕西 渭南 714099）

**一、《小"马"在线》栏目建设思路**

小"马"意为"小小马克思主义者"。作者原名马耀斌，马克思主义理论与思想政治教育专业毕业，10多年来长期从事大学生思想政治教育工作，先后任渭南师范学院团委副书记、二级学院党总支副书记，现任渭南师范学院学生工作部副部长。

表达的需求是人的一种精神需求，而如何进行表达和通过何种方式表达却成为问题。如果所表达的内容对他人有益，也算是一种表达欲望的释放和自我价值的体现。而作为个体，"如何才能进行有效表达，并对他人有益"，这是创建网络思政栏目《小"马"在线》的初衷。

《小"马"在线》栏目紧扣青年"一直在线"的习惯脉搏和"浏览阅读"的偏好，以马克思"要用发展的眼光看待青年，要充分估计其优点和精准判断其主流，对其既要严格要求又要热情帮助"的青年观为出发点，坚持"团结稳定鼓劲、正面宣传为主"的方针，围绕爱国主义、理想信念、传统文化、形势政策、就业创业、学风建设等方面的教育和指导，运用马克思主义的观点、立场和方法，就青年学生所关心的问题和疑惑进行讨论、明理、引导，理直气壮谈信仰，发自肺腑讲情怀，探索性打造"理论有深度、思想有温度、实践有力度"的通俗网络思想政治教育理论栏目。

## 二、《小"马"在线》栏目建设情况

为进一步增强高校思想政治教育政治性、思想性和亲和性，从"思想政治工作需要情怀"的角度出发，依托微信平台开设《小"马"在线》栏目，探索性开展高校大学生网络思想政治教育。

《小"马"在线》栏目 2019 年 11 月中旬创办以来，因事而化、因时而进、因势而新，截至目前已发布 50 多期，总字数 10 万余字。结合高校青年学生思想和精神需求实际，先后发表了《关于爱情》《关于舍友》《劳动教育课是一门学习审美的课程》《由"一点之差"所引发的絮叨》《关于考试》《写在圣诞前夕》《新年献词》《愿你拥有一个有爱的寒假》《人人都能成为活雷锋》《让读书成为一种生活方式》《永远的五四，永远的青年》《护士节里话导员》《致"非常时期"的每一个 1/ 562》《让我们共同感受"我骄傲，我是中国人"》等作品。

《小"马"在线》栏目文风活泼、语言朴素，将理论化学术化的语言转变为学生更容易理解和接受的语言风格，营造既严肃又活泼、有情怀有担当的话语生态环境。贴近青年学生的所思所想，以重大历史事件纪念日为契机，紧扣社会热点和学生关注点，及时更新栏目内容，引导青年学生"练就过硬本领，投身强国伟业"。贴近青年学生的成长规律，服务青年学生成长成才，围绕青年学生学习、成才、就业的实际需要，更好地为青年学生解疑惑、办实事、出实招，拉近与青年学生"空间""时间"和"心间"的距离。

《小"马"在线》栏目建设深入挖掘各类育人元素，将育人理念贯穿始终。在把握青年学生理论学习的同时，注重校史校情文化传承，榜样典型引领带动，强化社会实践，帮助青年学生做到知行合一。力求做到"准、透、好、活、信"：讲准，做到规范性；讲透，做到理论性；讲好，做到效果性；讲活，做到趣味性；讲信，做到真实性。建设几年来，《小"马"在线》栏目阅读量和关注量持续增长，该栏目多次荣获学校新媒体特色栏目奖，其中数篇文章被陕西高校网络思想政治工作中心官方微信平台全文转发。

## 三、《小"马"在线》栏目建设经验

### （一）亲和性是网络思政的关键

2019 年 3 月，习近平总书记在学校思想政治理论课教师座谈会上强调要

"坚持显性教育和隐性教育相统一"。网络思政隐性教育是指在网络思想政治教育中，依托网络平台，通过间接的、较为隐蔽的、不露声色的方式，把思想政治教育的内容、目的、任务等渗透和依附于教育对象的网络实践活动中，使受教育者的思想意识、价值观念、认知态度、道德情感在不知不觉中受到熏陶和感染的教育方式。而要做到这一点，亲和性是关键。

（二）改变话语风格是有效举措

在网络思政建设中，网络思政力量格局的代际尴尬是影响网络思政建设成效的最大桎梏。代际是影响网络思政的天然鸿沟，话语风格是代沟的直接体现。这就需要60后、70后、80后和90后深入思考，从思想深处认识到网络思政在话语权方面的特殊地位，在话语生态中的特殊环境，在引领青年有为的特殊要求，深入青年，走近青年，熟悉网言网语，克服代际沟通语言障碍，转变青年领跑、思政队伍跟跑的现状，占领网络阵地，加强网络沟通，紧抓话语权，满足精神需求，平衡"供需矛盾"。

（三）网络思政做到"三性"统一

网络时代，网络思政教育成为新时代高校思想政治教育的一种重要方式，它是课堂思想政治教育的一种延伸和补充，是网络时代思想政治教育顺势而为的产物。网络思政以政治性为先导，以思想性为灵魂，以亲和性为特征，是政治性、思想性和亲和性的统一。我们必须清醒地认识到，"一直在线"的时代，网络思政建设一直在路上，赢得了网络就赢得了青年，赢得了青年就赢得了未来。

（编辑：朱芳转）

第五篇 **05**

| **活动案例篇** |

# 思想引领　文化浸润　特色发展

——渭南师范学院思想文化特色品牌建设实践

朱芳转　石　明

（渭南师范学院，陕西 渭南 714099）

打造"一院一品"思想文化育人大格局，是近年来渭南师范学院思想政治教育和校园文化建设创新思路、部署实践的总结和提升。"一院一品"就是学校每一个二级学院，结合所在学院学科建设和专业发展，围绕思政教育和文化建设，打造一个或多个基于专业发展的思想文化特色品牌，建立互动共建机制，强化品牌内涵建设，形成专业协同、品牌驱动、特色引领的学校二级学院思想文化育人的良好格局。

## 一、建设背景

高校思想政治教育和校园文化建设的使命任务，就是固本培元、启智润心、铸魂育人。坚持为党育人、为国育才，培养有理想信念、有品德修为、有文化素养、有过硬本领的时代新人。近年来，渭南师范学院党委坚持把党的政治建设摆在首位，紧紧把握思想政治工作这一高校各项工作的生命线，全面统筹办学治校各领域、各环节、各方面的育人资源和育人力量，积极构建学校思想文化建设工作机制和体系。

学校思想文化建设以党委宣传部为部署统领、牵头抓总，各二级学院以打造基于专业发展的"一院一品"思想文化特色品牌为切入点和抓手，深入加强学校思想文化建设内涵发展，积极打造学校思想文化建设特色，凝练总结学校思想文化建设好经验、好做法、好效果，推动学校各二级学院思政教育、文化建设与学科建设、专业发展的深度融合，不断发挥思政教育、文化建设与学科建设、专业发展的耦合育人效应。

"一院一品"思想文化特色品牌建设思路是推动学校每个二级学院紧密结合学科建设、专业发展，至少选树和打造一个思政教育、文化建设特色品牌，强化专业建设育人功能，化有形为无形，实现思想文化育人与专业建设育人的无缝衔接和无痕渗透。学校各二级学院思政教育、文化建设树立品牌意识，打造品牌形象，推动全校各二级学院思政教育、文化建设做出品牌、做出榜样、做出特色，思政教育、文化建设与学科建设、专业发展相辅相成、联动共建。

**二、主要做法**

打造"一院一品"思想文化育人大格局，旨在解决目前形势下学校各二级学院思政教育、文化建设中存在的三方面的主要问题和现象。

问题一：二级学院思政教育、文化建设合力不集结、耦合不聚焦。这一问题主要表现为二级学院党政工团抓思政教育、文化建设的意识观念有偏颇，思想不统一，还存在各自为政的现象，没有形成"大思政""大文化"育人观念，育人合力不集结。

问题二：二级学院学科专业建设与思想文化建设"两张皮"。这一问题主要表现为二级学院在抓学科专业建设与思想文化建设时，缺乏"三全育人"认识和一体化考虑，认为学科专业建设是学院行政主抓，思想文化建设是学院党建主抓，存在工作"两张皮"现象。

问题三：二级学院思政教育、文化建设特色不鲜明、质量不高。这一问题主要表现为二级学院抓思政教育、文化建设缺乏创新意识，紧密结合学科建设和专业发展，打造思想文化特色品牌的意识不强、活力不够，思政教育、文化建设特色不鲜明、质量不高、效果不好。

打造"一院一品"思想文化育人大格局具体做法是学校以项目立项建设的形式，积极支持、指导各二级学院紧密结合学科建设和专业发展选树并打造思想文化特色品牌，强化专业建设育人功能，深层次拓展和延伸思政教育、文化建设实效，使思想文化建设与学科专业建设联动共建、相辅相成。

### 三、工作成效

目前已在全校 15 个二级学院中选树和打造出 17 个思想文化特色品牌，其中教育科学学院、传媒学院 2 个学院各自打造和凝练出 2 个思想文化特色品牌，做到了学校二级学院"一院一品"思想文化特色品牌全覆盖，并将建设基础好的 7 个思想文化特色品牌选树为重点品牌项目进行重点建设。

17 个思想文化特色品牌为马克思主义学院的"百科小舞台"、教育科学学院的"创意教育""儿童之家"、经济与管理学院的"书记小喇叭"、人文学院的"文心润玉"、外国语学院的"用外语讲好中国故事"、数学与统计学院的"数统 mei 小视"、物理与电气工程学院的"物堂师风"、化学与材料学院的"清风化语"、计算机学院的"培根铸魂　头雁领航"、环境与生命科学学院的"环生航向标"、音乐学院的"音苑新声"、体育学院的"以体育人"、美术学院的"美院美画"、传媒学院的"光影传媒""传媒先锋说"、莫斯科艺术学院的"艺心向党"。

二级学院打造和凝练出的思想文化特色品牌，创新性强，做法良好，实效性突出，在陕西高校乃至全国高校思想政治教育和校园文化建设中树立了品牌效应，品牌经验被学习、做法被实践、效果被放大，目前学校各二级学院的思政教育、文化建设呈现出以品牌建设为统领、特色鲜明、风格多样、效果显著的良好局面。

品牌建设获奖及研究情况：

1. 渭南师范学院荣获 2023 年度陕西省思想政治工作先进单位；

2. 《"一院一品"：推动高校思政工作提质增效》优秀案例，荣获 2023 年度陕西省思想政治工作优秀案例三等奖；

3. 《基于专业发展的高校"一院一品"思政教育研究与实践》等 7 篇研究报告，获评 2020、2021、2022、2023 年度陕西省思想政治工作优秀研究成果一、二、三等奖；

4. 经济与管理学院的"书记小喇叭"思想文化品牌建设成效，荣获 2021 年陕西省高校校园文化建设优秀成果二等奖；

5. 传媒学院的"光影传媒"思想文化品牌建设成效，荣获 2022 年陕西省高校校园文化建设优秀成果二等奖；

6. 莫斯科艺术学院的"艺心向党"思想文化品牌建设成效，荣获 2023

年陕西省高校校园文化建设优秀成果二等奖；

7. 依托品牌建设申报《二级学院专业发展与网络思政耦合育人路径实践研究》等省部级、校级研究课题项目 7 项；

8. 依托品牌建设发表《基于专业发展的高校"一院一品"思政教育实践与探索——以渭南师范学院为例》等研究论文 8 篇；

9. 依托品牌建设出版《新时代高校大学生社会能力提升研究实践》《理论·探索·实践——新时代高校思想政治工作研究》专著 2 部；

10. 依托品牌建设申报的《专业协同、品牌驱动、特色引领的"1+X"思政育人模式探索与实践》研究成果荣获渭南师范学院 2023 年优秀教学成果一等奖。

重点品牌项目建设成效：

人文学院的"文心润玉"思想文化特色品牌以原创文章形式，围绕时事热点与学生关注重点，对党和国家政策、社会热点、热门影视剧等话题进行解读，及时对大学生进行思想引领、品德引导和心理疏导，引导学生树立正确的价值取向，让思政教育、文化建设"有温度"，使学生思想政治教育具有针对性、亲和力与实效性。截至目前，"文心润玉"品牌栏目已推出内容 40 余期。

经济与管理学院的"书记小喇叭"思想文化特色品牌通过快板、顺口溜、诗朗诵、微党课、情景剧和美文阅读等形式开展大学生思想政治教育。"书记小喇叭"品牌栏目内容涵盖政策宣传、形势宣讲、基层党建、思想教育、安全稳定、学风引导、就业指导、心理健康教育、地方文史等。品牌栏目开播以来，已播出 600 余期原创节目，推出 500 余期美文阅读，栏目观看量和浏览量 400 万余人次，《中国教育报》、学习强国等多家新闻媒体进行宣传报道。

外国语学院的"用外语讲好中国故事"思想文化特色品牌发挥学院学科专业特色和优势，通过原创或翻译作品，歌颂党、歌颂社会主义、歌颂国家建设成就，传承中华优秀传统文化、弘扬红色建党精神等，崇尚中国精神、展现中国智慧、传播中国价值，培养大学生正确的世界观、人生观、价值观，增强学生的文化自信和民族自豪感。截至目前，该品牌栏目已推出作品 40 余期，品牌影响力大，受到师生好评。

音乐学院的"音苑新声"思想文化特色品牌立足音乐专业特色，发挥音乐专业优势，以家国情怀和人格修养教育为重点，分享红色经典、唱响红色歌曲、创作原创作品、演绎红色故事、讲述光辉党史等，使大学生从红色文化中体会红色艺术经典带来的磅礴力量，推动思政铸魂与艺术教育深度融合。截至目前，品牌创作原创艺术作品 300 余件，排演话剧《共产党宣言》、文旅舞台情景剧等多场，展演活动多场次，被多家媒体宣传报道或转载。

美术学院的"美院美画"思想文化特色品牌通过展示历史画，引导大学生领略历史，体味红色岁月，截至目前已推出《美院美画之红色画作学习篇》40 余期；通过挖掘学校周边地区红色资源，结合党的历史，截至目前已推出《美院美画之党史绘》50 余期，阅读量达万余次。线下为践行思政教育、文化建设"四进"机制，学院将"美院美画铸魂育人实践研究基地"设于学校富平校区学生公寓楼内，不断扩大"美院美画"思想文化特色品牌影响力，品牌建设成效先后被中国教育在线、中国网、网易新闻等广泛宣传报道。

传媒学院的"光影传媒"思想文化特色品牌内容分为四大模块：悦读传媒、影动传媒、传媒大讲堂、赛教融合，品牌建设通过引导学生多阅读名篇、多拍摄视频、多听名师报告、多创作作品参赛等形式，促进教学科研并重、理论实践融合，呼应了学院技术艺术统一、学术工程统一的人才培养理念。师生原创话剧《渭华回响》展演反响强烈；师生创作的《白水仓颉庙漫游》和《白水县仓颉庙虚拟展示系统》被白水县委宣传部采用；学生创作的《一窑知千年》纪录片在各大网络平台展播，引起广泛关注。

莫斯科艺术学院的"艺心向党"思想文化特色品牌，发挥网络思政教育、文化建设主渠道作用，着眼艺术类学科专业、树立"大思政课"意识，通过艺术思政文化元素、立足育人规划和日常学生教育管理，探索"艺术+思政"人才培养模式，服务青年大学生成长成才。品牌设立"主题教育""国家安全""感恩资助""榜样引航""中俄文化驿站""专业展示"等网络思政教育、文化建设作品创作方向，加强学科专业建设与思想文化建设紧密结合。截至目前，品牌栏目已建设和推送宣传作品 240 余篇（部）。

### 四、收获启示

打造"一院一品"思想文化育人大格局，拓展了学校思想文化育人载体途径，创新了学校课程思政育人范式，使"四个思政"教育同频共振。思想文化特色品牌打造和建设给我们的工作启示：各二级学院在组织机构、工作队伍、育人文化、实践平台、质量评价等方面形成"五位一体"协同共建局面是关键。

启示一：建设党政齐参与、共发力的思想文化工作机制。

打造"一院一品"思想文化育人大格局，学校各二级学院要充分发挥党总支的政治核心作用，在学院党总支的统领指导下，党支部、学工办、工会、共青团、学生会等组织要加强常态协作和分工负责机制，构建同向同行、协同发力的二级学院思想文化工作责任体系。学校各二级学院要创新组织动员、引领思想文化建设的载体与形式，重点抓住课堂教学、实践实训、党团活动、志愿服务、社团活动、就业创业等环节。学院党总支要积极号召和组织党支部、学工办、工会、共青团、学生会、各类学生社团等开展内容丰富、形式多样的思想文化活动，充分发挥二级学院各级组织在学生思想文化活动中的凝聚、引导和服务作用。

启示二：加强思政工作队伍建设，构建协同育人共同体。

打造"一院一品"思想文化育人大格局，重点在于加强学校各二级学院思想政治工作队伍建设，构建协同育人共同体。学校各二级学院要做到思政课程、课程思政、专业思政、生活思政"四个思政"耦合联动、协同育人，就是促使学院思政课程教师、公共课程教师、专业课程教师、辅导员（班主任）等在教育教学和管理服务工作中，工作方向和目标要不断向学生思想政治教育这个"圆心"聚焦，根据学生专业的不同，思想政治教育要表现出各具特色，各有不同。要着力克服二级学院思政课程教师、公共课程教师、专业课程教师、辅导员（班主任）等教育教学、管理服务各自为政、相互不沟通和交流的现状。

启示三：构建全时空、多方位、立体化的文化育人环境。

打造"一院一品"思想文化育人大格局，以思政元素挖掘为抓手，加强思想文化协同育人，积极构建学校各二级学院全时空、多方位、立体化的文化育人环境和育人氛围。"一院一品"思想文化特色品牌打造，攻克了学校各二级学院学科专业教育规划和课程思政教学设计中思政文化元素的有效挖掘和有机融入的难点问题。学校各二级学院开展基于专业发展的"一院一品"思想文化特色品牌打造，有利于从多个维度和多个基点深度挖掘学科专业课程中蕴含的思政文化育人元素，积极在"四个思政"教育中充分发挥地域文化、校园文化和学科文化等育人功能，形成良好建设局面和以点带面的品牌示范效应。

启示四：建设实践育人平台，探索融合共建一体化路径。

打造"一院一品"思想文化育人大格局，注重加强实践平台协同建设，积极构建学校各二级学院思想文化建设与专业教育、课程教学、实践活动全面融合共建的一体化路径。学校各二级学院要做到理论教育与实践养成相结合，着力强化思想文化特色品牌实践教学。在学生学业成绩考评中，推进实践教育改革，加大实践活动考核力度和分量，提高实践教学比重，促使学生积极参与思想文化特色品牌教育教学实践环节，在实践中深化理论学习，增强学生在实践中发现问题和分析、解决问题的能力。同时，应加强思想文化特色品牌实践育人基地建设，整合各类实践育人资源，为学生提供丰富和有保障的教育实践场所、资源和平台。

启示五：构建思政工作全面、系统性质量考核评价体系。

打造"一院一品"思想文化育人大格局，推动了学校各二级学院思想文化建设与学科专业建设的质量评价共建机制，促使各二级学院建立起标准化、多元化与动态化相结合的思政工作全面、系统性质量考核评价体系。同时，学校和学院把专业思政和课程思政建设成效纳入二级学院和教师个人绩效考核范围，纳入教师党支部考核指标体系以及在教师职务（职称）晋升和各类评优评先中明确条件性要求和倾斜性支持，给予了学校各二级学院"一院一品"思想文化特色品牌打造制度和政策方面的条件保障，有力地推动了学校思想政治教育和校园文化建设提质增效和高质量发展。

（编辑：朱芳转）

# 《今日头条》专业协同　品牌驱动　特色引领
## ——渭南师范学院打造"一院一品"大思政育人格局

热门电影背后蕴含着怎样的思政内涵？专业课如何与"思政育人"相结合？"课程思政"如何突破局限辐射到全学科？渭南师范学院以专业协同、品牌驱动、特色引领为抓手，做出了"一院一品"大思政育人模式的深入探索与有益尝试。

近年来，该校创新思政育人方式，落实立德树人根本任务，以品牌项目立项建设为载体，推动学校各二级学院结合学科建设和专业发展，选树和打造思想文化特色品牌，强化专业育人功能，化有形为无形，实现思政育人与专业育人的无缝衔接和无痕渗透。

目前，已在全校 15 个二级学院中选树和打造出思想文化特色品牌 17 个，做到了"一院一品"特色品牌建设全覆盖。"书记小喇叭""文心润玉""用外语讲好中国故事""音苑新声""美院美画""光影传媒""艺心向党"等品牌建设的良好做法已在陕西高校乃至全国高校思政工作中树立了品牌效应，获得陕西省高校校园文化建设优秀成果奖多项，学校荣获陕西省思想政治工作先进单位称号，《一院一品：推动高校思政工作提质增效》荣获陕西省思想政治工作优秀案例。

### 拓展思政教育方式载体

"一院一品"思想文化特色品牌的建设，聚焦学生成长成才全要素，依托特色品牌建设，延伸以专业知识为背景的第二课堂，积极发挥专业发展与思政工作的耦合育人、同频共振效应，拓展二级学院思政教育方式载体。

"我们如何才能抵达心中的'长安'？"7 月，渭师院人文学院新媒体中心"文心润玉"栏目上提出这一问题，学生们兴致浓厚，热议不断。这一问题来自当时的热门电影《长安三万里》。

据了解，"文心润玉"思想文化特色品牌创建于 2020 年。当时正处在新冠疫情防控阶段，一些学生因校园静默管理产生思想情绪。人文学院根据这一现状，及时推出了"文心润玉"这一网络思政品牌。第一期的话题就是《疫情防控常态下，怎样安下心来乐观理性地学习生活》，引导学生正确认识疫情防控背景下的校园静默管理。

人文学院党总支副书记、副院长张晶说，思政教育要跳出传统以说教为主的窠臼，主动占领网络思政育人阵地。"文心润玉"特色品牌建设将学科特点与00后学生性格特征结合起来，构建以课程思政、日常思政为主体，文化思政、网络思政为浸润，学科思政为支撑的"大思政"格局。

"书记小喇叭"是经济与管理学院党总支书记魏光民主持策划的一个思想文化特色品牌。截至12月11日，"书记小喇叭"特色品牌栏目在微信公众号上的阅读量超过400万人次；抖音号"魏老师说事"发表作品517件，浏览量超过669万人次，总获赞数10.3万个。

魏光民介绍，"书记小喇叭"特色品牌栏目的内容涵盖政策宣传、形势宣讲、基层党建、思想教育、安全稳定、学风引导、就业指导、心理健康教育、地方文史等。品牌建设以形势政策、热点话题、学生所需为切入点，通过快板、顺口溜、诗朗诵、诗歌、方言等形式开展思政教育，深受学生喜爱。

### 创新课程思政育人范式

"一院一品"思想文化特色品牌的建设，从多个维度和多个基点深度挖掘学科专业课程中蕴含的育人元素，着力提升思政教育的亲和力和针对性，创新课程思政育人范式，重点解决二级学院专业建设与思政教育"两张皮"的问题和现象。

一个故事胜过一打道理。外国语学院发挥学科专业特色和优势，创建了"用外语讲好中国故事"思想文化特色品牌，品牌作品定期在渭师院外语学院的公众号发布。截至目前已发布40余期，每期有汉语、英语、日语、朝鲜语、俄语5个语种。据了解，师生及时翻译新华社、《人民日报》、中央电视台的作品，歌颂党、歌颂国家建设成就，崇尚中国精神、展现中国智慧、传播中国价值，增强师生文化自信和民族自豪感。

10月13日，音乐学院开展了器乐教研室课堂创新大赛。大赛也是学院创建的"音苑新声"思想文化特色品牌的主打活动。比赛要求依据各专业和课程的特点，融入课程思政元素。音乐学院党总支书记白锐表示，比赛的目的是激发声乐教师更多地探索课程思政的实施路径，推动课堂教学更符合学生的认知水平和认知规律，将知识传授、能力培养和价值塑造有机融为一体。这也是音乐学院创建"音苑新声"特色品牌的初衷。

"原本单调的教室，经过他们的妙笔，一下子有了生气，像是会说话一样。"鄠邑农疗基地杨明园长赞叹不已。7月，莫斯科艺术学院"心系折翼天使，用爱共筑成长"实践团走进该基地，用美术疗法、心理疗法、音乐疗法对这里的孩子进行辅导。实践团成员也是学院"艺心向党"思想文化特色品牌建设团队的骨干力量。

莫斯科艺术学院开设音乐学、美术学、学前教育3个专业。学院着眼学科专业，立足育人规划和日常学生教育管理，通过艺术思政元素，打造建设"艺心向党"特色品牌，探索"艺术+思政"人才培养模式，服务青年大学生成长成才。

### "四个思政"教育同频共振

"一院一品"思想文化特色品牌建设，着眼于思政教育目标与专业教育目标的交叉融合发展，以大学生思政教育目标为"圆心"，使思政课程、课程思政、专业思政、生活思政向"圆心"聚焦，同频共振。

以画为体，以史为魂。美术学院创建的"美院美画"思想文化特色品牌，通过展示一幅幅美术经典作品，引导大学生深入了解革命历史，传承红色基因，坚定爱党爱国信念，争做堪当民族复兴重任的时代新人。

学生王世宇告诉记者："每一期的'美院美画'作品都在提升我对党史的了解，明白了党的艰苦岁月，作为新时代青年大学生要敢于担当起时代赋予的责任，踔厉奋发，勇毅前行。"品牌建设通过挖掘学校周边地区红色资源，结合党的历史，还推出《美院美画之党史绘》80余期。

同时，学院把"美院美画铸魂育人实践研究基地"设于学生公寓楼内，旨在近距离地用"美"来感染学生，扩大"美院美画"特色品牌影响力。

传媒学院动画专业师生制作的建筑漫游片《白水仓颉庙漫游》和数字化展示作品《白水县仓颉庙虚拟展示系统》，让观众足不出户便可领略白水仓颉庙的悠久历史和古柏的魅力。另外，师生联合创作的澄城县尧头窑纪录片《一窑知千年》在各大网络平台直播，深受好评。

据介绍，传媒学院重视培养学生的实践创新能力，依托专业特色开展作品教学，创建了"光影传媒"思想文化特色品牌。品牌建设包含悦读传媒、影动传媒、传媒大讲堂、赛教融合四个模块。

作品教学，以赛促教。特色文化赋能实践育人新模式，大幅度提升了学生的专业技能水平和实践创新能力。传媒学院党总支书记田康顺表示，"光影传媒"特色品牌建设，通过引导学生多阅读名篇、多拍摄视频、多创作作品等形式，促进学生把信念教育、专业学习和生活思政有机融合，引导和帮助广大青年学生上好与现实相结合的"大思政课"。

（2023 年 12 月 16 日《今日头条》发布；记者：王小敏，通讯员：朱芳转）

## 《渭南日报》"一院一品"讲好新时代的大思政课

"老师今天问问你？有啥问题随便问。学习为了啥？为了长知识……"3月 16 日，走进渭南师范学院朝阳校区，该校思想文化特色品牌"书记小喇叭"主播魏光民根据学生学习疑惑制作的《实话实说》节目正在录制，这是"书记小喇叭"第 568 期节目的录制。

2019 年 3 月 18 日，习近平总书记主持召开学校思想政治理论课教师座谈会，就如何办好新时代思政课做出重要部署。随后，渭南师范学院认真学习贯彻习近平总书记关于"大思政课"的重要论述，落实立德树人根本任务，树立"大思政课"教育教学理念，以打造基于专业发展的"一院一品"思想文化特色品牌为切入点和抓手，将思政小课堂与社会大课堂充分结合，推动学校各二级学院思政教育、文化建设与学科建设、专业发展深度融合，实现思政育人与专业育人的无缝衔接和无痕渗透。

"学生在哪里，思想政治教育就在哪里。"目前，全校 15 个二级学院及相关职能部门已选树和打造出思想文化特色品牌 20 多个，用"一院一品"讲好新时代的大思政课，"书记小喇叭""文心润玉""用外语讲好中国故事""音苑新声""艺心向党"等品牌建设的良好做法已在陕西高校乃至全国高校思政工作中树立了品牌效应，获得陕西省高校校园文化建设优秀成果奖多项，学校荣获 2023 年度陕西省思想政治工作先进单位，《"一院一品"：推动高校思政工作提质增效》荣获陕西省思想政治工作优秀案例。

### 赋能　培育新时代"大先生"

"经师易求，人师难得。"好的教师就要给学生心灵埋下真善美的种子，引导学生扣好人生第一粒扣子。这就要求思政课教师不能只做传授书本知识的教书匠，还要成为塑造学生品格、品行、品味的"大先生"，实现从"经师"到"人师"的蜕变。

"思政课堂的受益者不应仅仅局限于学生，而是在与不同年代青年大学生思想的碰撞中让思政教师认识到自身职责的重要性，守好教育主阵地。"陕西省思政课"教学能手"孙晓珍说："要把思政小课堂和社会大课堂相结合，让学生长知识，更让学生增德行，让一个个小我逐渐蜕变成有家国情怀的大我。"

5 年来，学校党委书记、校长坚持带头长期听看、指导思政课，宣传部、教务处、马克思主义学院高度重视习近平总书记重要讲话精神的学习和贯彻落实，多次组织有关部门、教师学习领会讲话精神，同兄弟院校、企事业单位、地方教育部门等社会各界广泛交流合作，持续开展思政课教师集体备课，以思政课大练兵、辅导员主题沙龙等方式为教师赋能，切实提升思政工作队伍专业化、职业化水平，为给学生心灵埋下真善美的种子，引导学生扣好人生第一粒扣子提供坚强保障。

"我们通过强基、铸魂、领航、护航 4 个工程建设，做好思政教育品牌建设工作。"计算机学院"培根铸魂　头雁领航"品牌参与教师柳宏亚说。在教师方面，学院积极开展新时代"四有"好老师活动，形成了"思想引领、典型宣传、服务保障、监督考核"的师德建设体系，推动师德建设长效化。

物理与电气工程学院党总支在微信公众号创建的思政教育品牌"物堂师风"栏目，通过"6+6"师德师风打造"仁爱之师"，2019 年 9 月开设以来，先后展示了学院 36 位教师的教学风采。

### 创新　同向同行协同育人

"不管是专业课，还是平时，令我印象最深的还是老师说的'修艺先修德'。"音乐学院大三学生冯雅旭回忆道，"潜移默化中，我们不仅提升了专业知识，更坚定了'听党话、感党恩、跟党走'的决心与信心，大思政课还给了我们很多关于未来的启示。"

音乐学院积极创建"音苑新声"思想文化特色品牌，在红色文化传承活动中创新艺术实践载体和方法，拓展学习内容，将爱党爱国爱社会主义的家国情怀融入艺术实践活动中，开展"课程思政"大学生艺术团实践教学会演、教学竞赛、"唱支山歌给党听"课程思政音乐会、"红色印记"庆祝中国共产党成立 100 周年音乐会，在演中学、在演中悟，实现了课程思政建设同红色文化传承、同思想教育的深度融合。

搞好思想政治教育，绝不是一门课程的"独角戏"，必须以学生为中心，发挥思政课程、课程思政、专业思政、生活思政"四个思政"的联动作用，通过线上线下共同发力。

"这就需要学院思政课程教师、公共课程教师、专业课程教师、辅导员等在教育教学和管理服务工作中，工作方向和目标要不断向学生思想政治教育这个'圆心'聚焦。"渭南师范学院党委委员、宣传部部长李明敏说。

学校以项目立项建设的形式，积极支持、指导各二级学院紧密结合学科建设、专业发展选树和打造思想文化特色品牌，强化专业建设育人功能，深层次拓展和延伸思政教育、文化建设实效，使思想文化建设与学科专业建设联动共建、相辅相成。

莫斯科艺术学院开设专业展示板块，各专业以"艺术+思政"为主题，通过微课竞赛、手工绘画、舞蹈教学成果展演、音乐学专业展演、美术学专业主题写生展等活动，推进"大思政"进课堂，将专业建设与思想政治教育紧密结合。

"后勤工作涉及学生在校的衣食住行，与学生联系最普遍、最直接、最紧密，工作的过程也是我们的育人过程，所以我们的育人工作从未间断。"渭南师范学院后勤服务中心党总支书记邹朋波说。为了把工作做得更有效果、更有影响，2022 年下半年，后勤服务中心创建了"'勤'育新人"思想文化特色品牌。

走进渭南师范学院 8 号学生公寓，家的温馨扑面而来。"我们学院以包联公寓为试点，以辅导员进驻、服务下沉为抓手，加强'一站式'学生社区综合管理模式建设，深耕'思政育人最后一公里'，倾力打造'清风化语'思想文化特色品牌，建立润物细无声的对话育人平台。"化学与材料学院党总支副书记任晓婷说。

### 实践　校社联动共建大思政

"刚入校时，学长学姐们的分享展示，让我不仅看到了榜样的风采，更看到了成长的方向和思政教育的力量。"3 月 14 日，刚刚提交渭南市中小学网络安全进校园活动 PPT 的计算机学院大三学生申子豪说，自己就是学院"培根铸魂　头雁领航"思想文化特色品牌建设的受益人，这些年，他在学院的支持下，参加过多项省市网络安全比赛，取得了很好的名次。

在数字经济时代，网络安全已经成为国家安全、经济发展和社会稳定的重要保障。"我们也积极参与渭南网络安全建设，协助政府部门组织设置相关网络安全比赛。"计算机学院大三学生晏传博补充说。

培养有理想、敢担当、能吃苦、肯奋斗的新时代好青年，渭南师范学院"一院一品"思想文化特色品牌建设结合青年学生成长成才的特点，将学校小课堂与社会大课堂连接，把立德树人融入学生思想道德教育、文化知识教育、社会实践教育各环节。

2023 年 11 月 21 日，外国语学院"用外语讲好中国故事"主题演讲决赛正在进行，选手们分别围绕"一带一路"、经济与科技发展、脱贫攻坚、传统文化、航天精神、时代楷模等主题，使用英语、日语等语言，讲述中国故事，传递中国声音。

而在同年暑期"三下乡"活动中，外国语学院的 18 名大学生也将"用外语讲好中国故事"搬到了所在的支教村子。

"师院哥哥的俄语课特别有意思，不仅教我们外语，还给我们讲了很多故事，有关一带一路、中亚峰会、丝绸之路等，我以后也要学习俄语，把中国的故事用俄语讲出来，让更多人知道。"临渭区三李村初二学生高俊豪激动地说，"希望哥哥们明年还来这里。"

《渭华回响》《一张特殊的全家福》《青春·使命》……一个个与历史、与时代相关的课程实践的呈现，将思政课堂从传统教室搬到秦东大地，让广阔世界成为学生的"教科书"；跨越时空界限，打破学科局限，在学生心中产生广泛而深远的影响。

立德树人有道，春风化雨无声。如果说青年学子是海上的一叶扁舟，那么思政教育就是一座定向的航标。渭南师范学院把为党育人、为国育才作为奋斗目标，讲好新时代的大思政课，助力青年学生走好成长成才的每一步，为培育时代新人做出积极贡献。

（2024 年 3 月 19 日《渭南日报》第 1、2 版；本报记者：任晓彤，通讯员：朱芳转）

# "书记小喇叭" 育人大舞台

——渭南师范学院经济与管理学院"书记小喇叭"
思想文化特色品牌建设实践

魏光民　王钰莹　王　慧　陈小红　代　杨

（渭南师范学院，陕西 渭南 714099）

"书记小喇叭"是渭南师范学院"求真育人"工作室自 2019 年 4 月开设的大学生思想政治教育网络育人宣传栏目。工作室按照立德树人和构建"大思政观"的基本要求，坚持问题导向，依托互联网和现代传媒手段，主要通过视频以快板、顺口溜、诗朗诵、三句半、微党课、情景剧、育人讲堂等形式开展大学生思想政治教育，内容涵盖政治引领、政策宣讲、基层党建、品德教育、学风导航、心理健康教育、就业指导、"四史"教育、地方文史、为人处世等。开设近 5 年来，已播出原创节目近 600 期，推出励志、修养美文500 余篇，节目主题明确、内容丰富、形式新颖，受到广大师生的喜爱和点赞。

《中国教育报》以"让书记小喇叭响彻校园"为题，报道"书记小喇叭"网络育人的好做法、好成效。全国各级学习强国平台 20 余次播出"书记小喇叭"的育人节目和育人成果。为进一步扩大"书记小喇叭"的教育影响力和社会辐射面，栏目在抖音平台同步开设"魏老师说事"，阅读量 1000 万余人次，已成为校园和抖音一个有影响力的"网红"账号。

## 一、实施背景

习近平总书记在 2016 年全国高校思想政治工作会议上强调，"要运用新媒体技术使工作活起来，推动思想政治工作传统优势同信息技术高度融合，增强时代感和吸引力"。2017 年，教育部发布《高校思想政治工作质量提升工程实施纲要》，将网络育人作为"十大育人"体系的重要内容，要求各高校不断加强"融媒体+思政"建设。在此背景下，渭南师范学院经济与管理学院党总支站在"为党育人、为国育才"的战略高度，全面贯彻立德树人根本任务，深入研究当代大学生的思想特点，自觉探索新时代大学生思想政治教育新形式，开展网络育人动态递进模式研究与实践，在微信公众号开设"书记小喇叭"专栏进行全面、全程、全方位育人，取得了良好的教育效果，得到学生、专家、学校和社会的认可和好评。

**二、成果简介**

"书记小喇叭"网络育人动态递进模式的构建与实践，是"求真育人"工作室和学院党总支全面贯彻立德树人，在构建"三全育人"大格局过程中形成的教育教学成果。成果以育人为中心，依托互联网和现代传媒手段，采取丰富多彩的形式开展大学生思想政治教育，构建了"采—编—导—演—播—引—学—议—研—推"动态递进教育模式，有效增强了"互联网+思想政治教育"的针对性和吸引力，努力实现思想政治教育"内容实起来、形式活起来、手段新起来、效果好起来"的育人效应。

成果遵循教育教学和思想政治教育规律，尊重学生成长与发展特点，坚持问题导向和目标导向。从"采"开始，主要经过"编、导、演、播、引、学、议、研"，最后到"推"，形成一个不断深入、逐步深化的教育闭环，促成学生"知、情、信、意、行"的转化，促进学生理想信念、政治立场、思想品质、学习动力、意志磨炼、拼搏精神、奋进成效、综合素质得到很大提高。

成果动态递进教育模式的基本流通和功能分别是"采"是深入学生去调研，找准话题做素材；"编"是依据素材搞创作，做好文案当剧本；"导"是根据剧本做排练，体现教育情境；"演"是正式表演做录制，体现教育真实性；"播"是后期制作和剪辑，平台推出教育片；"引"是节目传递正能量，引领思想强信念；"学"是组织学生去收看，提高学习获得感；"议"是定期召开座谈会，听取意见做改进；"研"是加强研究与探讨，提升教育的高度；"推"是加强运用和宣传，扩大教育影响力。

成果经过多年实践，呈现出以快板、顺口溜、诗朗诵、三句半、情景剧、微党课等相互辉映的育人新景象。学生亲切称赞"书记小喇叭"是人生导师、指路明灯。省上有关领导在参观"书记小喇叭"育人成果后指出，这种形式对正在开展的大中小学思政课一体化建设有很大的帮助。先后有10多家高校前来参观学习，也受到《中国教育报》等媒体广泛关注，对今后更好开展网络思政育人有良好启发和借鉴。

### 三、推进路径

在网络育人过程中，"书记小喇叭"栏目组依据"与党中央声音同步，与习近平总书记教导同步，与立德树人要求同步，与学生成长成才诉求同步，与学校中心工作同步"的思路，在创作和播出节目时，融高度、深度、温度、速度、广度于一体，努力解决思政教育内容不实、形式单一、手段落后、效果空泛的难题。栏目组通过在现实生活中找"话题"、用多种形式吸引"关注"、以现代传媒提速"赋能"、靠情怀坚守增强"获得"，实现网络育人教育内容与学生成长诉求合拍、教育形式与学生认知特点一致、教育手段与学生心理接受方式同步、教育过程与学生身心和谐对接、教育效果与学生全面发展共振的创新效果。具体的推进路径如下。

（一）坚持政治站位，把握思想高度

"书记小喇叭"在宣传过程中始终把学习和贯彻习近平新时代中国特色社会主义思想放在首位，引导和教育师生坚定拥护"两个确立"、坚决做到"两个维护"，切实把全面贯彻立德树人作为根本任务，保证思想宣传的政治方向和政治站位。在对师生进行爱国主义教育时，播出的《谈爱国》和《爱国主义的真谛》顺口溜，使大家通过朴实语言明晰爱国的内涵，明确爱国行动的正确选择。在开展"不忘初心、牢记使命"主题教育中，播出的《初心使命》四字句，简洁明了，朗朗上口。在学习贯彻习近平新时代中国特色社会主义思想主题教育中，"书记小喇叭"专门开设了"学、思、悟、行、干"专栏，播出节目25期，受到高度评价。在第39个"教师节"来临之际，播出的快板《教师使命重如山》，台词贯穿了习近平总书记十八大以来对教师的希望和要求，从"三个牢固树立""四有好老师""四个引路人"到"四个相结合""三传播、三塑造""六要"，再到"经师人师相统一"，内容全面、表述准确、押韵上口，激励广大教师"深耕教坛、强国有我"的坚定信念和行动自觉。

（二）奏响发展主题，突出时代深度

"书记小喇叭"作为一种有声方式紧跟新时代发展步伐，积极向广大师生传递党的声音和习近平总书记的教导，充分体现新时代发展的要求，使师生自觉投入中华民族复兴的"中国梦"伟大事业和学校高质量发展中。栏目组推出的《做新时代好公民》《说初心》《劳动赞歌》《大学生成长六部曲》等作品，对坚定学生理想信念、培养学生初心使命、端正学生劳动态度、提高学生道德品质起到积极的促进作用，使学生真正把自己的奋斗成才和民族复兴的伟大事业统一起来，把自己的美好理想和实现"中国梦"的宏伟目标结合起来。栏目组创作的《共产党人的永恒初心》和《红色百宝箱里的初心密码》诗朗诵、《抗美援朝精神扬国威》《抗疫精神要发扬》等快板，在舞台、平台表演和播出后起到良好的教育效果。党的二十大开幕会一结束，主播魏光民老师就在学校广场表演了宣传二十大的快板，博得师生阵阵掌声。

（三）坚持育人导向，体现教育温度

"书记小喇叭"始终把教育人、引导人、激励人和促进人放在重要位置。在节目创作和播出中坚持用正确理论武装师生，用身边榜样激励师生，用鲜活事实教育师生，让整个育人过程充满感情、体现人文、具有温度，使教育过程的亲切感增强，教育效果提升。栏目推出的诗朗诵《一位母亲对儿子的初心诉说》，在学生中掀起强烈震动和反响，使学生感受到教育的真实情怀与激励力量。一位同学留言说自己是流着眼泪听朗诵，就好像是自己的妈妈对自己说的。随后学生的《妈妈，我想对你说》播出，在情感交流中加深了师生情感和教育效果。有的班还召开了"感恩、成长、责任"主题班会，大家一致表示要勤奋学习、立志成才，以实际行动报答父母的养育之恩。诗朗诵《劳动赞歌》播出后，对学生端正劳动态度，更好地开展劳动教育起到了思想引领作用。特别是"书记小喇叭"2023届毕业典礼上表演的《离校老师再叮嘱》三句半，内容朴实真切，表演充满感情，使学生在愉悦中受到教育。在2023年暑假，栏目推出《利用假期多体验》快板，指导教育学生多观察、多实践，鼓励同学们度过一个有意义的暑假。

（四）把好宣传节点，注重传播速度

"书记小喇叭"在宣传上紧跟党和国家的节奏与步伐，突出思想宣传和政策宣讲的时效性，保证广大师生在第一时间倾听到党和政府的声音，领会党中央的各项精神，保证各项政策在基层的正确推进。在重要的时间节点、节日，"书记小喇叭"都能创作和播出宣传党的政策的快板和顺口溜，通过喜闻乐见的方式把党的政策宣传到师生的心坎上。播出的《渭华起义赞歌》《做新时代的奋斗者》《二十大精神激励我前进》《新征程上建新功》等节目，使师生及时学习和了解党的政策和要求，切实把自己的言行和党的政策与国家要求统一起来。特别是在疫情防控期间，栏目组播出的《驱魔斩妖送瘟神》《胜利人人是模范》等30多个快板，对宣传学校抗疫和稳定校园秩序起到积极促进作用。全国学习强国平台以《"书记小喇叭"抗疫大话筒》为题做了专题报道。许多师生称赞说"书记小喇叭"抗疫功劳大，宣传接地气，效果就是好。

（五）尊重学生特点，贯彻成才广度

"书记小喇叭"在宣传教育上充分尊重学生的特点，深入研究学生的思想实际，从问题意识入手，开展有针对性的宣传教育工作，使教育内容更加广泛，涉及学生的学业、安全、生活、就业、修养和心理等各个方面。生活中的案例教育，使学生的认识在实践中得到提高，行动中更加遵纪守法、严于律己。播出的《安全成长教育歌》《考研是条大通道》《同学快把工作找》《应征入伍展风采》《考试千万别作弊》和《寒假要有新打算》等节目，对促进学生勤奋学习、关注自身发展起到引领作用。一位同学在感言中写道："'书记小喇叭'用诙谐幽默的方式指引我们坚定信念、内心向善，不断丰富自身，提升素养和专业能力，对我们世界观、人生观、价值观的树立给予正确指引，在无数个夜晚给予我内心力量，伴我披荆斩棘克服重重障碍，是我生活和学习上的一盏指路明灯。"

### 四、应用情况

"书记小喇叭"网络育人动态递进模式"名"在"线上"，"功"在"线下"。通过"以点带动、以点突破、以点聚焦、以点燎原"，实现了"全面覆盖、引领风气、雨露滋润、育人有效"的教育效果，得到广大师生的认可，受到上级部门、学校、专家、媒体和其他高校的关注，促成"书记小喇叭"从线上走向线下、从校内走向校外、从学校走向社会，成为学校"响当当"

的育人品牌。

（一）形成"以点带面、全面覆盖"的"三全"育人格局

"书记小喇叭"网络育人以点带面，播出的近600期原创节目涵盖了学生成长和发展的主要内容。播出节目近5年来，先后有130多名教师参与其中，教学时段做到寒暑假不停播，做到教育内容、教育对象、教育时空全覆盖。据统计，"书记小喇叭"节目阅读量超过400万人次，"书记小喇叭"子项目"魏老师说事"在抖音的点击阅读量超过1000万人次，拥有粉丝1万余人。

（二）形成"以点突破、引领风气"的学生成才氛围

"书记小喇叭"采用"互联网+思想政治教育"育人模式，在教育内容、教育形式、教育手段和教育效果的全面创新，推动学院大学生思想教育和学生管理工作呈现新活力，引领学院良好学风、教风的养成和提升，促进学院基层党建、思想教育、教学科研、学生就业、科技创新、征兵工作、安全稳定都走在学校前列。特别是学生的人文底蕴、科学精神、学习能力、健康生活、责任担当、实践创新等核心素养得到提升。据统计，近3年来，学院有20人获得国家奖学金和校长奖学金、200人获得国家励志奖学金，有300多名学生在全国、省上和学院的专业竞赛中获奖。有一位入学两个月的专升本学生在感言中说道："'书记小喇叭'就像是无形的磁场，吸引、鼓励着我在学习成才道路上永远向前！"

（三）形成"以点聚焦、雨露滋润"的文化宣传特色

"书记小喇叭"以点聚焦、雨露滋润，形成校园思想文化宣传"育人指向明，传播正能量"的鲜明特色。2019、2020、2021、2022年连续4年被学校党委评为新媒体"特色栏目"；2021年被评为陕西高校学生工作精品项目，荣获2021年全省高校校园文化建设优秀成果二等奖；荣获2022年全省高校网络思想政治工作优秀案例三等奖和全省高校校园网络公益典型案例，入选渭南市基层党建工作典型案例，被学校确定为2022年思想文化特色品牌重点建设项目。在"不忘初心、牢记使命"主题教育、党史学习教育和学习贯彻习近平新时代中国特色社会主义思想主题教育中，栏目先后播出150余期教育节目，成为学校思想宣传的亮点和特色。

（四）形成"以点燎原、育人有效"的教育影响能量

"书记小喇叭"以点燎原、育人有效的教育反响和教育影响先后被人民

网、光明网、中国网、中国教育新闻网、《中国教育报》报道，全国各级学习强国平台 20 余次播出。省、市多位领导、检查组成员来校指导工作，观看"书记小喇叭"的节目后，认为"书记小喇叭"教育形式活、育人效果好，是学校立德树人的好样板和高质量发展的"软实力"。湖南第一师范学院党委书记罗成翼教授为"书记小喇叭"题词："小喇叭、大思政"。省内外先后有 10 多所高校来校考察学习"书记小喇叭"网络育人的做法。"书记小喇叭"还走进宝鸡文理学院等 6 所高校开展宣传交流，参与渭南创文、临潼普法、宪法和戒毒宣传，国家安全与反诈骗宣传，表演的节目教育性强，深受市民欢迎，在社会上产生了良好的教育辐射作用。

（编辑：朱芳转）

## 《渭南日报》一位潜心思政教育的"喇叭书记"

开学第一课，他走进课堂，以欢快流畅的节奏，诙谐幽默的语言，告诉新生《大学是个新起点》；

学校门前，他打着竹板，一字一板，铿锵讲述着《中国站起来》《中国富起来》《中国强起来》；

视频中，他时而礼帽长衫打着快板、时而西装革履说着顺口溜、时而身着戏装表演三句半，以独角戏、微党课、情景剧等方式，努力构建着他心中的"大思政"课堂该有的模样。

他，就是魏光民，渭南师范学院经济与管理学院党总支书记、求真育人工作室主任、"书记小喇叭"栏目主持人，师生和网友口中的"喇叭书记"。

12 月 7 日上午 8 时，记者见到了视频中的"喇叭书记"魏光民，一位戴着黑框眼镜，个头不高，年近 60 岁的短发老头，他正在审定马上要开机拍摄的视频文稿。

### 38 年的"思政人生"

"我上大学学的是思政专业，1985 年 7 月留校后，从事的是思想政治教育与教学管理。38 年了，我深深热爱着教育和学生。"魏光民说。

《学记》有云："亲其师，信其道。"在魏光民看来，温度是教育的底色，作为一名思政教育者，必须具备温度和人情味。

2022 年下半年，受疫情影响，学校静默管理期间，焦虑与不安的情绪蔓延，学生管理工作面临着考验。

那段时间，魏光民的身影经常出现在学生宿舍，了解学生思想状况与学习需求，化身"心理咨询师""矛盾调解员"，为学生排忧纾困。有学生被感染时，魏光民就走进隔离治疗点，化身"快递员"，及时送去急需的生活用品。

"每个孩子都是父母的无价之宝，每个孩子也有独特的一面，我要做的就是把学校变成孩子们的第二个家。"魏光民说。

"要多关注有问题的学生，发现他们身上的优点，给予他们更多的信心。"魏光民经常向年轻辅导员传授经验。

1991 年 9 月，一位刚入学的新生因家庭困难交不起教材费，一时糊涂铤而走险，偷拿了舍友放在枕头下的 100 元钱。

得知此事后，魏光民把宿舍全体同学召集到一起："哪位同学如果把钱拿了，会后交给我，我将替他保密，不予追究。"

第二天一大早，那位新生找到魏光民，抹着泪承认了错误并交出了偷拿的钱。魏光民抚着他的肩膀说："我也是农村娃，家里出一个大学生不容易，咱不能因为一念之差把后半辈子毁了。"

此后，魏光民为那位新生制订帮扶计划、申请助学金，消除后顾之忧。顺利毕业后，学生家乡多了一名优秀的中学教师。

一位贴心的兄长、一位暖心的教师、一位可敬的长者……魏光民在不同时期的学生心目中有着不同的形象。

38 年，他一直担任或兼任辅导员，主管过 4 个学院的学生教育和管理工作，担任了 12 年党总支书记。不管在哪个岗位上，他都把立德树人、关心学生思想健康成长放在首位。

**527 件作品的"育人情怀"**

"'高校党组织要把抓好学校党建工作和思想政治工作作为办学治校的基

本功'，这句话一直萦绕在我的脑海。"魏光民说，2019年1月17日，习近平总书记在天津南开大学考察调研时的讲话，引起他的深思：怎样让思想政治教育变得更"接地气"，让学生爱看、爱听、爱参与，达到真心认可、乐于接受的目的？

"学生在哪里，我们思政教育的阵地就应该在哪里。"看到学生们天天不离手机，魏光民意识到网络在学生心目中的"分量"，也打开了他网络思政育人的新思路。

如何利用网络开展育人？如何占领网络阵地？沉思中的魏光民，将目光定格到了他心爱的快板上……

"选择考研是挑战，意志较量要流汗……"2019年4月20日，在渭南师范学院经济与管理学院微信公众号上，一段独特的快板短视频，吸引了众多师生的关注。

那天，正在食堂吃饭的魏光民无意中听到几位同学在交谈。"感觉压力好大！""到底要不要考研？"……学生的担忧、彷徨引起了他的深思。回到办公室，他打开稿纸，一气呵成《考研是条大通道》，然后以快板形式表演，用手机录制成短视频，发布到微信公众号上。

"魏书记打快板的样子好可爱，他的节目坚定了我考研的信念，还教给我考研复习和备考的方法。"渭南师范学院毕业生、现在在西安读研的王敏说。

"我从小就喜爱快板，以前学校组织活动、闲暇帮朋友主持婚礼就喜欢说段子，没想到播出的第一期节目就得到众多师生的点赞和关注。"魏光民激动地说。

这一开始，就一发不可收。新颖独特的形式，也吸引了越来越多师生的关注与参与。节目播出两个月后，几位教师对魏光民说："新节目得有个好名字。"在商讨中，"书记小喇叭"诞生了。

一个正在吹着小喇叭的老书记形象仿佛近在眼前。魏光民笑着说："我是党总支书记，就要做思政，说思政，宣传思政。"

1700多个日夜，527件作品，1米多厚的手稿。"喇叭书记"的创作一直没有间断，他们播出的节目每周至少两期，内容从大学生思想实际和问题入手，涉及政策宣讲、学风导航、就业指导、心理辅导等。

**1000 万阅读量的"网络潮人"**

"考试神圣要求严，捍卫公平要争先。人人都想榜在前，遵规守纪是关键……"

每次考试前，魏光民都坚持走进教室为学生表演快板《考试千万别作弊》，提醒大家诚信考试。

"'喇叭书记'的线下宣讲很有感染力。"学生们表示，听到这个快板，脑子里不自觉地就绷紧了弦。

"学业预警一定要前置，不能让一个学生掉队。"魏光民这样提醒年轻辅导员。

"那段时间，个别学生出现学业预警，表现出对前途迷茫、学业荒废的现象，有拿不到毕业证、学位证的风险。"辅导员王慧回忆，魏老师以家长的视角创作了长诗《一位母亲给儿子的"初心"诉说》，由老师屈晓娟出镜朗诵。

节目在公众号上发布后引起众多学生的关注点赞，留言吐露心声。此后，魏光民又根据学生的留言，创作了《妈妈，我想对你说》。情感的互动增强了学生与家长、家长与学校的沟通，一位家长看到孩子转发的节目后，还专门到校来感谢。魏光民拉着家长的手说："孩子是你们的，也是我们的，把孩子教育好，是我们共同的职责和愿望。"

《延安精神放光芒》《陕西再铸新辉煌》《青春告白祖国》……魏光民还创作了很多宣传党的政策、赞美家乡的快板和顺口溜，"书记小喇叭"从校园传播到校外。

"魏书记是一个非常严谨的人，每一件作品都要亲自把关。"渭南师范学院求真育人工作室成员、马克思主义学院副教授陈小红说。

"我们外出开会和交流，省内外很多高校都知道'喇叭书记'，有些学校还专门邀请魏老师去做讲座。"渭南师范学院宣传部部长李明敏说。

2022 年 4 月，魏光民及其团队在抖音开设"书记小喇叭"子栏目"魏老师说事"。今年又在快手、小红书、哔哩哔哩、微信视频号等平台注册账号开设栏目，受众越来越多，教育影响越来越广。截至目前，节目阅读量累计超过 1000 万人次，抖音视频创下单个节目阅读量超 82 万人次的纪录，各类平台粉丝已超 2 万。

（2023 年 12 月 9 日《渭南日报》第 2 版；本报记者：董献军、任晓彤）

# 《渭南日报》一堂温暖鲜活的"大思政课"

"富平柿饼甜了中国人，富了富平人。富平柿饼，红红火火，甜甜蜜蜜……"11月9日，来自渭南师范学院经济与管理学院党总支书记、求真育人工作室主任魏光民和电子商务专业大一新生车佳瑶，在富平县曹村镇太白村，化身网络主播宣传特色农产品，众多网友纷纷留言点赞和预购。

这不是一次普通的直播"带货"，而是渭南师范学院思政教育网络育人栏目"书记小喇叭"的拍摄现场，也是求真育人工作室"体验式实践教学"的课堂，在场的学生直呼"特别接地气"！

"接地气的思政课才能聚人气，冒热气的思政教育才能触动心灵。"今年58岁的魏光民，做了38年思政教育工作。2019年4月，他作为"书记小喇叭"的主持人，开始带领学生通过快板、朗诵、三句半、微党课、情景剧等形式多样的短视频拍摄，开展助农宣传、政策宣讲，解答青春"疑难"，回应青年关切，努力探索"多平台、多互动、多情景"的"大思政课"实践路径，让大学生的思想认识在发挥价值中提升，也让"拔节孕穗期"的青年在社会实践中立志、明德、成才、担责。

## 线下线上处处是思政课堂

大思政课何以为"大"？魏光民始终认为，讲新时代思政课最重要的核心就是让学生思想有"大"触动。如今，"书记小喇叭"把思政教育课堂"搬"进宿舍、操场、食堂等校园各个角落，"搬"到了田间地头、街头广场，也"搬"到了公众号、抖音、快手、小红书等多个网络平台上。

"要去拍富平柿子！"接到新一期"书记小喇叭"任务，车佳瑶兴奋不已。今年8月，还未入学的她在渭南师范学院微信公众号上看到"书记小喇叭"播出的《利用假期多体验》后，持续关注并每期点赞转发。入学一个月后，她毛遂自荐成为"书记小喇叭"团队的编辑。

"知道富平柿饼很好吃，但是还没见过柿饼是怎么做的。"一路上，一片片柿子林绵延到桥山尽头。房檐下、木椽上，红红火火的柿饼，让魏光民即兴创作出《富平柿饼甜又甜》，也让处处觉得新鲜好奇的车佳瑶，拿着柿子，和魏光民一起站在了镜头前，录制播出了"书记小喇叭"第516期。

与1200年的古柿树对话，和正在卖柿子醋的群众聊天，知道了"柿树封侯"富平柿子的传说……车佳瑶感慨地说："每次录制都是实践学习，每次拍摄都很有成就感！"

打造线上网络大平台，打通线下生活大课堂。目前，线上线下联动的"书记小喇叭"让思政课由原来的"最难讲"变成了"最精彩"，"纸上谈"变成"实践行"，引导学生从"思政小课堂"走向社会大舞台。

### 校内校外事事皆鲜活教材

《富平柿饼甜又甜》在各网络平台发布后，后台留言最多的是"富平柿饼在哪里可以买到？多少钱？""这是在哪里拍的，我也想去看看……"

萌发关注富平柿饼的动力，其实是一个粉丝的热情邀约。魏光民说："'书记小喇叭'为什么大家都喜欢，就是每一期内容都来源于和粉丝的互动交流，来源于学生的生活实际，每一期都是最鲜活的思政教材。"

2019年11月，网络诈骗在校园时有发生。根据真实事件，"书记小喇叭"创作了《不要陷入套路贷》，讲述套路贷的危害及防范措施，播出后对学生起到了极大的警示效果。

2020年12月，针对有些学生考试作弊，"书记小喇叭"播出快板《考试千万别作弊》，魏光民走进课堂进行"现场直播"，教育学生要诚信考试，远离作弊，促进考风有了根本好转。

2021年以来，渭南市争创全国文明城市，"书记小喇叭"先后制作了《说文明》《渭南争创文明城》《夸渭南》等一系列视频，凝聚了全校师生共创文明城市的热情和力量。

2022年9月，疫情防控期间，"书记小喇叭"制作了《儿子在学校》的改编歌曲，以父亲的口吻唱出了家长的心声："儿子在学校，放假回不来，只要平安，爸爸放心了。"短短15秒，累计播放量80余万次。

2023年11月，看到网上有关助学金评定的舆论热点，"书记小喇叭"又率先推出了《奖助学金领学风》，以快板和评论的形式劝导学生"要争奖学金，要让助学金"。

截至目前，"书记小喇叭"播出原创节目 530 期，全网累计观看量 1000 万余人次。在学生心中，"书记小喇叭"是学习生活的陪伴者，是校园红色文化的领跑者。

**课前课后时时有育人学问**

"思政课的本质是讲道理，小喇叭就是负责把道理讲清、讲深、讲透、讲活，让思政教育入脑入心。"在魏光民看来，正是"书记小喇叭"的多情景拍摄、多视角讲述、多场景演绎，时时育人、事事育人、处处育人，才让"大思政课"更有感染力。

"这次富平柿饼的拍摄，让我觉得做好电子商务在农村大有可为。"已经加入"书记小喇叭"三年的蔡宇翔，先后做过白水苹果、白水杜康酒等乡村振兴助农宣传活动。他决定毕业后扎根基层，投身乡村振兴。

"老师课堂上讲的内容，让我总能联想到这是小喇叭拍的哪一期。小喇叭编辑录制过程中我又能恍然大悟当时老师讲的'原来如此'，大家每期都关注讨论。"车佳瑶现在每周编发至少两期，每天都计划着小喇叭的工作都要干啥，同学们都有啥反响，还有啥意见，还需要和老师沟通啥，不知不觉中，以"书记小喇叭"为依托的"体验式实践教学"大思政课，成为一门备受学生喜爱的"金课"。

"坚持是一种情怀和使命，我们会一直坚持下去。"魏光民信心满满。他还计划着，要从更加宽广的视角丰富拍摄内容，让学生来编排演出，把"书记小喇叭"打造成社会主义核心价值观实践教育基地。要在拍摄技术上再突破，通过动漫、全景视频、H5 等多种形式凸显更多的台前幕后花絮。还要成立小喇叭电商团队，在宣传地域文化特色的同时开展助农直播，真正让学生思维在课堂上和实践地来回碰撞中能"解渴"、有"共鸣"、增"回味"、练"本领"、有"作为"。

"坐而论道，不如起而行之。"对"书记小喇叭"来说，一场追梦之旅正始于脚下……

（2023 年 12 月 20 日《渭南日报》第 5 版；本报记者：史王萍，通讯员：晋彤）

# 《渭南日报》一个致力求真育人的"思政品牌"

"小喇叭开始广播了！滴滴答，滴滴答，滴答！"提起"小喇叭"，许多人第一时间想到的是小时候中央人民广播电台的《小喇叭》少儿节目。而今，在渭南师范学院也有一个同学们经常挂在嘴边的"小喇叭"，它就是思政教育网络育人宣传栏目"书记小喇叭"。它以多样的表现形式、朴素的语言风格、实用的贴心内容赢得众多师生的关注点赞，被誉为"渭南师院'大思政课'最亮品牌"。

## 学生成长路上的"引航员"

加强对学生的思政教育，是"书记小喇叭"的初心和使命。栏目创作的每件作品都能紧密联系师生思想实际，坚持问题导向和目标导向，受到了广大学生的青睐。栏目在渭南师范学院新媒体评比中连续 3 年获得"特色教育栏目"奖，成为校园最有人气的"公众号"之一。

2022 年春季，新一轮新冠疫情来袭，"书记小喇叭"播出《上好网课"六步法"》，指导学生上好网课，勉励他们自主学习、不断探索。学生形象地说："'书记小喇叭'就像我们的父母和长辈，每到重要节点或遇到思想困惑，都会及时叮嘱、随时提醒，让人心里暖暖的。"

2022 年 10 月 16 日，中国共产党第二十次全国代表大会开幕，渭南师范学院"书记小喇叭"栏目主持人魏光民就在学校广场，为学生即兴表演快板《坚定跟党向未来》，博得师生的阵阵掌声。许多学生兴奋地说："'书记小喇叭'校园大话筒，传播正能量，给人鼓干劲，催人向前进。"

2023 年 11 月 16 日，"书记小喇叭"播出快板《同学就业快行动》，为学生就业指点迷津、鼓劲加油。毕业班学生称赞："'书记小喇叭'是促进学生就业的'及时雨'，是学生就业的指导师。"

"你们快看，小喇叭更新了。"学生丁冉正在和寝室其他舍友分享最新一期"书记小喇叭"节目。

"书记小喇叭"已经成为日常生活中必读、必听的一档节目，如果有一期没看，就觉得心里好像少了什么。学生王悦说："小喇叭激励我奋发向上、奋勇攀登，做一名新时代的好青年。"

渭南师范学院毕业生、现在西安读研的王敏说："我现在仍一直关注着小喇叭，小喇叭时刻教育着我们不断奋斗、永不气馁、勇往直前。"

### 网络育人宣传的"新路径"

在每一期的策划拍摄中，"书记小喇叭"坚持同党的二十大精神、教育强国、中国梦等时代命题同脉共振，将思政教育元素与学生成长发展相融相促，大力弘扬社会正能量，成为全省高校校园文化建设中的一颗璀璨明珠。

渭南师范学院党委书记卓宇认为，有了"书记小喇叭"，思政教育由原来的"纸上谈"变成"实践行"，正确引导学生到基层中去、到实践中去，做到与人民同行、为社会奉献。它润物细无声的思政教育方式，不仅是一种知识的传授，更是一种价值观的传递和塑造。

"办实、办好、办强、办精"是渭南师范学院院长张守华对"书记小喇叭"的期望。作为栏目的"铁杆粉丝"，张守华认为，"书记小喇叭"的节目选题都是学生关心关切的问题，发挥着名副其实的"教育引路人"角色，是学校全面贯彻立德树人的"好样板"。

"'书记小喇叭'站位高、内容实、形式活，深受学生欢迎，有很强的推广价值。"教育学博士、陕西学前师范学院前院长王志刚点评道。

"用朴素的语言讲述深刻道理，是'书记小喇叭'的一大特色。让人在愉悦中受到教育，是'书记小喇叭'最吸引人的魅力。"博士生导师、陕西师范大学国际商学院院长雷宏振说。

渭南师范学院宣传部部长李明敏认为，"书记小喇叭"是学校宣传思想文化工作具有影响的"品牌"，也是学校开展思想文化宣传和大学生思想政治教育的一张"名片"。

"'书记小喇叭'犹如行走的课堂、移动的教室，小阵地、大教育，唱响主旋律、传播正能量、发出好声音。"渭南师范学院党委宣传部副部长朱芳转说。

作为"书记小喇叭"团队的一员，屈晓娟教授看着越来越厚的原创手稿，阅读着越来越丰富的创作内容，发自内心感叹栏目一路走来的不易和收获。她认为，"书记小喇叭"同样激励着自己不断树立新目标，取得新成果。

　　参与内容审核的王慧是一位 2019 年 10 月入职的辅导员，与"书记小喇叭"同成长、共发展。在刚刚结束的"陕西高校辅导员素质能力提升训练营"中，她荣获"优秀风采"奖。

### 思想政治教育的"大课堂"

　　"魏老师走进地里帮父老乡亲卖苹果，让我感到很温暖。我们家有 10 亩苹果，今年光照好、雨水充足，苹果个头长势喜人，这些采摘好的苹果已经被客商下了订单，统一收购，价格不错。"粉丝李小叶高兴地说道。

　　"甘井苹果圆又圆、甘井苹果红艳艳、甘井苹果甜又甜，要吃苹果，请来甘井!"魏光民为甘井苹果义务代言的宣传语在网上广泛传诵。

　　"老师，我非常想加入您的团队，与您一起传播正能量。"学生王文琳、张宇、沈茗、马彬等，在抖音"魏老师说事"留言。

　　"书记小喇叭"2019 年 4 月开播以来，精确定位、精心制作、精准发布，大到党的方针政策、重大历史事件，小到学业指导、职业规划、为人处世，在校内校外、社会各界引起强烈反响，被大家称赞为"立德树人的高音喇叭"，被思想政治教育专家点赞为"小喇叭，大思政"。

　　截至 12 月 25 日，"书记小喇叭"已推出原创节目 533 期。先后获得全省高校校园文化建设优秀成果二等奖、全省高校学生管理工作精品项目、全省大学生暑期"三下乡"社会实践活动优秀团队、全省高校网络公益典型案例、全省高校国家安全教育主题优秀短视频征集活动一等奖、全省高校网络思想政治工作典型案例三等奖、中国关工委艺术教育优秀成果奖、中国教育学会思想政治教育育人成果一等奖等荣誉。

　　"触动心灵的教育才是好的教育，接地气的思政教育才能受学生欢迎。"魏光民说。实践证明，"书记小喇叭"以丰富多彩的形式开展网络育人，既正确引导学生仰望星空，又教育组织学生向下扎根，使思想政治教育有血有肉、有板有眼、有声有色，成了学校贯彻立德树人和校园文化建设的一道亮丽风景线，是新时代构建学校大思政格局的创新探索。

　　(2023 年 12 月 27 日《渭南日报》第 5 版；本报记者：张晓玲，通讯员：晋彤)

## 《渭南日报》让思政教育与学生成长同频共振

浇花浇根，育人育心，立德树人，思政为先。渭南师范学院"书记小喇叭"以其独特的方式，不断输出趣味性强、实效性好、精准性高、持续性长的育人作品，让思政教育与学生成长同频共振，为上好"大思政课"打造了好样本，也为奋进青春注入了满满的正能量。

思政教育当因势而新，与时俱进。百年大计，教育为本。思想政治教育是落实立德树人的根本。习近平总书记指出："做好高校思想政治工作，要因事而化、因时而进、因势而新。"① 坚持"沿用好办法，改进老办法，探索新办法，不断提高工作能力和水平"，厚植教育情怀，坚守育人阵地，"书记小喇叭"顺应时代发展大势，适应信息传播形式转变，精准把握学生成长特点，充分依托互联网和现代传媒手段，从教育内容、教育方法、教育手段、教育效果上全面创新，呈现出立德树人的新成果、新面貌，谱写了"为党育人、为国育才"的美丽篇章，被学生亲切称赞为"人生导师、指路明灯"！

思政教育须起而行之，笃行不怠。2016 年习近平总书记在全国高校思想政治工作会议上的讲话，2018 年教育部"三全育人"理念的提出，为高校思想政治工作提供了根本遵循和科学指导。坐而论道，何如起而行之？"书记小喇叭"的育人实践，在"起而行之"方面做出了表率。2019 年 4 月至今，1700 余个日夜、1 米多厚的手稿、530 余件原创作品、1000 余万的阅读量，浸透着对学生的责任，承载着学生的认可与信任。同学们之所以喜爱它，是因为它期期节目都能使学生在政治立场、思想觉悟、认识方法、情感意志、勤奋励志、奋发精神上找到些许教育获得感。现在，它仍以每周不少于两期的频率，诠释着育人不倦的情怀。

思政教育应全程陪伴，温情守候。思想政治教育就是培根铸魂，任务艰巨，使命光荣，承载着新时代中国发展的未来与希望。在青少年成长过程中，陪伴是最长情的告白，相守是最温暖的承诺。从新生入学那一天起，"书记小

---

① 习近平在全国高校思想政治工作会议上强调 把思想政治工作贯穿教育教学全过程 开创我国高等教育事业发展新局面 [N]. 人民日报，2016-12-09（1）.

喇叭"便成为他们身边不离不弃的伙伴，既是良师，又是益友，如父兄之谆谆嘱咐，如慈母之殷殷期盼，用朴实无华的语言，在学生学习生活、思想成长中答疑解惑，提供及时有益的帮助，在潜移默化中传递着社会正能量。

青年兴则国家兴，青年强则国家强。大学生作为"强国一代"，必须做到"有理想、敢担当、能吃苦、肯奋斗"。在他们成长、成才和发展的拼搏道路上，思想政治教育发挥着点亮理想之灯、笃立鸿鹄之志、激扬青春梦想的人生导航作用，指引着他们"奋战新时代，强国当先锋"。我们坚信，未来会有更多的"书记小喇叭"，在立德树人的新征程上，在培养德智体美劳全面发展的社会主义建设者和接班人过程中，教育引导学生坚定"四个自信"，为奋力谱写中国式现代化新篇章贡献青春力量。

（2023 年 12 月 28 日《渭南日报》第 2 版；本报记者：董献军、任晓彤）

## 《渭南日报》一支活跃在网络上的"育人团队"

"学生思想呈多元，重在引导做宣传。思政教育有针对，做好导航有内涵……"

12 月 7 日 10 时 30 分，渭南师范学院朝阳校区广场，求真育人工作室开始录制快板《思政教育放光彩》。主播魏光民说着台词，宋小涛拍摄。

25 分钟，拍摄结束，宋小涛开始剪辑。收到视频，富平校区的车佳瑶开始编辑。

12 时 10 分，王慧审核。

13 时 32 分，求真育人工作室主任魏光民终审签发，"书记小喇叭"第527 期节目正式对外发布。

### 网络思政育人才

2019 年 4 月，时年 54 岁的魏光民发起设立"书记小喇叭"网络育人栏目。在他看来，青年人是网络的主力军，青年人在哪里，思政育人工作就要做到哪里。他想到了微信公众号。

魏光民能说会写。快板《考研是个大通道》文稿完成后，他请教师陈小红帮忙，用手机录像，他用陕西方言表演。随后，学生将视频发在"渭南师院经济与管理学院微平台"微信公众号上。

接着发布的《大学生成长成才"六部曲"》《劝学》《大学生要做排头兵》等节目，成为校园师生热议话题。

鉴于魏光民创作的节目受到师生欢迎，渭南师范学院几位老教师建议他起个名字，办成栏目。几番商议，就有了"书记小喇叭"。

魏光民说："大家说我作为党总支书记，做思想政治工作是主业，小喇叭是一种媒介，'书记小喇叭'做的就是思政育人工作。""书记小喇叭"是一个团队，除了他，还有其他教师和学生参与，起初有六七个人，每个人都发挥着不同作用。

在节目播出31期后，"书记小喇叭"迎来一件大事。2019年11月6日，学校党委批准成立渭南师范学院求真育人工作室，挂靠在经济与管理学院党总支，并举行了挂牌仪式。

魏光民说："工作室的成立，让'书记小喇叭'由自发行为上升为学校的组织行为，标志着'书记小喇叭'成为学校一个官方思政育人平台。"学校在课题立项、经费安排、人员调配等方面给予重点考虑，学院及时添置了摄像机、三脚架、自拍杆、补光灯等设备，"书记小喇叭"驶入发展快车道。

### 守正创新天地宽

"书记小喇叭"宣传注重时效。国家的新政策新要求，学校的一草一木，学生的一举一动，都会成为节目素材，短时间内就会以快板、三句半、诗朗诵等形式表演出来，在微信公众号推送发布。

陈小红是"书记小喇叭"团队核心成员之一，刚开始负责视频拍摄，后来成为节目表演的骨干。

视频节目《共产党人的永恒初心》是魏光民创作的，也是他和陈小红一起用普通话朗诵的。节目在微信公众号发布的同时，还在学校餐厅、校园屏幕播放，并作为渭南师范学院"不忘初心、牢记使命"主题教育成果进行展演。这让"书记小喇叭"在全校更有名气。

"学生说，节目有意思、很受教育。我听后很高兴，也一直参与，这对我教授思政课是一种有益补充。"陈小红说。

陈小红是陕西省普通话测试员，使用普通话表演节目是她建议的，为的是丰富节目形式，提高关注度，扩大影响力。

对魏光民来说，讲普通话可是一个不小的挑战。他说了半辈子方言，现在要用普通话表演节目谈何容易。可为了"书记小喇叭"的品质，他硬着头皮跟着陈小红练习，遇到读不准的字随时请教年轻教师和学生。

团队成员、学院辅导员王慧一直负责着"书记小喇叭"的内容审核工作。令她激动的是，《妈妈，我给您说》《孩子，妈妈对你说》在"书记小喇叭"栏目播出后很多学生在平台留言。

"我用一句'妈妈'为报酬，肆无忌惮地向您索取一切。您以一句'妈妈'为枷锁，毫无怨言地向我付出一生。妈妈，您，辛苦了!"网友"北野"留言说。

"'书记小喇叭'栏目达到了沟通心灵、启智润心、激扬斗志的效果，是我做学生工作的重要法宝。"王慧说。

2022年4月，"书记小喇叭"的节目开始在抖音"魏老师说事"账号发布。今年4月，"书记小喇叭"节目又在快手、小红书、哔哩哔哩、微信视频号上发布推送。

魏光民介绍："我们不断拓展新平台，就是为和时代发展同频，和青年人成长共振，汇聚网络正能量，唱响育人主旋律。""书记小喇叭"平均每周更新两期，至今已经持续了4年8个月。


**学生参与唱主角**

"书记小喇叭"始终把思政育人放在首位，学生不仅是受益者，而且是参与者，在部分节目里还担任主角。

2021年9月，"书记小喇叭"在经济与管理学院招募学生主播，王敏第一个报了名。王敏是学校广播站的主播，她的声音和气质在参与试镜的学生中脱颖而出，成为"书记小喇叭"第一个学生主播。

不久，王敏又将同在学校广播站的宋小涛引荐到"书记小喇叭"团队，两人成了节目的"黄金搭档"。

学生讲学生的事更能引起共鸣。2022年5月24日，王敏和宋小涛表演了快板《大学生应该这样做》，节目在抖音号"魏老师说事"发布后，收到点赞 2813 个、评论 354 条、转发 347 次，浏览量达到 10 万+。

无论是寒暑假还是节假日，"书记小喇叭"不掉线、不断档。

2022 年 7 月 25 日 8 时，家住渭南城区的谢美彤和同学准备乘车去西安，魏光民的一个电话，让她匆匆赶回家。

她打开电脑，开始编辑。13 时 51 分，"书记小喇叭"第 312 期节目《全面发展教育歌》上线发布。

"铁打的学校流水的学生。""书记小喇叭"播出 4 年多来，学生来了一波又一波，毕业了一批又一批，但团队始终充满生命力、凝聚力、战斗力。团队中的学生在离校前自行发展传承人，将接力棒传给新人。

负责节目推送的刘倩在"书记小喇叭"工作一年后，将工作转交给谢美彤。两年后，谢美彤又将推送任务交给王悦，王悦现在又传给新生车佳瑶。

4 年来，参与过"书记小喇叭"节目的教师和学生有 200 多人，核心成员有 30 多人，有时还有网友留言要合拍节目。据统计，截至 12 月 11 日，"书记小喇叭"节目在微信公众号上的阅读量超过 400 万人次；抖音号"魏老师说事"发表 517 件作品，浏览量超过 669 万人次，总获赞数 10.3 万个，真正使"书记小喇叭"成为"育人大话筒"，成了青年学生筑梦、追梦、圆梦的"加油站"！

（2023 年 12 月 13 日《渭南日报》第 5 版；本报记者：张晓玲、白冰涛）

# 讲好中国故事 传播好中国声音

——渭南师范学院外国语学院"用外语讲好
中国故事"思想文化特色品牌建设实践

吕 健 伍 萌 李 萍

（渭南师范学院，陕西 渭南 714099）

习近平总书记在全国宣传思想工作会议上的重要讲话中指出，"讲好中国故事、传播好中国声音，向世界展现真实、立体、全面的中国，提高国家文化软实力和中华文化影响力"。党的二十大报告提出："加快构建中国话语和中国叙事体系，讲好中国故事、传播好中国声音，展现可信、可爱、可敬的中国形象。"

为落实立德树人根本任务，培养具有家国情怀、全球视野、专业本领的复合型人才，使学生能够准确讲好中国故事、传播好中国声音、展现中国智慧，渭南师范学院外国语学院结合专业办学特色和人才培养目标，倾力打造"用外语讲好中国故事"思想文化特色品牌。

## 一、创新思路，搭建思政育人新平台

渭南师范学院外国语学院开设有英语、俄语、日语、朝鲜语4个语种的课程，不断优化"外语+专业"的课程体系，创新复合型外语人才的培养路径，以思想文化特色品牌为支撑，深入推动学院思想政治教育、校园文化建设和专业教学交叉式融合发展，不断提升外语人才培养质量，为学生成长成才注入新动能。

学院紧扣时代主题，在抓好课堂教学的同时，将专业、课程特色与思政教育、文化建设结合起来，创建"用外语讲好中国故事"思想文化特色品牌。

品牌的创建既是贯彻落实"讲好中国故事，传播好中国声音"的具体体现，也是深入开展社会主义核心价值观教育，弘扬以爱国主义为核心的民族精神、以改革创新为核心的时代精神的重要举措。

**二、激发活力，拓宽人才培养新渠道**

（一）创建栏目，秀"外"慧中

外国语学院于 2021 年在学院官方微信公众号开设"用外语讲好中国故事"栏目，成立由数十位专业教师组成的指导小组，由英语、日语、朝鲜语、俄语专业学生组成的翻译小组、配音小组，栏目主要由学院团委负责牵头建设，学院团委从《人民日报》、新华社、央视新闻等国家权威媒体上选择具有代表性的革命先烈、"时代楷模""共和国勋章"获得者等先进人物事迹、优秀传统文化方面的文章等作为原文，经各语种翻译小组初译、指导教师修改、配音小组配音，指导小组审校后在"用外语讲好中国故事"栏目刊发，供全院师生学习。

栏目先后展播了陈延年、陈红军、李大钊、瞿秋白、孙景坤、向警予、恽代英、罗忠毅、陈玉民等革命先烈的英勇事迹，让青年大学生从革命英烈故事中了解中国共产党艰难曲折、浴血奋战的奋斗历程，身临其境、沉浸式体验老一辈革命家无私无畏、勇往直前的伟大品格，增强爱我中华的使命感和责任感。

栏目先后展播了樊锦诗、林俊德、于敏、邓清明、顾诵芬、黄文秀、申纪兰等时代楷模的先进事迹，激励青年大学生要有理想、有本领、勤读书、善思考，勇于担当，甘于奉献，志存高远，心怀家国，坚定理想信念，赓续光荣使命，弘扬中华优秀传统文化，担当民族复兴时代重任。

栏目先后展播了张富清、袁隆平、张桂梅、张定宇等共和国勋章获得者的先进事迹，引导青年大学生发扬积极探索、改革创新、执着追求、奋发有为、永不懈怠的昂扬斗志，把个人理想与国家前途命运融为一体，听党话、跟党走，用我所学，尽我所能，描绘中华民族伟大复兴的宏伟蓝图。

栏目以外语为载体，不仅提升了参与师生的语言应用能力，更充分展现了底蕴深厚的中国精神，培养了青年大学生开阔的国际视野和积极向上的精神风貌。截至目前，栏目已推出 36 期，参与学生占到全院学生总数的 80%以上，受到师生的广泛欢迎和一致好评。

（二）特色活动，寓教于乐

学院结合专业特点，创办了传统校园文化项目——外语文化月，该活动于每年 11 月启动，持续时间为一个月，包含"用外语讲好中国故事"之演讲比赛、配音比赛、翻译比赛、手抄报展等，根据英语、日语、俄语、朝鲜语等设置不同的语种组别，积极将思政教育、文化建设融入活动之中，进一步加强外语专业与思想文化建设的交叉融合，以润物细无声的方式实现全员、全程、全方位育人。活动经发布通知、学生报名、比赛角逐、点评评选等环节，最终评选出优秀参赛选手进行表彰。每期比赛主题鲜明、形式多样、寓教于乐，不断丰富教育内容，创新教育载体，增强教育效果。

外语文化月系列比赛有助于学院完善价值塑造、知识传授、能力培养"三位一体"的教育教学模式，落实立德树人根本任务，培养学生的文化自觉和自信，助力中华优秀传统文化的传播、传承与创新发展，让青年大学生在参与活动的过程中行为受到影响、心灵受到震撼、思想受到洗礼，进一步增强广大师生爱党、爱国、爱社会主义的情感，厚植爱国情怀，切实担当起历史赋予的光荣使命。

（三）志愿服务，惠己及人

2023 年 7 月，学院组建了"用外语讲好中国故事"暑期支教实践团，赴渭南市临渭区三李村开展志愿支教服务及社会调研活动。

支教团队的 18 名队员来自学院英语、日语、朝鲜语、俄语等专业，在三李村开展了为期 15 天的支教服务活动。支教团队根据队员自身所学及学生兴趣开设了学科课程、特色课程、夏季安全知识讲座、心理健康教育讲座以及"用外语讲好中国故事"等多门课程。语文、数学、英语等学科课程旨在解决学生学习方面的问题和困难；素质拓展、手工制作、趣味运动会、文艺表演等活动使孩子们体验到学习的快乐，以此培养学生鉴赏美、创造美的能力。

志愿者们还用英语、日语、朝鲜语、俄语为孩子们讲授语言文化，讲述我国的基本国情、各地的文化习俗、风土人情等，使孩子们更好地了解中华民族的悠久历史和光辉历程，不断增强和提升他们的文化自信和民族自豪感。学院支教实践团荣获陕西省社会实践"优秀团队"称号，1 名指导教师荣获"先进个人"称号。

（四）实践育人，融会贯通

2023 年 4 月，"Z 世代的 2023：以丝路之名"活动在渭南市举行。在本次活动中，学院学生代表与来自俄罗斯、韩国、埃及、泰国、亚美尼亚、越南、孟加拉国等 10 余名国外"Z 世代"青年展开深入交流，他们先后走进司马迁祠、韩城古城、大荔农业产业园等地，现场观看韩城行鼓、华阴老腔、华州皮影等非物质文化遗产表演，向外国友人详细介绍渭南的人文历史、生态建设、特色产业等，亲情讲述渭南故事、传播渭南声音。此次活动是学院打造"用外语讲好中国故事"思想文化特色品牌的重要举措。活动不仅提升了学院学生的语言交流能力，也体现了学院重视"具有国际视野、中国情怀"的人才培养理念。

2023 年 5 月 31 日，由渭南市文化和旅游局主办的 2023 年渭南市文博系统讲解员培训班暨讲解比赛在渭南市文化艺术中心举行。学院积极选派优秀学生参赛，参赛学生以优异的成绩荣获 2023 年度"渭南市文博系统优秀讲解员"称号。本次比赛旨在学习宣传和贯彻落实习近平文化思想，在"翻译"中讲述中国文物的故事，让文物真正"活起来"，发挥文物"见证历史、以史鉴今、启迪后人"的作用，向世界传播中国智慧、中国精神和中国价值，增强中华文化的影响力、凝聚力和号召力。

### 三、联动内外，形成教育辐射新局面

（一）党建引领，立德树人成效显著

学院坚持党建引领，聚焦人才培养，发挥外语学科专业特色和优势，倾力打造"用外语讲好中国故事"思想文化特色品牌，参与师生通过翻译经典作品，歌颂伟大的中国共产党、歌颂社会主义、歌颂英雄模范人物、歌颂各行各业的辉煌成就，传承中华优秀传统文化，弘扬红色精神。品牌的打造增强了学院思想文化建设工作实效，积极培育师生的社会主义核心价值观，增强师生的文化自信和文化认同感，使学院师生从优秀的中华文化中汲取中国智慧、弘扬中国精神、传播中国价值。

（二）深耕细作，专业能力全面加强

开展外语文化月特色活动，鼓励学生学以致用，培养学生养成良好的语感和专业能力，使参与师生互相学习，教学相长，进一步提升学院的教学水

平和人才培养质量。在外语文化月系列活动中，历练和选拔出了一批专业素质过硬的优秀学子，他们以良好的精神面貌和专业的外语素养代表学校参加高级别比赛，取得了骄人的成绩。先后荣获陕西省第二届高校师范生教育教学能力大赛中学英语组特等奖、第六届全国大学生学术英语词汇竞赛三等奖、第二十四届长安杯大学生日语才能演示大赛第二名、首届"外教社·词达人杯"全国大学生英语词汇能力大赛陕西赛区本科组二等奖、第七届全国学术英语词汇竞赛三等奖等。

（三）实践探索，校地合作频现亮点

一直以来，学院肩负讲好中国故事、深化文明交流互鉴的使命与责任，充分发挥在人才培养、学科建设、文化传播、国际交流、社会服务等领域的特色优势，与渭南当地多家企业开展校地合作，通过选派优秀学生服务地方，鼓励学生在实践中探索真知，引导学生将所学寓于所用，实现理论与实践的双重提升。学院不断创新人才培养模式，深化校地合作，充分发挥实践育人功能，多措并举开展大学生"思政+外语"育人新模式。

下一步，学院将继续以习近平新时代中国特色社会主义思想为指导，深入贯彻落实习近平文化思想和"讲好中国故事，传播好中国声音"的重要指示精神，进一步发挥多语种特色优势，推动渭南文化、陕西文化、中国文化对外译介与国际传播行稳致远，坚持中国立场，厚植家国情怀，为讲好中国故事贡献渭师智慧，为中外人文交流贡献渭师力量。

（编辑：朱芳转）

# 党建引领　光影传媒　铸魂育人

——渭南师范学院传媒学院"光影传媒"
思想文化特色品牌建设实践

曹熙斌　赵书英

（渭南师范学院，陕西 渭南 714099）

党的二十大报告指出："青年强，则国家强。……广大青年要坚定不移听党话、跟党走，怀抱梦想又脚踏实地，敢想敢为又善作善成，立志做有理想、敢担当、能吃苦、肯奋斗的新时代好青年。"以党的二十大精神引领高校思想政治教育和校园文化建设，积极营造启智润心、铸魂育人的良好氛围和教育环境。

近几年，渭南师范学院重视加强"一院一品"思想文化特色品牌建设，目前，全校 15 个二级学院均已打造出紧密结合学科专业特色的思想文化特色品牌，形成了"各具特色、百花齐放、优势凸显、成效显著"的品牌建设局面。学校传媒学院打造的"光影传媒"思想文化特色品牌，活动内容丰富、形式新颖、师生参与面广、教育意义大、社会反响良好，在全校"一院一品"思想文化特色品牌建设中树立了一流口碑。"光影传媒"获批 2022 年学校思想文化特色品牌重点建设项目。

渭南师范学院传媒学院下设戏剧影视系、数字艺术系 2 个教学系，设有广播电视编导、数字媒体艺术、动画、戏剧影视美术设计 4 个本科专业，在校生 800 余人。学院秉承"技术艺术统一，学术工程统一"的办学思路，创新技术艺术培养体系，培养既有扎实的学术基础，又有过硬的实践本领，适应信息社会发展和行业需求的高素质应用型传媒人才。学院重视思想政治教育和校园文化建设，依托学科专业优势特色，重点打造"光影传媒"思想文化特色品牌，先后形成了"传媒先锋说""光影传媒""传媒师说"三个品牌建设方向。

## 一、党建引领，传媒先锋说

"传媒先锋说"栏目创设于 2021 年年初，是学院发挥特色专业优势，利用新媒体平台，用好网络育人手段，用碎片化、互动化、交互性的方式引导青年学生学习，用新型传播手段创新网络思想政治教育的尝试。"传媒先锋说"栏目引导青年学生系统学习党史、团史，学习身边的先进典型和榜样人物，将理想信念内化于心、外化于行，指引青年学生为实现中华民族伟大复兴的中国梦而努力奋斗。学院邀请学校抗美援朝老兵、退休老教师、老党员付自善讲述革命故事，现场展示老英雄荣获的军功证书和革命纪念章，激励广大师生在奋发有为中践行初心使命；学院组织教职工和学生党员参观学习学校"两联一包"扶贫点大荔县龙门村，与 8 年坚守脱贫攻坚一线、第一驻村书记、陕西省"优秀共产党员"获得者赵琦座谈交流，致敬身边的典型榜样；栏目的"抗'疫'作品展"更是极大地鼓舞了师生的士气，教师线上授课异彩纷呈，师生的战"疫"日记、抗"疫"作品展更是百花齐放，思想教育与专业建设并行，爱国主义教育情感渗透在作品的字里行间。截至目前，"传媒先锋说"栏目已推送宣传内容 72 期。

整合思政课、课程思政、网络思政、校园文化活动、爱国主义教育基地、校地合作企业等育人资源，在学院师生中广泛开展爱国主义、集体主义、社会主义教育，培育和践行社会主义核心价值观。学院积极组织师生党支部、学生工作办公室、团总支、学生会等组织协同开展思想教育活动，党员教师、辅导员、班主任和学生共同策划活动，以文艺比赛、学科竞赛、读书观影、先进事迹报告、志愿服务等方式，深入开展思想政治教育。同时，积极开展思政、党建研究，《师范类高校支部书记工作室建设在网络思政中的应用研究》《红色文化短视频传播在大学生思政教育方面的应用研究》《艺术类大学生网络素养提升路径探究》等多项思政、党建研究项目获批立项建设。

## 二、光影传媒，立德树人

学院重视思想文化特色品牌建设，积极开展作品教学，形成"红色育人+

党史育人+实践育人"的教育新模式。学院从悦读传媒、影动传媒、名师讲堂、赛教融合四方面持续加强"光影传媒"思想文化特色品牌建设，截至目前，已推送宣传作品46期。"光影传媒"思想文化特色品牌建设成效荣获2022年渭南师范学院校园文化建设优秀成果特等奖、全省高校校园文化建设优秀成果二等奖。

（一）悦读传媒

"悦读传媒"旨在开阔学生视野，提升专业素养。高质量的专业人才培养离不开专业素养的提升和开阔的视野，阅读是十分重要的一环。学院根据专业不同，给学生提供提升专业素养的阅读书目和文化素养阅读书目，其中提升文化素养的通识类书目有《古诗源》《美的历程》《黄河边的中国》《北大文学讲堂》等40余本；根据专业差异性，有针对性地向学生推荐专业阅读书目，每个专业均向学生推荐阅读书目50余本；此外，学院还推出106部中外经典的影视作品让学生鉴赏，举办影视作品鉴赏、读书心得展等。从大一开始，学生就在新生班主任导师引领下有序进行阅读训练，通过大量的阅读、讨论等实践训练，结合线上线下同步开展的读书心得展览活动，切实开阔学生的视野，增强学生的专业知识，提升学生的文化素养。

（二）影动传媒

学院结合传媒类专业特点，扎实开展"影动传媒"系列实践活动。从2018年开始，学院立足国内外影视发展的实际，及时调整人才培养方案并推出特色活动"微电影大赛"，紧接着又推出"传媒学院奖"的评选活动。同时推出100余部中外经典影视作品，辅导学生开展名作鉴赏活动，举办"微电影大赛"、优秀毕业作品展，开辟"传媒知识辅导"栏目进行最新影视动态解读。2018年至今，学院每年的"微电影大赛"都紧扣时代主题、弘扬主旋律，在光影交错中鼓励学生不断努力奋进，在追梦路上不断前行。动画专业师生参与"秦兵马俑数字化保护"项目，师生创作的建筑漫游片《白水仓颉庙漫游》和数字化展示作品《白水县仓颉庙虚拟展示系统》被白水县委宣传部采用。戏剧影视美术设计专业师生排演的校园红色舞台剧《渭华回响》，融党史学习教育与思想启迪于一体，剧情感人，发人深思，富有教育意义。学院师生创作的纪录片《我的爷爷付自善》《一窑知千年》《千年民窑——尧头窑》等作品被各大媒体竞相转载，社会反响良好。

　　学院注重培养学生的社会实践能力和创新创业精神，组织引领学生走出课堂，参加社会服务。依托学院的"高校数字媒体产教融合创新应用示范基地""传媒工程实验教学示范中心""陕西省高等学校创新创业教育改革试点学院"、陕西省动画"一流专业"等平台和项目，利用渭南"文化之源，四圣故里"丰富的特色文化资源，组织开展非物质文化遗产的数字化保护和传承。师生创作的《民族瑰宝党家村》《渭南古城》《高山仰止——司马迁祠》《丰图义仓》《潼关古城》《桥陵》等数字艺术作品，服务地方文化建设和旅游宣传，文化资源的挖掘和数字化保护也构成了学院的特色实践教学内容。

　　学院申报的"关中石刻文化科普基地"获批渭南市社会科学普及基地；与渭南市文旅局合作成立"渭南数字文博研究中心"，服务地方文旅产业发展，组织开展"首届文保杯渭南文博创意设计大赛"，宣传渭南文旅资源。学院积极与富平县柿产业协会签订合作协议，参加"富平柿饼甜蜜中国"短视频大赛，助力乡村振兴。

　　（三）名师讲堂

　　"名师讲堂"栏目创设于2018年，旨在通过学术讲座和报告，提升学生的文化专业素养以及综合能力。"名师讲堂"既有校内名师开讲，也有校外专家学者的精彩报告，为师生的文化素养、研学创作指引方向和提供最新的学术动态。截至目前，栏目先后举办《舞台设计艺术与戏剧空间的联系和交融》《红色记忆与秦腔艺术虚拟现实展示》《秦东文化遗产三维数字化实践》等各类讲座、报告30余场次，为加强学生思想教育、增强文化自信、厚植家国情怀和提升专业能力起到了积极作用。

　　（四）赛教融合

　　学院落实以赛促教、赛教融合的实践教学思想，鼓励教师带领学生团队参加各级各类学科竞赛，把学科竞赛作为技术艺术培养体系和作品教学的重要内容，以赛促教、以赛促学。赛前提前计划，认真准备，规划参赛项目，重点参加"全国数字艺术创新设计大赛"等专业学科A类大赛，参赛作品质量不断提高。师生参赛作品通过"渭师院·传媒院"微信公众号同步推送，充分调动学生创作作品、参与活动的积极性。

　　近5年，传媒学院赛教融合取得了较好的成绩。师生创作的《"柿王国"主题生态文化园》荣获米兰设计周中国高校设计学科师生优秀作品展国赛一等奖，师生创作的《藕断"思"连》《连接今古》荣获第十四届蓝桥杯全国软件和信息技术专业人才大赛国赛二等奖，师生创作的二维皮影动画《昭君出塞》荣获第十七届中国好创意暨全国数字艺术设计大赛国赛二等奖等；在教育部主办的全国大学生艺术展演活动中荣获二等奖，在中国国际"互联网+""两岸新锐设计竞赛·华灿奖"、全国高校数字艺术设计等大赛中荣获国家级奖项 20 余项、省级奖项 80 余项；获批大学生创新创业训练计划项目国家级 5 项、省级 20 余项。

### 三、铸魂育人，传媒师说

2020 年年初，新冠疫情肆虐，居家抗疫、线上教学成了学院师生的生活和教学方式，学院利用融媒体时代特点，在官方微信公众号及时开设网络党建与思想政治教育专栏"传媒师说"，栏目紧密围绕学院党建工作，紧扣基层党建与立德树人实践，坚持文化传承与创新并重，以学院教师和优秀校友的典型事迹作为网络育人主体，创建多角度、全方位的育人环境，在增强网络思政教育吸引力、发挥网络思政凝聚力和引领青年思想方面发挥了重要作用。

"传媒师说"从学习读书、考研就业、日常生活等各个方面阐发教师的思考，在平凡的生活、学习中培养青年学生的思想品德和专业技能，进一步引导青年学生树立正确的价值观，让立德树人融入教育教学的各个环节。学院申报的《网络党建与思想政治教育品牌专栏"传媒师说"创设》成果荣获学校 2020 年校园文化建设优秀成果二等奖。截至目前，"传媒师说"栏目已推送 75 期，深受师生欢迎。

渭南师范学院"光影传媒"思想文化特色品牌项目的建设，有力地推动了学院思想教育和文化建设工作，增强了学院各专业的社会认可度和影响力，积极发挥了特色品牌建设在人才培养中的推动作用。下一步，"光影传媒"思想文化特色品牌将以党的二十大精神为指引，继续凝练专业特色，持续创新品牌内涵，以助力地方文化的数字化转化和创新性发展为着力点，进一步做大、做强、做优品牌，为推动学院高质量发展做出智慧思考和积极贡献。

（编辑：朱芳转）

# 精准思政　艺术领航　融合育人

—— 渭南师范学院莫斯科艺术学院"艺心向党"
思想文化特色品牌建设实践

孟　波　高梦涵

（渭南师范学院，陕西 渭南 714099）

习近平总书记关于宣传思想文化工作的重要讲话、指示批示指出，宣传思想文化工作事关党的前途命运，事关国家长治久安，事关民族凝聚力和向心力，是一项极端重要的工作。

近年来，渭南师范学院加强思想政治教育和校园文化建设，坚持以习近平新时代中国特色社会主义思想为指导，贯彻落实习近平文化思想，把握新时代高校思想政治教育和校园文化建设着力点，以思想文化特色品牌建设为抓手，积极推动学校思想政治教育和校园文化建设迈上新台阶、高质量发展。精准思政、艺术领航、融合育人，学校中外合作办学机构莫斯科艺术学院"艺心向党"思想文化特色品牌建设，充分发挥高校文化传承创新功能，不断推进理念思路、内容形式、方法手段创新，润物无声地给师生以思想教育、人生启迪、价值引领和文化熏陶，为培养堪当民族复兴重任的时代新人做出积极贡献。

## 一、精准思政，构建"艺术+思政"育人工作体系

"艺心向党"思想文化特色品牌着眼艺术类学科专业，树立"大思政课"意识，加大创新中外合作办学思政教育和文化建设工作力度，积极探索艺术思政化、思政艺术化的创新路径，构建艺术思政融合教育体系，开拓思政教育和文化建设新渠道、新阵地、新局面，以艺术之实提升教学内涵，以艺术

之行丰富育人实践，以艺术之美浸润时代新人。通过艺术思政元素，立足育人规划和日常学生教育管理，加强基层党团组织建设，探索"艺术+思政"人才培养模式，服务青年大学生成长成才，做到"学生在哪里，思政教育和文化建设就在哪里"，积极推进高校中外合作办学健康发展，在潜移默化、润物无声中引领青年大学生的思想成长，增强文化自信心。

## 二、艺术领航，推动思政教育、文化建设落地见效

"艺心向党"思想文化特色品牌遵循思想政治工作规律、教书育人规律、学生成长规律，聚焦"思想铸魂""特色育人""守正创新""示范引领"四大工程，把思政教育和文化建设贯穿教育教学全过程，让专业课与思政课协同发力，提高思政教育和文化建设的亲和力和针对性。截至目前，"艺心向党"思想文化特色品牌已创作宣传作品240余篇（部）。

（一）实施"思想铸魂"工程，持续增强思政教育、文化建设引领力

1. "微"端发力，助力深度学习。用好微信公众号平台及线上资源，开展学习贯彻习近平新时代中国特色社会主义思想主题教育理论学习、二十大精神理论宣讲大赛等，举办学习习近平总书记文艺工作重要讲话精神专题党课，开展"赓续红色血脉，汲取奋进力量"红色观影活动、赴汪锋同志故居主题党日活动、党员志愿服务进社区活动等，举办学生创作成果展、主题手抄报展、学习笔记展、手绘家国情怀展等。

2. 紧抓重大节点，开展主题活动。紧抓重大纪念日、节日节点，通过特色党日、主题团日、网上祭英烈等活动，引导学生缅怀先烈，传承红色基因。在全民国家安全教育日到来之际，通过主题班会、法规学习、知识分享、宣传片展播等方式，广泛宣传国家安全，增强学生国家安全意识。宪法日前后开展宪法宣传教育系列主题活动，通过宪法学习、主题班会、线上答题、"学宪法、讲宪法"主题手抄报作品征集、国家宪法日主题升旗仪式、宪法晨读等活动增强学生的宪法意识，提高学生的国家、民族、社会责任感，进一步拉近学生与法律的距离。

3. 严格组织发展，夯实战斗堡垒。结合组织发展工作，建好党员教育管理阵地，创新培养教育形式，助力抓好学生党员教育管理。精准制订入党积极分子、党员发展对象、预备党员培训实施方案，针对不同阶段党员培养教

育要点，明晰培训和学习要求，按时举办入党积极分子培训班，配合校党委开展好发展对象培训班，将党员教育工作贯穿党员发展全过程，筑牢理想信念根基，加强党建文化建设，引导学生党员建功立业。不断提高师生党员队伍建设质量，保持党员队伍先进性和纯洁性。

4. 增强理想信念，筑牢精神之基。开设"精神印记"板块，是学院创新学生党员理论学习和教育方式的重要举措。学生党员以人民网中《跟着总书记学党史·精神印记》栏目为学习资源，在学习习近平总书记关于中国共产党人精神谱系重要讲话精神的同时，查找相关资料、精心制作课件，以学习沙龙的形式将理论知识与鲜活事例、生动语言、真实情感相结合，不断提升党史学习教育效果，助力学生感悟初心使命，凝聚前行力量，增强文化自信。截至目前，学院已开展线下党课讲授 4 期，推送线上学生党员讲党课视频15 期。

5. 强化党建引领，激扬青春担当。"党建文化月"板块，学院党总支精心筹备活动，为期一个月，分四个阶段、四个主题开展，内容涵盖党史教育、民族教育、廉政教育、环境教育、志愿服务等。组织学习"习近平与青年书"系列内容，设置"廉政故事·青年说"特色栏目，组织开展"场馆里的思政课"展示、廉政文化作品征集、主题教育成果展参观、青年志愿者生态环境保护、学生围绕"中华民族一家亲、同心共筑中国梦"讲解 56 个民族等活动，引导学生聚焦时代主题、厚植家国情怀，在实践中历练成长，持续增强思政教育、文化建设引领力。

（二）实施"特色育人"工程，持续增强思政教育、文化建设生命力

1. 感恩资助，筑梦育人。"资助育人"板块，开展励志、感恩、诚信和社会责任感教育。举办资助育人书画展、主题手工作品征集，开设诚信小课堂，开展"资助育人知感恩"系列志愿服务、受助学生一对一就业帮扶活动等，利用暑期开展"精准资助基层行"学生走访活动。开展"树诚信 正学风 促自律"主题活动，宣传征信小知识。激励广大受助学生奋发自强、立志成才、感恩奉献，深化资助育人实效，助力构建高质量资助体系，促进"解困—育人—成才—回馈"的良性循环。

2. 盈心相伴，助力成长。"心理育人"板块，开设"艺"彩心灵驿站栏目，从"心"出发，守护学生心理健康。栏目积极做好学生心理健康科普教

育，开展主题班会、心理漫画、手抄报、手绘、团辅活动、心理影院、专题讲座、读书会、时间信函等形式多样的心理健康教育活动，准确把握学生思想及心理特点，助力学生解决日常学习与生活的心理困扰，帮助学生了解更多的心理健康知识，提升抗压抗挫能力，促进学生健康成长，建设多彩校园。

3. 志愿服务，领航先行。"服务育人"板块，主要记录学生投身文明创建志愿服务、"学雷锋"志愿服务、文艺演出进社区、参加爱国卫生运动、参与文明交通劝导等活动的身影，鼓励学生参加社会公益活动。积极组织学生观看学习"陕西省大学生志愿服务公开课"系列培训课程，号召学生"行举手之劳，做身边之事，争当志愿者"，助力省级文明校园和全国文明城市创建，鼓励师生在志愿服务中贡献力量，担当社会责任。

4. 奋勇担当，淬炼成长。"实践育人"板块，展示学生发挥文化艺术专业特长开展社会实践、支教助教实践心路历程及风采。学院组织开展大学生"青春志愿行 感恩报家乡"系列活动，寒暑假组织学生进行社会调查，开展宣传民俗文化活动，倡导学生树立"于细微处见精神""一件小事看品行"的活动价值观，在社会课堂中"受教育、长才干、做贡献"，在实践中更好地了解国情、感知社会、助力家乡建设，持续增强思政教育、文化建设生命力。

（三）实施"守正创新"工程，持续增强思政教育、文化建设融合力

1. 加强交流，构建多元育人格局。"中俄文化驿站"板块，以中俄双语形式推送中华优秀传统文化、俄罗斯文化、中国与俄罗斯餐桌礼仪的异同、中国与俄罗斯女性发型的变化、陕西印象等文章，截至日前已推送 8 期。引导师生强化文化担当，拓宽对外文化交流渠道，促进中俄文化互动、互融、互鉴，助力文化繁荣发展，讲好中国故事，传播中国声音。

2. 促进发展，努力培养国际化人才。"合作交流"板块，直击中俄合作办学交流前线，展播莫师大送祝福、庆祝莫师大 150 周年校庆展演、举办云端画展等。《俄罗斯专家讲座》栏目，先后举办《架上绘画构图探究》《拉赫玛尼诺夫的钢琴创作及对演奏的思考》《意大利歌剧和美声唱法的发展史》等7 场线上讲座、报告，促进中俄教师学术交流，拓展师生学术视野和知识储备。

3. 党建赋能，推进专业创新发展。"党建+专业"板块，以党建赋能专业高质量发展。开展微课竞赛、手工绘画、舞蹈教学成果展演、各专业系列讲

座等活动，展示学院师生赴潼关县社会实践演出、百场名家学术讲座及钢琴独奏音乐会、主题教育创作成果展、课程思政竞赛磨课活动等，不断推进"大思政"进课堂，将专业建设与思政教育紧密结合，持续增强思政教育、文化建设融合力。

（四）实施"示范引领"工程，持续增强思政教育、文化建设影响力

1. 榜样领航，奋斗筑梦未来。"榜样引航"板块，旨在点燃榜样之火，照亮成长之路。设置获奖学生、优秀毕业生、考研学生、创新创业学生等栏目，发挥先进典型的引领作用，以榜样力量激励广大青年学生明确奋斗方向，凝聚奋进动力，强化政治品格，在实现中华民族伟大复兴的新征程上奋勇前进。截至目前，已累计推送 60 余名优秀学生事迹。

2. 聚焦"一站式"，凝聚育人合力。"一站式"板块，加强党组织对学生服务社区的领导，覆盖安全教育、榜样引航、职业规划、主题创作、心理沙龙、民族团结等教育内容。树立退役士兵榜样，打造和建设国防文化，激发学生参军热情。开展标杆宿舍挂牌活动，激励学生在社区日常建设中积极发挥标杆模范作用。营造环境育人健康文明生活氛围，深入推进"一站式"学生社区建设，截至目前，已在"一站式"学生社区举办活动 20 余次，持续增强思政教育、文化建设影响力。

### 三、融合育人，发挥特色品牌效应培育时代新人

（一）以艺术之实提升教学内涵

学院师生倾情打造"艺心向党"思想文化特色品牌，专业课教师积极开展课程思政，并将思政教育元素融入文艺作品创作中，思政课教师依托"艺心向党"思想文化特色品牌丰富教育内涵，灵活思政课展示方式，拓宽思政课教学渠道，融入职业素养教育、工匠精神、专业文化等内容。学院教师党员在陕西省课程思政大赛中荣获"教学标兵"，并荣获陕西省"最美教师"称号。学院荣获陕西省思政教育优秀成果奖 2 项，获批陕西省中外合作办学优秀课程思政示范项目，荣获校级优秀教学成果特等奖；荣获省级大学生艺术展演一等奖 1 项、三等奖 3 项。

（二）以艺术之行丰富育人实践

充分发挥艺术育人功能，满足各种形式及环境下开展大学生思想政治工

作的需求，在学生思想价值引领、校园文化活动开展、日常教育管理过程中积极打造网络思政新格局。师生累计创作网络思政教育作品 9 个，例如，原创歌曲《长安常安》《强国复兴有我》，原创视频《我们的时代》《向阳而生，温暖前行》《阳光路上》《疫路同行　共待花开》等，网络思政教育作品被多家新闻媒体宣传报道。创作"保'渭'平安"系列抗疫美术作品，与市美协共同举办"喜迎二十大　奋进新征程"书画展等，品牌运行情况被陕西省教育厅门户网站等主流媒体多次报道，栏目发表多篇文章被陕西高校网络思想政治工作中心等刊载，品牌活动在学习强国刊发 8 次，省教育厅官网、微博刊发 11 次等。《发挥专业优势奏响防疫思政"交响曲"》荣获 2022 年学校校园文化建设优秀成果特等奖；《精准思政艺术领航　"艺心向党"融合育人》荣获 2023 年全省高校校园文化建设优秀成果二等奖。

（三）以艺术之美浸润时代新人

结合学院中外合作办学实际，根据学院艺术类学科专业特点，"艺心向党"思想文化特色品牌建设坚持将专业教育与思政教育相融合，突出思政育人、文化育人特色，着眼学生专业实践能力培养，积极拓展学生展示专业能力水平平台，不断提升学生专业归属感、获得感、成就感，推动思政教育、文化建设内涵式、高质量发展。组织学生参加陕西省委党校教学展演、2023年"庆八一"联欢晚会，举办"最后一节思政课"毕业生教学展演、毕业生主题教育创作展等活动。学生及团队参加第二届中俄合作办学高校俄语演讲比赛、2023 年陕西省中外合作办学学生外语演讲比赛、渭南市纪念延安双拥运动 80 周年书画展、暑期"三下乡"社会实践等活动荣获奖项多项。结合"艺术+思政"，近年来，学院学生获批大学生创新创业计划项目国家级、省级立项近 20 项。

（编辑：朱芳转）

# 用青春的镜头编织五彩的未来

——渭南师范学院宣传部"视听渭师"
思想文化特色品牌建设实践

石　明　于占豪

（渭南师范学院，陕西 渭南 714099）

"视听渭师"是渭南师范学院面向全校范围、长期开展的思想文化特色品牌，由党委宣传部创建、学校电视台担任主创团队，每年以创作 100 部精品视听作品为目标，在强化思想教育引领、展现教育教学成果、传播校园先进文化、弘扬时代主旋律等方面发挥着积极作用，构建视频文化宣传新格局，促进校园文化传承与创新，达到视频育人、思想育人、文化育人的目的。

"视听渭师"以渭南师范学院官方微信公众平台等多个全媒体矩阵为传播平台。近 3 年来，累计创作校园电视节目、微视频、公益广告、短视频等各类视听作品 500 余部，单部视频作品最高观看量超 27 万人次，参加省级、国家级有关作品大赛获奖 60 余项，8 部作品在学习强国平台刊发，成为全校被省级以上学习强国平台采用作品成果最多的品牌。

## 一、特色先行的品牌理念

"希望广大文艺工作者用情用力讲好中国故事，向世界展现可信、可爱、可敬的中国形象。"2021 年 12 月 14 日，习近平总书记在中国文联十一大、中国作协十大开幕式上的重要讲话，为新时代视听作品的传播工作指明了方向和任务。

近年来，渭南师范学院电视台以学校为中心、以宣传为导向、以教育为目标、以文化为纽带、以艺术为特色、以实践为过程，注重加强和提升创作青年学生喜闻乐见的话题为采访内容，传递快乐，带去思维的碰撞。如《大学生课间生活大赏》《我与老师的那些事儿》等，截至目前已累计播出节目65期。

6. 党史学习节目《一起学党史》。以校园随机采访的形式，对校内师生展开即兴党史知识问答，提高师生的学习兴趣与动力，创新学校党史学习教育方式，截至目前已累计播出节目4期。

7. 新闻速递节目《今日渭师》。该节目聚焦校园新闻一线，以短视频快剪的形式，及时向校内外呈现渭师新闻热点，以"今日事今日发"为制作理念，截至目前已累计播出节目26期。

### 四、文化先行的内容体系

"视听渭师"品牌推出以来，团队师生集思广益，立足精品视听文化作品的创作理念，发扬创新精神，以创建文明校园、助力乡村振兴、展现师生面貌、强化网络安全、提升媒介素养、传承非遗文化、宣扬传统亲情等主旋律为内容，坚持打造有温度、有热度、有厚度、有深度的视听文化作品。在作品内容体系建设方面，主要有学生故事、教师风采、校园生活、思政课堂、社会责任、文化传承六方面。

1. 学生故事。记录学生的成长历程，以学生参与科研活动、创新项目或创业经历的故事，反映学校培养创新精神和实践能力的育人理念。《我和西部有个约定》聚焦西部计划学生群体，呈现全国各地渭师学子的社会担当；《众里寻TA》以寻找优秀学子为理念，用视频的形式讲述学子故事、青春故事。

2. 教师风采。以在校教师和优秀校友为选题对象，记录教师的教学生活和学术追求，呈现教师与学生的互动以及对学生的指导和关怀，弘扬师德师风，宣传先进典型。每年教师节之际，策划拍摄《你好，老师》等微视频作品，宣传展示在教育战线满30年的优秀教育工作者以及省级、校级最美教师等。

3. 校园生活。记录学生的日常生活、学习状态和课外活动，展示校园的活力和学生的多彩生活。同时还展现学校的传统活动、文化节、体育赛事等，体现学校的文化特色和精神面貌。作品《青春永不止步》展现校运会中为梦奔跑的学子不畏困难、勇往直前的精神风貌；作品《我和我的学校》从应届毕业生的角度展现学生对母校的热爱和青春的理解；考研微视频《破茧》鼓励青年学生认真学习，为考研学子带去动力。

4. 思政课堂。紧紧围绕习近平新时代中国特色社会主义思想，创作短片《听党的声音》《建党百年　强国有我》等作品，营造思政大课堂氛围，让学生参与视频录制，接受潜移默化的思想洗礼。微视频《我的中国梦　我的渭师梦》，聚焦中国梦，畅谈青年学子对祖国的美好祝福和对梦想的向往追求；网络安全宣传微视频《距离》，帮助学生提高网络安全防范意识，抵制电信诈骗，营造良好网络空间。

5. 社会责任。在校外，团队师生化身公益志愿者，发挥"陕西校园好网民"的角色，走进乡村、走进企业、走进基层，用影像的力量和全媒体技术助力地方发展。用视听文化作品展示师生参与社会服务、公益活动的情况，体现大学对社会的责任感和积极贡献。扶贫题材微视频《青年大学生牵手夕阳红》《快乐课堂　暖心支教》，讲述师生扎根基层、服务困难群众的动人故事；微视频《十里荷香，醉美街子》以农文旅融合发展为内容，展现地方经济文化发展的时代变化。

6. 文化传承。以习近平文化思想为指引，丰富表达形式，坚定文化自信，展现学校对本土及国家传统文化的传承和弘扬，引领中华优秀传统文化高质量发展。创作传统文化题材微纪录片《十年一觉梨园梦》《世界电影鼻祖——华州皮影》《富平柳编——指尖上的美好未来》《守心·守艺》等，以纪实微电影的形式展现地方非遗文化的独特魅力。

### 五、育人先行的视听艺术

近年来，"视听渭师"品牌充分发挥校园微视频、公益广告等优秀视听作品的示范作用，引导和推动更多师生积极参与视听艺术作品创作，进一步丰富校园网络文化内容供给，传播正能量，弘扬主旋律，争做校园好网民，切实提升学校网络文明建设和网络思政建设的质量和水平，为学校的宣传思想文化工作贡献智慧和力量。通过其多样化的节目内容和参与式的工作模式，为学生提供了一个学习、实践和成长的良好环境，对学生的全面发展具有重要的价值，逐步形成了以育人先行为主的视听艺术。

1. 传播知识信息。通过系列新闻报道、教育节目、微视频等形式，向师校园文化建设。

在未来发展中，宣传部将继续探索该品牌创作和传播模式的应用效应，强化媒体融合发展，充分整合校园媒体资源优势，形成线上线下融合宣传格局，加强与兄弟院校及社会媒体之间交流互动，不断提升视频宣传教育水平。

1. 明确品牌定位。定义清晰的"视听渭师"品牌理念，保证主旋律视频内容与高校的教育目标和文化特色紧密结合，立足本土，扎根渭南，择取代表渭师精神的题材进行选题定位，讲好中国故事，讲好渭师故事。

2. 丰富内容形式。制作纪录片、微电影、动画、音乐等多种形式的主旋律视频，讲述和展示学校历史、师生风采、科研成果、社会服务等。突出正能量，培育和践行社会主义核心价值观，增强师生的民族自豪感和爱国情怀。

3. 加强品牌传播。利用校园网、微信公众平台、视频号等全媒体矩阵，扩大品牌的影响力，使其成为学校对外宣传的重要内容和形象代表。同时组织主旋律视频展映活动，邀请教职工、学生及社会各界人士参与，增强互动性和参与感。

4. 深化思想教育。积极将主旋律视听文化作品融入思想政治教育、人文教育等课程和活动中，作为教学案例和素材，引导学生深入思考，实现知行合一。鼓励学生参与主旋律视听文化作品的创作，通过亲身体验增强文化自信和自觉，加强文化理解和认同。

5. 建立评价机制。定期评估主旋律视听文化作品内容的质量和传播效果，收集学生和社会的反馈，不断优化内容和形式。对优秀的主旋律视听文化作品及其创作者给予表彰和奖励，激发师生的创作热情和参与度。

（编辑：朱芳转）

第六篇 **06**

| 制度建设篇 |

# 试论地方文化研究与中文学科建设关系

凌朝栋　曹　强

（渭南师范学院，陕西 渭南 714099）

"十二五"期间，各高校均将学科建设置于首要位置，或以学科建设为龙头，或以学科建设为抓手，突出学科建设，加强科学研究，深化教育教学改革，强化实践环节。据笔者统计，凡开设中文专业的高校，大多将中文学科列入了建设内容。如何深化中文学科建设，怎样发挥中文学科的优势，中文学科建设的着力点何在等问题，已成为当下越来越多的学者关注的话题。在此，笔者不揣浅陋，试图探讨地方文化研究与中文学科之间的关系。

## 一、地方文化研究的内容与特点

按照文化资源类型的划分，可分为物质文化遗产、非物质文化遗产和红色文化资源（包括红色非物质文化遗产）三大类。物质文化遗产是有形的看得见摸得着的遗产资源，主要指保护相对完好的不动遗产。非物质文化遗产主要指非文字的以人类口传方式为主的具有民族历史积淀且广泛突出和代表性的民间文化（艺术）遗产。红色文化资源主要指革命先辈留在某地的文化资源，包括红色非物质文化遗产，例如，革命前辈遗留下来的遗物、歌谣、故事等。

（一）地方文化研究的主要内容

著名文史学家薛正昌先生认为，地域意义上文化遗产的主要价值和意义在于："第一，文化遗产的研究和保护，可使人们从历史悠久的文化遗产中汲取地域文化和民族文化精神，共享历史资源。第二，社会主义和谐文化的建设，需要文化遗产的凝聚力来支撑；新农村文化建设，需要文化凝聚力来保障。第三，传承历史文明，提升广大群众的文化品位，关注民众意志品德的养成，需要我们研究和提供丰富的文化资源；广大人民群众的时代要求和审美意识的提升，需要我们充分挖掘提炼出最精华的文化遗产。"① 因此，地方文化研究应当包括物质文化遗产研究、非物质文化遗产研究和红色文化资源研究。以陕西东部的渭南市为例，渭南具有悠久的历史和灿烂的文化，流传着仓颉造字、杜康酿酒的故事，是"三贤故里""司马故里"，大量的文学作品产生于此地。拥有极为丰富的地上地下文化遗存，尤其是考古发现的周秦汉唐的历史文物，是其他地区无法比拟的。革命先辈刘志丹、习仲勋等在此创下了丰功伟绩，彪炳史册。渭南市文化资源丰富，非物质文化遗产项目更加引人关注，"十一五"期间，渭南市共普查非物质文化9126项，整理重点项目623项，涵盖了民间文学等10大门类。中央、省、市、县四级非物质文化遗产保护名录体系已经初步形成。华阴老腔、华县皮影、韩城行鼓等12项非遗项目被列入国家级保护名录，84项列入省级名录。有8人被列为国家级非物质文化遗产代表性传承人，55人被列为省级传承人。② "非物质文化遗产是民族本源文化的活化石，传递着这块土地上延续下来的民族生命的脉搏，是不可再生和无法替代的文化资源。"③

然而，地方文化建设尚未引起学者足够的重视，诚如冯骥才先生所言："历史遗存和原始生态一样，都是一次性的，一旦毁灭，无法生还。生态关乎人的生存，所以容易被看到；文化关乎人的精神，就常常不在人们的视野之中。"④ 因此，地方文化遗产的关注与保护，学者观念的转变显得尤为重要。文化工作者应该转变思想观念，结合自己专业所长，组织学术研究队伍，深入调查研究当地文化，保护传承非物质文化遗产，促使当地文化、经济繁荣。

（二）地方文化研究的模式

地方文化研究主要呈现为以下两种模式。

第一，科研工作者与地方文化工作者各自为政，孤军奋战。地方文化部

---

① 薛正昌. 宁夏文化遗产资源的几个问题［J］. 宁夏党校学报，2008（5）：13-16.
② 王晓光. 渭南整理非遗项目623项12项列入国家级保护名录［N］. 渭南日报，2011-12-06（2）.
③ 薛正昌. 宁夏文化遗产资源的几个问题［J］. 宁夏党校学报，2008（5）：13-16.
④ 冯骥才. 思想者独行［M］. 石家庄：花山文艺出版社，2005：4.

门的工作者和高校或科研机构的科研工作者，互不沟通联系，各自独立开展地方文化研究。如此造成大量重复性劳动，且研究成效甚微。地方文化工作者开展当地文化资源的调查与研究时，因经费所限及其自身学术素养不足，致使部分研究起点低，成果相对较少。部分高校或科研院所的研究人员研究当地文化，往往因经费不足、调查对象不配合或调查不全面等，致使研究面相对较窄，多数科研工作者因为难出成果而搁浅。也有部分研究者轻视调查研究或畏惧调查的艰辛，置身于书斋，利用二手材料等研究，得出许多不可靠的结论，甚至闹出笑话。① 以上原因致使地方文化研究裹足不前。

第二，高校和科研机构与地方文化部门携手，共同研究。为加快地方文化资源开发，促使哲学社会科学繁荣，国家依托高校，设立了许多国家级和省（高校）哲学社会科学重点研究基地，陆续出台了许多支持地方文化研究的政策，投入了一定的人力和财力，鼓励高校和科研机构从事文化研究，挖掘在地方有较大影响的资源，使分布在全省的中文学科形成了自己的特色，从而也改变课程结构单一的状况，教师的研究成果也具有了地方特色。

以陕西省高校为例，依托西北大学建设的陕西省（高校）哲学社会科学重点研究基地——"汉唐文化与陕西文学发展研究中心"，主要围绕秦汉文学与文化、唐宋文学与文化、陕西文学的传承及发展三个子方向开展研究工作。该基地力图建设成西部一流、国内知名的汉唐文学与当代陕西文学研究中心，并以此为依托，将唐代文学、现当代陕西文学与文艺学建成国内知名学科，全面提升中文学科研究水平。

陕西师范大学以国家重点学科中国古代文学为龙头，整合文学院学术力量，申报了"长安文化与中国文学"研究项目，获教育部立项支持。主要围绕长安文化与中国文学的演变、长安与西北文化、长安文化经典文献整理与研究三个方向开展研究。其中，长安文化与中国文学的演变包括长安文化与中国文学精神、汉唐文学研究、汉唐文学的域外传播和古今文学演变四个分方向；长安与西北文化包括西北重点方言研究、秦腔与西北戏曲研究、西北民俗艺术与文化遗产保护与利用研究三个分方向；长安文化经典文献整理与研究包括"十三经"的整理与研究、与长安文学文献有关的文学文献整理与

---

① 曹强.试论"花儿"的错误接受［J］.民族文学研究，2011（6）：122-132.

研究两个分方向。① 该项目将对长安文化进行全面的认识，尤其是对长安文化影响中国文学的诸多问题有开拓性的认识。

依托延安大学建设的陕西省（高校）哲学社科重点研究基地——"中共党史与延安学研究中心"，将全面整理研究延安学与中国文学之间的关系。依托宝鸡文理学院建设的陕西省（高校）哲学社科重点研究基地——"关陇方言与民俗研究中心"，将深入挖掘关陇地区的方言与民俗文化。依托陕西理工学院建设的陕西省（高校）哲学社科重点研究基地——"汉水文化研究中心"，将系统整理汉水流域的历史与文化。依托安康学院建设的陕西省（高校）哲学社科重点研究基地——"陕南民间文化研究中心"，将挖掘整理陕南地区的民间文学与文化等。依托西安工业大学建设的陕西省（高校）哲学社科重点研究基地——"陕西当代文学与艺术研究中心"，将全面研究陕西当代文学与艺术等。依托渭南师范学院建设的陕西省（高校）哲学社科重点研究基地——"秦东历史文化研究中心"，将系统研究秦东地区历史、文学、方言、民俗、文化等。商洛学院所设立的"贾平凹暨商洛文化研究所"，将系统研究商洛民歌、商洛名剧、商洛民俗、商洛作家群及作品等。

依托陕西高校建设的陕西（高校）哲学社会科学重点研究基地，使各高校形成了自己的研究特色，并为地方文化研究提供了强有力的支撑。重点基地与地方文化部门携手研究，使地方文化向纵深发展，必将促使地方文化的繁荣。

## 二、中文学科与地方文化建设的关系

高校是一个地区教育、文化、研究的中心，其发展程度往往是一个地区经济发展水平的重要体现。高校的发展前景往往是一个地区未来发展的希望，在此基础上孕育起来的校园精神是推动一个地区不断进步的动力。因此，高校承载着地方文化建设的使命。作为高校重要学科之一的中文学科，同样肩负着研究和整理地方文化建设的任务。据笔者初步整理，中文学科与地方文化建设的关系主要表现在以下四方面。

---

① 《长安文化与中国文学》工作委员会．十三经辞典·总序 [M]．西安：陕西人民出版社，2010.

（一）中文学科可以促进地方文化资源整理、开发与保护

地方文化资源是中国文化资源的重要组成部分，整理、开发和保护地方文化资源，是国家重大的文化建设战略。挖掘、整理和开发地方文化资源，除需要巨大的财力做保障外，还需要强大的智力支持。没有高水平专家、学者的参与和指导，其研究成果只能处于低层次或低水平，不利于地方文化资源的开发与保护。高校拥有较雄厚的师资力量，具备较高的学术素养，可以为地方文化建设、地方文化资源开发保护等提供强大的智力支持。

高校承担着培养人才的重要使命，其人才培养的质量关系着未来社会的发展。非物质文化遗产保护的使命不仅在于抢救和保护，更重要的在于如何传承。如前所述，陕西东部拥有丰富的非物质文化遗产，而当地文化部门对非物质文化遗产的整理和保护尚处于初级或低层次水平。随着经济发展，一些非物质文化遗产逐渐消失，还有许多非物质文化遗产亟待整理和保护。这就需要一支高素质、高水平的学术团队，整理、抢救和保护这些逐渐消失的非物质文化遗产。中文学科建设可以形成和培养一支植根西部、整理和挖掘西部非物质文化遗产的队伍，这支队伍必将有利于整理和保护非物质文化遗产，定会促进地方文化资源开发、保护与传承。

（二）中文学科有益于地方经济社会发展

中文学科致力于地方文化资源研究，将有益于地方经济社会发展。其主要表现为，第一，中文学科参与地方文化建设，形成的研究成果，可以扩大地方文化的影响，提高地域文化的知名度，使更多学者或文化工作者、文化爱好者了解该地域及其文化。例如，安康学院李春平教授的大作《郎在对面唱山歌》拍成电影后，在社会上引起了强烈的反响，好评如潮，使更多人进一步了解和认识了紫阳县，促进了紫阳县旅游业和地域文化的发展。第二，地方文化的研究成果可以转化为产业，直接产生经济效益。例如，司马迁与《史记》研究的不断深入，扩大了"司马故里"韩城市的影响，带动了韩城市旅游业的发展。据报道，韩城市将加大老城区改造，扩大"司马祠"的面积，打造司马迁旅游胜地，进一步拉动经济增长。第三，地方文化研究的系列成果将成为政府的一张亮丽名片，增强当地政府的软实力。第四，中文学科参与当地文化研究，从民间搜集到诸多实物等，同相关部门联合建立博物馆等，有利于地方经济社会发展。例如，经过有关人士的不懈努力，最终筹

建了关中民俗博物馆。关中民俗博物馆的建立具有非常重要的意义，一方面有利于保护文化遗产，另一方面，可以促进旅游业的发展，进一步弘扬传统文化。

（三）开发地方文化资源有助于提升学科内涵和竞争力

开发地方文化资源有助于提升中文学科的内涵和竞争力。以渭南师范学院为例，中文学科以陕西省高校哲学社会科学重点研究基地——"秦东历史文化研究中心"为平台，以司马迁《史记》与中国语言文学研究为核心，进一步优化学科结构，凝练学术方向，使学科特色更加鲜明，初步形成了学科优势和特色：在科研课题选择上关注地方经济文化，注重挖掘地方特色。近5年有2项国家社科基金项目、3项教育部人文社科项目、3项陕西省社科基金项目、9项教育厅项目内容涉及《史记》、秦东皮影戏、秦东方言、关中东部民间文艺、关中东部古代文学资源与旅游开发等，为当地地方政府决策起到重要的咨询作用。在科研价值取向上注重理论与实践、历史与现实的双向建构，把经世致用作为学术研究的价值归宿。古代文学方向注重对司马迁《史记》、司马迁《史记》对中国古代文学的影响及古代秦东籍作家研究；汉语言文字学方向侧重《史记》语言民俗、秦东方言、秦东皮影戏剧本语言等研究；文艺学方向着力挖掘《史记》艺术理论及其影响研究；现代文学侧重探讨现当代作家对《史记》的研究、《史记》对现当代文学创作的影响及秦东籍作家群研究。相关研究丰富了中文学科的内涵，提升了学校中文学科的竞争力。

学科建设的落脚点在于人才培养。人才培养质量是该学科水平的重要体现。整理、挖掘地方文化资源，不仅可以锻炼学术队伍，而且有助于提高人才培养质量。

以渭南师范学院为例，经过几代学人孜孜不倦的辛勤耕耘和长期积累，许多教师确立了稳定的学术研究方向，形成了自己的研究特色，并将自己的研究成果转化为选修课，培养出更多的文化研究者和传承者，进一步提高了中文学科的竞争力。中文学科现已开设《史记》研究、秦东作家研究、白居易研究、民间文化、民俗学等选修课程，学生选课积极性高。中文系积极配合教务处实施"大学生创新计划项目"，引导大学生从事科学研究工作，提高了学生的实践能力。2011年，人文学院学生申报的课题《皮影艺术与影视传播》《秦东庙会探究——以西岳庙会和仓颉庙会为例》获批立项，经过一年调查研究，如今已有文章在学术刊物上发表。"渭南师范学院2012年大学生创新计划项目"申报工作已启动，人文学院学生申请积极性很高，许多选题关注地域文化研究。师生合作开展科学研究，教学相长，有助于提高人才培养质量，提升学科竞争力。

（四）地方文化资源有利于繁荣中文学科

地方文化研究需要文学、文化学、历史学、民俗学、语言学、考古学、文化人类学等多学科参与研究。整理、挖掘和研究地方文化，多学科交叉研究，可以完善研究人员的知识结构，扩大研究人员的学术视野，同时要求各学科取长补短，相互借鉴，紧密配合，长期合作能够形成学术团队，进而促进学科繁荣。以渭南师范学院为例，学校重视学科建设，倡导产学研结合与创新，发挥学科优势，积极服务经济社会发展，为建设富裕文明和谐活力陕西东大门做贡献。产出了一大批有质量的研究论著，受到了有关专家的好评，得到了同行学者的认可。本学科组成员的科研成果先后获得了陕西省政府、陕西省教育厅等教学科研奖励。其中省部级教学科研成果奖3项，陕西省高等学校优秀人文社会科学成果三等奖9项。

以上成绩的取得，得益于地方文化资源整理与研究，换言之，地方文化研究推动了渭南师范学院中文学科的跨越式发展，地方文化资源促进了渭南师范学院中文学科的繁荣。

（编辑：王索）

（原载《中国大学教学》2012年第8期）

# 教学文化与大学教师教学发展关系探析

王昌民　王　凌

（渭南师范学院，陕西 渭南 714099）

随着高等教育大众化的深入发展，人民群众对于高质量大学教育的需求越来越旺盛。要满足这种需求就要加强高校的质量建设。高等学校的"质量建设主要是微观教学方面"。因此，"高等教育研究要更加重视微观教学研究"①。微观教学研究需要教师的自主实验、主动探究和自觉合作，更需要具备教学文化的浓郁氛围和支持、激励机制。教学文化在理念、体制、机制、模式、途径、方法等多层面影响微观教学的实践，也会影响教师的教学发展，因而微观教学研究应与教学文化研究相结合。

## 一、教学活动的性质

（一）教学的艺术性与科学性

1. 重学习与重知识的两种教学传统

教学起源于生产技能、经验的传授，教学最早是与生活、劳动融合在一起的。在中国古代，由于"教起源于学"②，故教与学不分，教中有学，教学相长。其主要特点在于以学代教、重心在学，形成了重视学的传统和学思结合的传统。例如，《学记》中"化民成俗，其必由学"③ 的观点。在西方则形成了重视知识授受的传统。例如，柏拉图就强调真正的教育是运用理性对真正知识的"发现"。亚里士多德提出了百科全书式的教学知识观。这两种传统为教学的科学性和艺术性认识提供了思想根源。

---

① 潘懋元. 高等教育研究要更加重视微观教学研究 [J]. 中国高教研究，2015 (7)：1.
② 石中英. "教育"概念演化的跨文化分析 [J]. 高等师范教育研究，1997 (4)：20.
③ 高时良. 学记研究 [M]. 北京：人民教育出版社，2006：51.

2. 教学的艺术性

早期的思想家都倾向于把教学视为一种艺术活动。孔子的启发诱导术，就是视弟子"学"的情况有针对性地进行的，"不愤不启，不悱不发"。普罗塔哥拉的雄辩术、苏格拉底的"助产术"等就是建立在传授知识的基础上的教学艺术。古希腊人认为只要具备了一定的知识，遵循自然法则，用"吸引人的方法"①，就可以从事传授知识的教学。捷克教育家夸美纽斯在《大教学论》一书中阐明"把一切事物教给一切人们的全部艺术"②。他所谓的教学艺术就是指"教起来准有把握，因而准有结果的艺术""教起来使人感到愉快的艺术""不会使教员感到烦恼，或使学生感到厌恶"的艺术，"又是一种教得彻底、不肤浅、不铺张，却能使人获得真实的知识、高尚的行谊和最深刻的虔信的艺术"③"是要把时间、科目和方法巧妙地加以安排"④"一种简易而又可靠的方法"⑤。

到了近现代，心理学家、教育学家纷纷从理论上论述教学的艺术性。美国心理学家詹姆斯早在19世纪末就提出"教学是一门艺术"的观点。⑥著名教育家杜威也承认教学的艺术性，他曾说过："教学方法是一种艺术的方法。"⑦20世纪50年代，美国教育学家海特在其著作《教学的艺术》中阐述了"教学是艺术而不是科学"的观点。⑧

3. 教学的科学性

德国教育家赫尔巴特提出了教学目的、教学功能、教学形式、教学内容、教学方法、教学过程的体系，提出了"可塑性""教育性教学""统觉"等科学概念，提出了把心理学作为教学理论基础的主张。他认为，教学不仅取决于教师的方法，还取决于学生的兴趣和心理活动状态。他以兴趣理论为基础，

① 夸美纽斯. 大教学论［M］. 傅任敢，译. 北京：教育科学出版社，1999：46.
② 夸美纽斯. 大教学论［M］. 傅任敢，译. 北京：教育科学出版社，1999：1.
③ 夸美纽斯. 大教学论［M］. 傅任敢，译. 北京：教育科学出版社，1999：1.
④ 夸美纽斯. 大教学论［M］. 傅任敢，译. 北京：教育科学出版社，1999：63.
⑤ 夸美纽斯. 大教学论［M］. 傅任敢，译. 北京：教育科学出版社，1999：2.
⑥ 周均. 美国教师教育认可标准的变革与发展［M］. 北京：北京师范大学出版社，2009：74.
⑦ 赫尔巴特. 普通教育学［M］. 李其龙，译. 北京：人民教育出版社，2015：186.
⑧ 周均. 美国教师教育认可标准的变革与发展［M］. 北京：北京师范大学出版社，2009：167.

以专心活动和审思活动以及"形式阶段"构建教学过程，根据学生心理活动"注意、期望、要求和行动"的递进规律，探索教学过程经历"清楚、联合、系统、方法"四个形式阶段的规律性，把教学引入科学的轨道。① 杜威也认同教学的科学性，他把训练思维、开发智力作为教学的主要目的。他提出的"思维五步"和"教学五步"，把教学的科学性提升到一个新境界。他说："教学法的要素和思维的要素是相同的。"② 他主张学校的种种条件要"支持发现式的学习"③。他非常重视儿童的兴趣在教学中的作用，还提出了遵循儿童年龄特征，以活动来促进思维发展的观点。心理学家斯金纳认为，可以用科学的方法安排教学。桑代克研究了教学的科学原理。④

4. 教学的科学性和艺术性的统一

美国教育学家科南特最早提出"艺术—科学性"教学观。他认为，教学是一门艺术，并且有科学基础。⑤ 盖奇的《教学艺术的科学基础》一书认为，教学是一种实践性艺术，需要直觉、创造、即席创作和表现，同时具有科学基础。他指出，教学的科学基础有两方面含义，其一是教学的研究方法是科学的，其二是教学有自身的知识基础。盖奇的研究打破了教学的科学性和艺术性二元对立的争论。⑥ 美国课程专家施瓦布说："如果教学是一种艺术，那么它的实践至少需要三种不同形式的知识，包括有关原理规则的知识，有关特定场合的知识，有关适当运用规则于各种场合的知识。"⑦ 这三种知识就是作为教学的科学基础。到当代，把教学视为科学与艺术的统一已形成共识。教学的科学性表现在教学内容的客观性、知识的外显性、过程的可重复性、原理的概括性；教学的艺术性表现为人的意识的主观性、知识的缄默性、实

---

① 赫尔巴特. 普通教育学 [M].李其龙，译. 北京：人民教育出版社，2015：62.
② 杜威. 民主主义与教育 [M].王承绪，译. 北京：人民教育出版社，2001：179.
③ 杜威. 民主主义与教育 [M].王承绪，译. 北京：人民教育出版社，2001：174.
④ 周均. 美国教师教育认可标准的变革与发展 [M].北京：北京师范大学出版社，2009：167.
⑤ 周均. 美国教师教育认可标准的变革与发展 [M].北京：北京师范大学出版社，2009：73.
⑥ 周均. 美国教师教育认可标准的变革与发展 [M].北京：北京师范大学出版社，2009：167.
⑦ 周均. 美国教师教育认可标准的变革与发展 [M].北京：北京师范大学出版社，2009：168.

践过程的不确定性、体验的情境性。教学过程和情境中的"不确定性"为"艺术性"留下了空间。笔者不赞成教学是科学或是艺术的提法,但是认同教学既有科学性又有艺术性的观点,也赞同"把教学视为科学与艺术的统一"的认识。

教师如何实现教学的科学性和艺术性的统一?杜威认为:"教学的艺术,一大部分在于新问题的困难程度,大到足以激发思想,小到加上新奇因素自然地带来的疑难,足以使学生得到一些富于启发性的立足点,以此产生有助于解决问题的建议。"① 这就是问题情境的作用,教师对问题情境的创设就是教学艺术的表现。问题是训练思维的,是培养能力的,是科学性的;问题情境创设是结合了学情特点的,是发挥了教师教学智慧的,因而是艺术性的。在这里,教学的科学性和艺术性得到了统一。要做到这二者的统一,涉及教师的教育信念、知识结构和主体地位等。有这样几方面的关键因素,制约着教师在教学中对二者统一的追求。一是教师的专业自主权,二是教师的实践性知识,三是教师的角色定位,四是教师发展的自主性。教师知识是实现二者统一的基础性条件。研究表明,教师通过在"行动中反思"开发生成自己的"行动中的知识"——实践性知识;教师运用自己的实践性知识,通过反思与改进的多次反复,生成教学机制。这是实现教学的科学性与艺术性二者统一的先决性条件。教师用行为科学的理论和方法研究教学,对教学原则做整体把握,不断积累实践性个人知识,是实现二者统一的充分条件。

(二)教学的实践性和交往性

关于教学本质问题,有多种认识的争论,影响较大的是"特殊认识说"。由凯洛夫提出的"认识说"到王策三的"特殊认识说",他们把教学看作一种特殊认识过程,似乎教学只是完成一种认识性的任务。这种观点主要聚焦于学生接受知识的认识活动,而没有看到教学的认识活动必须依靠学生已有的知识和生活经验,教学的认识活动必须联系生活实际。这种认识忽视了学生情感因素对认识活动的影响,忽视了学生的切身体验和自主探究,也忽视了师生交往对学生学习的影响。因此,这种观点并没有揭示教学的全部本质。

---

① 杜威.民主主义与教育 [M].王承绪,译.北京:人民教育出版社,2001:172.

辩证唯物主义认识论认为："人的认识一点也不能离开实践。"① 同样，教学的认识过程更离不开实践。从教学活动中教与学的性质和关系分析来看，教是教师的一种具有实际操作的外显行为，这种外显行为具有目的性、计划性和程序性，根据实践的概念推论，可以说是一种实践活动；学是学生在教师的指导下进行观察、体验、讨论、探究等的外显行为，也可以说是一种实践活动。同时，在教师的教与学生的学中，还必不可少地伴随着教师与学生、学生与学生的交往活动。这种交往活动无可置疑地是一种实践活动。有学者认为"教学生学"是教学的本质，② 就在于它把这三方面综合起来了，"教学生学"在本质上是一种实践活动。日本著名学者佐藤学认为教学"可以理解为由三个范畴构成的复杂的活动"③。第一范畴是认识形成与发展的活动范畴，对应于认知性、文化性实践；第二范畴是形成人际关系的社会实践范畴，对应于社会性、政治性实践；第三范畴是教师与学生形成自身内关系的范畴，对应于伦理性、实存性实践。这三大范畴的界定大大扩展了教学实践的空间和意义。学生的学习可以走出课堂，走出学校；学生的学习方式更多地采用合作学习和探究学习，师生的交往可从课堂走向社会；通过交往，师生关系可以消除隔阂，得到很大改善；教师可以走出课堂中的困境，"走向新的经验之创造的尝试"④。

（三）教学实践的反思性

加拿大著名教育学家马克斯·范梅南指出，教师作为教育事业的专业工作者，教学职业要求教师确立"反思性实践者"的观念。这种观念"断定教学的交互过程本质上是一个反思性实践"⑤。

实现教学的科学性和艺术性的统一，必须要求教师把反思作为教学的生活方式。范梅南说"反思就是思考"，⑥ 就是思考的另一种表达形式。教师在

---

① 毛泽东．毛泽东著作选读（上）［M］．北京：人民出版社，1986：122.

② 成尚荣．回到教学的基本问题上去［J］．课程·教材·教法，2015，35（1）：25.

③ 佐藤学．课程与教师［M］．钟启泉，译．北京：教育科学出版社，2003：153.

④ 佐藤学．课程与教师［M］．钟启泉，译．北京：教育科学出版社，2003：157.

⑤ 范梅南．教学机智：教育智慧的意蕴［M］．李树英，译．北京：教育科学出版社，2001：140.

⑥ 范梅南．教学机智：教育智慧的意蕴［M］．李树英，译．北京：教育科学出版社，2001：131.

教学之前对教学内容选择的反思，对教学情境设计和教学策略选择的反思。在教学中对师生交往的反思，对学情特点的反思，对教学生成的反思，是"行动中的反思"。范梅南十分看重师生的交互作用，他认为交互中的反思"具有真正的对话性质"①，教学之后进行"追溯式反思"。所谓"追溯式反思"就是指教学之后对教学经历的回忆和再现式反思，是总结式反思、评价式反思，是"对行动的反思"，"是为了后来的行动更加留心和富有机智"②，是寻找教学改进的空间和可能。

实现教学的科学性和艺术性的统一，必须对教师专业形象重新定位。要从"知识消费者""技术熟练者"的教师形象向"行动研究者"和"反思性实践者"转变。这个转变的过程就是教师的反思性实践过程。这样的过程要求教师对自己的教学保持常态化的反思和改进，要求教师在反思和改进中把自己的隐性知识显性化，形成可言传、可意会的实践性知识。这样的过程也要求教师研究自己的教学行为、研究学生、研究教学情境。教师只有具备了专业自主权和专业发展的自主性，才能在"行动中反思"，才能进行行动研究，开发生成自己的实践性知识，才能成为反思性实践者。

在大学课堂教学中，学生的学习更具有探究性，学科知识对思维能力的提升具有促进作用。教师的教主要是通过创设问题情境，激发学生的思维，引导学生讨论，打破课堂的"沉闷状态"。教师设计问题或者引导学生提出问题，并与学生在深层次问题上交流互动，甚至产生思想交锋。这些都需要教师展现教育智慧。从教学名师的课堂教学看，构建多层次、多通道、多方位、多形式的课堂互动网络，是一种需要展现教育智慧的反思性实践活动，确实可以实现教学的科学性和艺术性的统一。科学性和艺术性的统一是课堂教学有效性的最高价值，而实现这二者的统一依赖于教师在教学实践中的研究探索。

---

① 范梅南. 教学机智：教育智慧的意蕴 [M]. 李树英，译. 北京：教育科学出版社，2001：150.
② 范梅南. 教学机智：教育智慧的意蕴 [M]. 李树英，译. 北京：教育科学出版社，2001：156.

### 二、教学文化与教师教学发展

从教学活动的性质可以看出，教学活动既是一种传递人类文化的认识活动和实践活动，又是一种人与人交往的社会实践活动。具体而言，有教师与学生的交往活动、学生与学生的合作交往活动、教师与教师的合作交往活动。这样的认识活动、实践活动和交往活动，归根结底是为了人的发展，即教师和学生的发展。为了使这种发展更有成效、更有质量，为了使合作与交往更和谐、更融洽、更道德，教师和学生通过反思活动，改变自己的原有认识，改进自己的行为，使认识活动、实践活动和交往活动成为反思性实践活动，使这些活动的文化气息更浓。教学的科学性与艺术性、教学的实践性与交往性和教学实践的反思性，不仅反映了教学的基本规定性，而且表现了教学作为师生生活方式的基本内涵，因而也表现了教学文化的基本规定性，体现了教学文化的实践逻辑。

（一）教学文化的性质

首先，教学文化是一种知识性文化。"教育对人的塑造很大一部分是由（教育中的）知识所完成的。"① 知识塑造人是知识以文化的形式与内容产生对人的教化作用。求真范畴的学科知识对学生的思维能力、学术素养具有形塑作用。求善范畴的通识知识对学生开阔视野、确立志向、形成"思想范围"等具有教化作用。求实范畴的实践知识和交往知识对健康人格的养成具有砥砺作用。审美范畴的艺术知识对丰富个体心灵世界具有陶冶作用。在大学中，师生以知识为中介，构成以探究真理、思维训练和问题分析与解决为主的教学生活。大学教学就是要促进学生对知识的个性化理解和掌握，了解学科理论知识的前沿性成果和发展趋势。

其次，教学文化是一种活动性文化。赫尔巴特主张教学中要关注学生的"专心活动"和"审思活动"。杜威认为，有价值的活动也能训练思维，对于思维发展具有重要意义。这种活动性文化"激活和创造了师生之间分享资源、传递信息、理解知识、发展能力或生成新知识等方面的行动和变化"②。活动性文化一方面，指以教师在课堂中教的活动与学生在课堂中学的活动。教师

---

① 金生鈜. 规训与教化［M］. 北京：教育科学出版社，2004：328.
② 李志厚. 论教学文化的性质［J］. 课程·教材·教法，2008（3）：15.

教的活动包括设定教学目标、组织教学内容、创设教学情境、引导教学互动、控制教学进程、开展教学评价以及毕业论文指导活动等。学生学的活动包括文献阅读、专题思考、实践体验、深入探究、合作学习、互动交流、社团历练、科研创作、社会实践等活动。这些活动是师生教学生活方式的展现。另一方面，指师生在课堂内外的交往活动。这种交往活动不仅体现师生生活方式，而且体现师生之间在信念、价值观、思维方式、个性习惯等方面的相互影响。活动性文化强调活动应该是有教育价值的活动，而不是随心所欲、凭主观想象安排的活动。

再次，教学文化是一种交往性文化。交往也是一种活动。教学起源于交往。教学是人与人之间的交往，是师与生的交往、生与生的交往。有学者区分了作为教学条件和背景的交往与作为教学存在本体的交往，指出："所有的教学都以交往的形态存在，没有不以交往而存在的教学，不呈交往形态，或不发生真正交往的，就不是教学。从存在形态上说，教学是师生之间特殊的交往。"① 作为教学条件和背景的交往，使教学的情境影响着每一个参与者，如合作学习、小组学习中的交往。作为教学存在本体的交往，是主体与客体的统一，认识与实践的统一，是人与文化的双向建构，强调的是教与学在一定文化主题上的互动，是具有问题针对性的协同和统一，是师与生、生与生的思想交流、互相启发和教学相长。教学交往也包含着教师与教师之间的交往与合作，这是反思教学、改进教学、开展教学研究的必由之路。

最后，教学文化是一种学术性文化。教学学术是对教学的价值提升，是对教学地位的提升，是对大学中广泛存在的"重科研轻教学"现状的消解，是促进教师致力于"教学专业发展"，提高教学学术水平。美国著名教育家博耶教授认为，大学里学术的内涵不应仅仅指专业的科学研究，而应该包括相互联系的四方面，即探究的学术、整合的学术、应用知识的学术和传播知识的学术。教学学术是"传播知识的学术"。他说："教学支撑着学术""要给教学的学术以新的尊严和新的地位"。② 卡·克莱博指出："对教和学的研究被视为教学学术的一个重要方面""教学学术意味着教师通过将对理论和研究

---

① 张广君. 本体论视野中的教学与交往 [J]. 教育研究, 2000 (8): 58.
② 王建华. 大学教师发展："教学学术"的维度 [J]. 现代大学教育, 2007 (2): 2.

的反思与以往来自教学经验的知识相结合产生的一种实践智慧"。① 舒尔曼强调，教学应像其他形式学术一样，将教学成果公开，接受同行的评价和批评，与所在专业社团的其他成员进行交流。② 国内学者概括了教学学术的特点：教学学术属于跨学科研究，属于实用性研究，教学学术直接指向教学的实践。

（二）大学教师教学发展的含义

1. 大学教师教学发展是自主性个性化的发展

国外大学一般把大学教师发展当成教师职业化或专业化的必要组成部分。国际上一些专家认为，大学教师发展是改进大学教师的教学或科研成效而设计的一些发展项目，包含教学发展、专业发展、组织发展和个人发展四个维度。

潘懋元教授认为，大学教师专业发展不同于一般的教师培训，是教师从主体性出发的自我要求，是教师的自主性和个性化的学习和提高。他认为："大学教师发展的内涵包含以下三个方面：一是学科知识与实践能力水平，二是教师职业知识和教学能力，三是师德。首先要发展学术专业水平。大学教师处于学术前沿，要充分掌握学术的新动向，不但要传递科学知识，而且能够创新科学知识。尤其是应用型院校的教师，不光涉及基础理论知识，还在实践技能上有更高的要求。其次是大学教师的职业知识和教学能力。大学教师不只是一位学者、专家，而且是一位教师；不是只研究学问、掌握知识和技术，而是要使其拥有的知识转化为学生所能掌握的知识、技术。因此，大学教师需要掌握教育理论，懂得学生的心理。还有一个是师德。师德就是职业道德。大学教师是一种学术职业，教师自己应当受过良好的人文素质教育，具有良好的学术道德修养、高尚的师德。大学教师要具有三种精神，服务精神、自律精神、创新精神。要以自己的创新精神和创新能力引领大学生成为创新型人才。"③

大学教师对教学发展的全面理解，至少有五方面：一是熟悉学生需要什么样的知识，并根据学生的学习特点掌握所教学科专业的更完整知识；二是

① 王建华. 大学教师发展："教学学术"的维度 [J]. 现代大学教育，2007（2）：2.
② 王建华. 大学教师发展："教学学术"的维度 [J]. 现代大学教育，2007（2）：2.
③ 潘懋元. 大学教师发展与教育质量提升：在第四届高等教育质量国际学术研讨会上的发言 [J]. 深圳大学学报（人文社会科学版），2007（1）：24.

熟悉"怎样教"，通过让学生更有收获而积累作为教师的有用实践经验，积累个人实践知识；三是熟悉成为有效教学教师的各种教学策略并选择对教学效果有用的教学策略；四是熟悉与学生深层次交往的人文社会科学知识和交往技巧，并从与学生的交往中获得对于教学效果的反馈与反思；五是进一步提升自己思想境界和责任意识。

2. 大学教师教学发展的核心是教学能力发展

申继亮教授认为："教师的教学能力包括教学监控能力、教学认知能力、教学操作能力。"[①] 教学监控能力是指教师为了达到预期的教学目标，在教学的全过程中，对教学活动进行计划、检查、评价、反馈、控制和调节的能力。教学认知能力主要是指教师对教学目标、教学任务、学习者特点、教学方法与策略以及教学情境的分析判断能力。教学操作能力主要是指教师在实现教学目标过程中解决教学问题的能力，主要表现为表达能力、运用媒体的能力、课堂组织管理能力、教学评价能力。

高等学校人才培养的特殊性决定了高校教师教学能力应具有多维立体式结构。从教育学角度说，主要包括教学设计能力、教学组织能力以及教学研究能力。从心理学角度说，有教学认知能力、教学操作能力和教学监控能力。从社会学角度说，主要指教师与学生的良好交往能力，教师继续自我教育能力以及适应国际化、信息化等社会变化的实际能力。另外，教学成果的培育能力，就是教师将自己的科研成果转化为教学内容的能力。教学成果的培育是高校教师教学能力的最高体现。教师将自己的科研成果转化为教学内容是"教学"与"研究"融合的体现，也是教师培育教学成果的重要途径之一。

3. 开展课堂研究是教师教学发展的关键

当前，许多大学课堂研究出现了方法的趋同性，通观现有的研究成果，大多是运用文献法与理论思辨描绘着大学课堂教学"应当怎么样"的理想蓝图。这种研究，缺少运用实验、个案、行动研究等方法提高课堂教学效率的微观探讨，缺少对于教师实践性知识的总结和积累。教师的实践性知识是教师专业属性的基础，是教师教学能力提高的基本前提。而教师实践性知识的获取则依赖于教师的反思性实践。这种反思性实践以课堂为据点，以教学的

---

① 申继亮，王凯荣. 论教师的教学能力 [J]. 北京师范大学学报（人文社会科学版），
2000（1）：69.

观摩和评论作为主要方法。通过具体课堂的课例研究，可以积累对于教学策略的总结和提升形成的典型课例。这就要求教师成为研究者，即通过教师之间的合作，运用行动研究的方法，结合具体课程的课堂教学情况，对学生特点、课程特点、确定教学目标、选择教学内容、组织教学内容以及教学效果的评价等进行分析、探究、反思和改进；要求教师成为反思性实践者。反思被看成一种根植于教师内心的、致力于不断丰富与完善教学实践的力量。

（三）教学文化与大学教师教学发展的关系

教学文化不仅体现大学培养人才的基本职能，体现大学探究高深学问的科学精神，体现大学服务社会的崇高使命，而且与教师的教学发展有着多维度的密切关系。

1. 知识性文化有助于教师自主决定其专业发展的学术取向

改革开放以来，我国引进了诸多新的教育理论和教师发展理论。这些理论中的许多新理念不断地渗透到学校的教学改革和教师的观念中。许多理念与教师原来接受的观念不一致，必然导致教师遭遇文化冲突。比如，教师原有的观念就是学科本位，注重对本学科的"忠诚"，因而在教师的专业发展中，接受培训、攻读学位，就是在本学科范围内进修或自修。现在教师专业发展的理念强调教师个体的发展、教学的发展、组织的发展以及三者的结合。提倡教师的多元化知识结构，强调教师的实践性个人知识积累，强调教师的自主研修或合作研修。教学活动的艺术性与科学性也对教师的教学发展提出多样化知识的要求。

知识性文化也有助于教师转变教学观念。在传统的知识观中，知识是客观的、确定的、静止的，各门学科之间彼此封闭。与这种知识观相应的教学观就是"特殊认识论"的教学观，学生的知识获得方式就是机械记忆、被动接受。教学方法死板，以灌输为主，学生失去了求知的主动性。教学内容单一，学生知识面狭窄。在后现代的知识观看来，知识是多元的、非确定性的、动态生成的、开放的。与后现代知识观相应的教学观是发展性、实践性、交往性等多元性教学观，教学模式转变为学思结合式、主题研讨式、对话讨论式，学生获得知识的方式是自我构建和主动生成。在教学内容上也要打破自我封闭的学科体系，注重学科综合、学科交融。

2. 活动性文化有助于教师拓宽教学的视野

近代教育家卢梭主张从活动中学习，裴斯泰洛齐主张学生能力的发展要安排相应的训练活动，现代教育家杜威主张从做中学、从经验中学，提倡活动性课程。活动性课程是一种重直观、重体验的课程，是一种适合培养学生直觉思维、形象思维、创新思维的课程。课堂教学只是活动的一种，是以班级授课制和教室为限的活动。而更广泛的教学活动应该超越教室、超越班级、超越教材，开展多途径、多主题的课外活动。甚至走出校园，与社会行业、企业、科研院所协作开展丰富多彩的活动，扩大学校的办学路径，扩大教师的经验范围，扩大学生的知识视野。活动性文化是高校创新人才培养模式的催化剂、发动机。活动性文化扩展了教学艺术性的空间，也是教师进行教育教学改革探索、深化教学研究的温室和孵化器。

3. 交往性文化有助于教师确立进取、包容、开放、反思的思维方式

首先，变对象性思维为关系性思维，构建一种合作学习、平等交往、教学相长的教学模式。要确保教学交往的有效性，一是教师改变单一的教学模式，设置多样化的活动课程，拓展师生之间的交往范围；二是教师主动走进学生的生活世界，倾听学生的心声，了解学生的需求、学习风格和情绪状态，使教学交往具有真诚性、深层次性与实效性。

其次，变封闭保守性思维为开放性思维。有成效的教学研究是教师之间的合作研究，是教师之间的教学交往，是构建学习共同体。封闭性思维不利于教师的自我反思，也不利于教学改进。只有教师以开放的心态欢迎其他教师来听课，才能促进反思，改进教学。只有教师确立了开放性思维，教学交往、成果交流、经验交流才能变可能为现实，教师之间才能分享经验与智慧。教学研究成果的交流、教学经验的交流需要教师之间的合作交往。

4. 学术性文化有助于教师确立教学学术的观念

在"教学学术"视野中，大学教学在学术意义上应与探究学术、应用知识的学术等具有同等地位。确立教学学术的观念，在教师层面上，强调大学教师专业发展和教学发展的整合。教学学术有助于教师转变对于教学的态度，树立新的教学观念，可以扩展大学教师的科研视角，调动教师研究教学的积极性和主动性，把科研的最新成果引入教学的内容中。教学学术也有助于教师扩展交往的范围，不仅与学生交往、与本专业教师交往，也可与校外同行

交往。教师通过与校外同行交往，发表教学研究成果，汲取教学研究资料和相关信息，开发教学资源。

不论是知识性文化、活动性文化、交往性文化还是学术性文化，其中都蕴含着教学的价值导向和价值规范，都在客观上对教师的教学价值观念和行为取向起着导向、规范的作用。

### 三、教学文化的导向引领、教化规范和机制支撑功能

受杜威教育关系中"经验的标准"的启示，[①] 教学文化可从两方面对教师的"经验"和教学能力发展的"经验"产生影响。一是"经验的连续性"。已有的经验能够唤醒兴趣、明确生长目的、产生生长动力，对未来的生长经验产生影响，以改变经验的性质。这就体现了教师教学发展中"反思"的作用。二是"经验的客观条件和内部条件的相互作用"。环境构成了经验的客观条件，会促进人与人之间经验的交流，人从环境中汲取经验的养分；人从环境中获得理解环境的能力，获得改变产生经验的客观条件的能力，构成了经验的内部条件，生成有价值的经验的动力。这两项标准扩展了思考教学文化与教师教学发展关系的视角。可以从人与环境相互作用方面研究教学文化对教师教学发展的基本功能。

教学文化与教师教学发展的关系还表现在教学文化对教师教学发展的导向引领、教化规范和机制支撑等三种功能上。文化的功能是由文化的性质和结构决定的。教学文化的功能也是由教学文化的性质和结构决定的。教学文化是对教学活动性质的综合体现，反映了教师教学活动的基本价值取向，对教师专业知识的形成、教学动机、教学效能感、教学信念以及发展意愿产生明显影响。教学活动的艺术性、科学性、实践性、交往性、反思性等奠定了教学文化功能的基础。

教学文化的导向引领功能表现为，第一，教学工作核心地位、教学学术、学习共同体、教师是反思性实践者、以学生发展为中心、立德树人等教学理念的导向引领功能；第二，进取、包容、开放、反思等思维方式的导向引领

---

① 杜威. 我们怎样思维·经验与教育［M］. 姜文闵，译. 北京：人民教育出版社，2005：254.

功能；第三，教师教学业绩的评价机制也具有相当程度的导向引领功能。

教学文化的教化规范功能表现在如下四方面：第一，学校教学工作成为学校舆论的中心，起到价值导向的教化作用；第二，教学规章制度的健全与完善，起到规范、教化和约束作用；第三，每个教学环节和每门课程都有质量标准，起到价值规范、教化和约束作用；第四，教学事故的及时严厉处罚，起到价值规范、教化和约束作用。

教学文化的机制支撑功能表现在五方面：第一，学校对教学工作核心地位的落实：定期研究教学事务、经费保障教学、后勤服务教学、行政工作安排方便教学等；第二，教学与科研的平衡关系，通过学校制度和相关政策体现出来；第三，学校设立优秀教学奖励制度和教学成果奖励制度；第四，各院系教学团队的建设纳入教学基本建设的正轨；第五，教师发展中心发挥了教师培训、教学成果交流和教学咨询与技术服务功能。

（一）教师教学发展需要思维型教学文化的引领

思维型教学文化针对"满堂灌式"教学的"无思维"状态，倡导批判性思维的新型教学文化。这种教学文化"要求教师在课堂教学中创造一种'思维文化'"①，训练学生的思维语言，改变学生的思维态度，提升学生的思维策略，改善学生的思维方式。

首先，思维型教学文化要求教师营造一种批判性思维、对话性思维与辩证性思维的教学氛围，教师通过创设一种问题情境，进行苏格拉底式"提问"，鼓励学生自身思考问题、发现事实与法则，让学生积极地探寻和评价知识信息，进行"有意义接受学习"和"探究学习"，提高学生学习质量。这种培养思维能力的教学，要求教师在两个层面培育批判性思维。一是在具体的思维技能层面设计思维教学，通过特定的活动开展思维技能训练；二是把对话性思维与辩证性思维贯穿整个课程设计，从课程目标整合多方面技能的培养活动。

其次，思维型教学文化要求教师在反思性教学理念引领下，促进教师变革教学观念、转变教学行为、创新课堂教学模式。反思性教学的特征是突出教学的情境性、过程性、评价性和反馈校正性，为教师提高课堂有效性开辟

---

① 钟启泉．"批判性思维"及其教学［J］．全球教育展望，2002（1）：38．

了新的路径。反思是教师重构其个人的实践知识的过程。教师系统地反思自身的实践并从自身的经验中学到实践性知识；在与他人的沟通中，征求他人的建议以改进自身的实践。

（二）教师教学发展需要合作型教学文化的引领

合作型教学文化旨在增强教师间的交往与信任，克服保守、封闭、孤立的个人主义教学文化，推动专业学习共同体的形成。所谓合作型教学文化对教师教学发展的引领，是指通过确立学习共同体理念、构建教师间的合作规范，打破封闭、孤立的教学状态和研究状态，在教师的教学合作、教学研究合作、教学反思合作中，鼓励同行交流和同行评价教学成果，引领教师的教学发展。学习共同体的理念要求改革教研室的组织方式和研究方式，教师以学习共同体成员的身份参与，以合作为主旨，以反思为主题，以共享为目的，合作研究教学、反思教学、改进教学，共享信息、共享经验、共享智慧，在教学改进中提高教学效果。教师间的合作反思，要求鼓励教师之间互相听课，共同商讨课堂改进的情境和环节，促进教师实践性知识的生成。

（三）教师教学发展需要大学教学组织文化的规范

管理学意义上的组织文化是组织群体的文化，是指组织在其解决自身发展问题的过程中创造、培养、逐步形成的群体价值观念、行为规范、精神面貌、制度规划、文化素质、文化行为等方面的总和。这里把教学组织文化看成一种教学组织内部形成的制度文化，是指依托教学组织形成的共同目标、共同责任、共享价值规范和教学规范。这些规范承载着教学的基本价值，具有教化的功能和控制的功能，把教师和学生的行为、教学活动和学习活动及其相互关系稳定在规范之内。师生在教学活动中自觉认同和切实遵守的课堂行为规范和行为风尚，调整着教学的各种关系，规范着教师的教学行为。

（四）教师教学发展需要大学教学制度文化的支撑

无数事实表明，教师教学发展在很大程度上取决于教学工作在学校工作中的地位，取决于学校决策人和管理者对教学学术的认识和态度，取决于学校的教学文化氛围。大学的教学管理制度、教学评价制度和政策直接影响着教师对教学的时间和精力投入。因此，在学校层面，校内制度和政策切实实行教学与科研和服务享有同等待遇，在评价、报酬和奖励等方面保持基本的平衡，支持教师发表教学研究成果。在基层教学组织层面上，完善教学学术合作研究制度、定期交流制度，提倡教师之间的教学研究合作，开展经常性的教学研究活动和课堂课例研究，定期组织教学学术交流活动，强化教学团队建设，营造有利于教师教学发展的组织环境和学术环境。

（编辑：王索）

（原载《渭南师范学院学报》2017 年第 2 期）

# 西部地域文化"走出去"战略视域下的译介策略探讨

高凤平[1]　刘新淼[2]

（1. 渭南师范学院，陕西 渭南 714099；

2. 渭南职业技术学院，陕西 渭南 714099）

实施西部大开发和"一带一路"倡议，加快中西部地区发展，是党中央总揽全局面向 21 世纪做出的重大决策，是适应世界范围结构调整，提高我国国际竞争力的迫切要求，具有重要的现实意义和深远的历史意义。随着西部对外开放程度的日益提高，"了解中国从西部开始"的文化外宣品必将逐步打开局面。在这种历史大背景下，如何有效宣传西部地域文化，让西部走进国际视野，就成了摆在我们面前的一个紧迫而现实的问题。

## 一、西部地域文化译介的迫切性

### （一）西部地域文化译介势在必行

中国西部地域广阔，历史悠久，民族众多，是中华文明的源头、中国革命的重要发祥地、丝绸之路的起点、少数民族及其文化的集粹地。西部地区在长期的历史变迁中孕育出灿烂的文化，具有地域性、多元性和原生态性，是中华文化的重要组成部分。

翻译在促进不同民族文化交流上的重要作用和桥梁纽带作用无可替代。令人遗憾的是，翻译活动开始以来，尽管中西翻译理论都取得了长足的发展和进步，但纵观中国翻译史，前三次翻译高潮，无论是东汉至唐宋的佛经翻译、明末清初的科技翻译，还是鸦片战争至五四的西学翻译，都以外译汉为主导。中国文化的对外译介明显处于弱势地位，无论是国内还是国外，翻译界对中国优秀传统文化的推介力度仍相对有限。①

在我国翻译界积极倡导、大力践行中华文化对外译介的大形势下，不同地域的翻译工作者应视推介本地域文化为己任，利用自身的语言优势和本土身份优势，更新和优化翻译观念，探索一条科学、合理的途径，形成一套系统的引领性翻译策略，打造本地专业翻译队伍，提升专业素质，普及职业技能，为本地的文化交流和发展做出应有贡献。

（二）西部地域文化译介不畅的因素

在全球文化语境下译介中国文化是中国译者与时俱进的态度、责无旁贷的使命。作为中华文化根基与代表的西部文化，更亟待走入国际视野。然而，在实际的翻译操作中仍存在着诸多问题。

导致这些问题的主要因素首先包括译介主体。因为母语是汉语，本土译者一般而言对于中国文化的理解，以及对文化意向、文化符号等深层次问题的解读是独具优势的。但是受以往翻译活动中文化失衡状态的惯性影响，本土译者可能在译介过程中会习惯性过多地运用异化的策略，以期投其所好，博得西方读者的青睐，这样会导致信息传递的准确性、真实性、原生态性大打折扣。其次，由于行业薪酬、就业环境、教育成本、工作强度、行业风险等因素，高水平的本土译者数量呈下降趋势，很难满足译介工作的需要。

首先，外国译者或汉学家目的语功底不俗，但在解读原语时可能会曲解、误解一些文化因素，这一问题在地域文化翻译中表现更加突出。而且他们会倾向于运用意译或归化策略，这样一来，相应翻译能否保证传真中国文化便成了悬念。中外译者组合是一种比较理想的翻译状态。双方不同的母语与目的语可以进行优势互补，使翻译活动更顺畅，但决策不当也会造成失误，而且相应的协调、运作也需要较高的支撑条件和运行环境，一般只适用于大型项目启用。

其次，一些媒体、机构出于对经济利益的考虑，常常会因为主观认定受众面小、推广价值不高、预期收益不确定，而对配合中国西部地域文化译介的活动缺乏积极性。

---

① 张婷. 对少数民族民俗文化译介的思考：以武陵地区为例 [J]. 湖北民族学院学报（哲学社会科学版），2011，29（4）：154-156.

再次，对一些外国受众来说，中国文化遥不可及，中国西部地域文化更是神秘又陌生，这也构成他们了解、体味、欣赏中国文化的障碍。

最后，一些西方相关媒体和机构在引入项目时，往往更关注商业利益，出发点是满足受众的猎奇心理，对文化传播的价值并不重视，所以选题很可能偏狭、边缘、以偏概全，甚至出于娱乐受众的目的，对原著进行肆意删减、演绎，从而误导受众，特别是那些原本就对中国文化了解不多的群体。实际上，一直以强势文化自居的西方文化对其他文化多少是带有一些偏见的。任何外国文化的推介想要在西方国家打开局面都不是件容易的事。西方文化中心主义的强势制约在译介策略中的体现，使得西方立场成为文化与审美价值的审视者和裁判员，在这种"中心"与"边缘"的不平等关系支配下，中国文化可能被西方所谓的推介者随心所欲地曲解和误读。这样的现状要求我们必须主动出击，要以传播中华文化为使命，以本土的身份优势传真中国文化，用自己的力量让中国文化走向世界。

## 二、构架西部地域文化译介模式

### （一）转变翻译理念

20 世纪 70 年代以来，为学习西方的先进技术与管理水平，我国对西方国家的社会、经济、科技等各个领域进行了全面译介，以"请进来"为主调。世纪之交，随着中国综合国力日益提升，中国文化"走出去"的呼声日益高涨。为此，国务院新闻办自 2009 年起每两年举办一次全国对外传播理论研讨会，就翻译与中国文化"走出去"等议题开展深入研讨。[①]

在此背景下，中国传统文化的英译被提上日程，从转变翻译理念入手，倡导通过使用直译、音译、加注等方法对中国文化中的一些核心概念、主要思想进行阐释，以凸显文本的中国文化身份。

中国在国际视野中逐渐强大，面对以往文化失衡造成的冲击，中国译界既要有大国胸怀，避免狭隘的民族主义，又要建立强国自信，共同探讨可行性措施，合理解决译介活动中的文化失衡问题。在翻译策略上，尤其是面对

---

① 罗永洲. 武术文化对外译介反映"中国崛起" ［N］. 中国社会科学报，2014 - 12 - 08（A8）.

强势文化读者，应充分发挥直译、异化的积极作用，并致力于在翻译过程中寻求合理尺度，尽量保持中华文化原貌。① 西部本地的专业译者队伍也应努力寻求更为科学、合理、操作性强的翻译策略，对规范本土翻译行为起到引领作用，提高地域文化译介质量和成效，扩大宣传力度，为传播中华文化、彰显家乡地域文化优势贡献力量。

（二）完善译介系统工程

当"中国文化走出去"和"西部大开发"被提升到国家战略高度之后，国家相关的权威机构和专业组织需理性引导相关的翻译项目和活动，合理规划，加强计划性和系统性，同时要强化本土译者队伍的培训。译者也应提升专业素养，摆正心态。任何非理性的急功近利行为都是中国文化译介行为的大忌。有关部门应出台相关政策法规，引导、促成译者、作者、出版社、推广机构等之间的沟通协作。同时积极牵线搭桥，促成与国外出版社间和相关机构的深度和良性合作。相信中国的崛起一定会给中国文化的有效推介带来强大的推动力。

### 三、优化译介策略

（一）地域文化译介的特点

地域文化是中国文化的瑰宝，与传统的历史、建筑、艺术、习俗等相融合，呈现出独特的民族风格。地域文化作为某一特定文化比较稳定的行为规范，是千百年传承而来的民族习性、风土人情，对本民族起着潜移默化的作用，这种作用持久而顽强，对此展开跨文化研究将产生巨大的学术价值和实用价值，而翻译策略研究是其中的重要内容。

中国西部独具特色的地域文化在其社会发展的历史进程中起着极其重要的作用，在对外交流日益频繁的时代大背景下，对其展开译介工作成为一种必需，这对增强本民族的凝聚力、扩大本民族的影响力有着不容忽视的重要意义。

---

① 高凤平，刘新森. 中华文化"走出去"：诉求与挑战［J］. 渭南师范学院学报，2013，28（11）：127-132.

翻译对西部地域文化的国际化传播具有不可替代的作用，是外国读者了解中国传统文化的必由之路。比较而言，早期的中国文化译介倾向于使用西方式话语来阐释中国的文化元素，而近期的译介则倾向于采用音译法和直译法等来凸显中国文化的民族特色。中国地域文化的译介史正反映了不同社会元叙事在不同时期对翻译选题和策略的制约作用。不同阶段互有区别的地域文化译本也表明，任何一种文化形态都不是一成不变的，其面貌往往取决于叙事者如何表述。在中国地域文化的对外译介中，译者在不同时期曾通过音译、直译、增删、替代等一系列措施在译介中建构了不同的地域文化面貌。

（二）地域文化负载词的特殊性

中国西部地域文化的国际意义是基于其所具有的鲜明的民族文化内涵，在长期的实践中已形成了相对稳定的基本特性，而且正因其携带着中国文化传统的基因而独具魅力，对于这些特性的误解往往会导致对文化的误读。因此，地域文化翻译不仅要求语义的文化求证，而且还涉及文化表现的种种策略。

在中国地域文化的译介中，文化负载词的准确翻译是一个关键点，文化负载词表现出内涵的多重性、形式的多样性，以及理论形态的传承性。所以必须通过对西部地域文化因素的特征进行辨析、归纳、梳理和整合，并在此基础上对相应英译进行对照、配伍研究，从而做到合理变通与整体关照共和谐，适当妥协与严格固守相结合。

近年来，随着中国综合国力的提升，弘扬民族文化逐渐成为人们关注的焦点，而文化负载词的主动输出无疑是一个绝佳切入点。但由于语言类型、文化实力、文化自觉等方面的原因，中国文化负载词在译成外语时很多译者倾向于采用意译，从而导致内涵表达不全面、不准确，甚至误读误译。因此，译者必须关注中国文化负载词的动态认定，寻求合理规范的翻译策略。能否以合理的方式输出中国文化负载词不仅是语言层面的问题，更是民族文化发展战略的重要一环。①

（三）正确处理地域文化译介中直译与意译的关系

1. 坚持直译优先原则

近年来，中国文化对外译介的力度在不断加强，在遇到一些中国文化中

---

① 试论中国文化符号的译介推广策略：从"饺子"的罗马尼亚语翻译谈起 [EB/OL]. 新浪博客，2013-06-21.

的符号性词语，特别是涉及地域文化中国俗特点很强的词语时，译者在选择翻译策略时会很纠结。如何选择合理的途径确保地域文化在海外得以有效传播是大家一直在关注和探索的话题。

很多译者在将国外国俗词，特别是空缺词引入汉语时，最常采用的方式是直译。直译在国俗词语的文化内涵的传送过程中损失最小。

值得注意的是，同样是译介国俗词和空缺词，过去很长一段时间内，一些译者过分关照目的语读者的阅读视角和阅读习惯，在汉译英时往往谨小慎微，较多采用意译和仿译，这种双重策略选择造成的严重后果是，很多国俗特色、地域风情词语内涵在翻译的过程中被大量过滤掉了，最终译入语中呈现给读者的东西或支离破碎，或断章取义，已游离出原语的核心内涵，甚至造成失实的后果，这使得译入语读者无法了解原汁原味的中国文化。这种表现在译介活动中强势文化凌驾于弱势文化的惯性思维必须扭转，中国文化译介才能进入真正的良性循环。而本土译者更应转变观念，提升民族自信心，在中国文化译介中坚持直译优先原则，力争有效传真中国文化，让世界通过我们的译本看到中国文化的原貌，这是每位本土译者必须肩负的历史使命，也是翻译界在新时期面临的挑战。

2. 坚守最大化直译

意译导致的以辞害意的后果曾经过滤掉了多少中国文化负载词中的丰厚内涵，造成了怎样的文化失真，我们很难估量。例如，若有人主张将"秦腔"译为"Shanxi opera"，于是其回译便成了"陕西歌剧"，但秦腔作为一种历史悠久、特色鲜明的传统地方戏曲，其中的"唱、念、做、打"，岂能是"opera"所能传递的？汇聚了歌剧、舞剧、话剧、武术等艺术门类多种元素、大气豪迈、酣畅淋漓的秦腔，又怎能是"陕西歌剧"所能描述的？同理，"华县老腔"如果翻译成"Huaxian opera"，又会与我们看到的"冷、楞、蹭"的真实与淳朴怎样地风马牛不相及？

在国俗词语，特别是文化负载词的翻译中，我们要努力坚守最大化的直译，音译便是一种既便捷又高效的手段，提倡译者刻意保留一些中国特色表达的汉语拼音形式不失为一种两全其美的有效途径，如有必要也可以考虑在行文中或括号中做一些简要注释。因为看似简单、直接的"音译"法恰恰最有利于保留国俗词语和文化负载词的精髓，从而达到传真中国文化的目的。

与此同时，音译还有利于激发译入语读者对中国文化的好奇心和求知欲，并满足他们主动探求、认知和体悟异域文化的乐趣。因为带有异域感的发音本身常常更能吸引译入语读者的眼球，从而引导他们进入文本去为自己一探究竟，与其想方设法，不惜以过滤中国文化特质为代价，强行采用意译或归化以试图解除译入语读者对中国文化的陌生感，不如用悬念和神秘感做留白，以充分调动读者的求知乐趣。

近年来，本土译者越来越意识到音译的强大优势，音译的尺度也在逐渐加大，"专升本生"（zhuan-sheng-ben students）、"西安交通大学"（Xi'an Jiaotong University）等就是很典型的例子。因为专升本是中国特有的一种高等教育形式，英语国家的教育体制中没有，所以英语中也没有相应的词语表达形式，无论我们解释性地翻译为"three+two-years-college student"（烦琐，描述不具备唯一性），还是"five years college student"（不具备特指性，可能产生歧义），都不具备唯一性，不仅烦琐，也无法与其他类似学年制的教育形式区别开来。而音译加上附带的解释便可轻松解决问题，同时中国文化中特有的概念得以以自己最原始、本真、具有唯一性的身份进入异域文化。"交通大学"中的"交通"一词，英语中是有的，但是交通大学在历久弥新的发展过程中，教育宗旨、体制、重点专业以及核心方向不断地调整和变化，时至今日"交通"已不再具有特别的描述性和指向性，而只是沿袭下来的一个名称，所以音译能更好地胜任这一功能。而且反倒是"交通"的对译有可能会产生"以偏概全"的误导，可能导致译入语读者对学校重心方向以及特色专业的理解走偏。

语言是文化传播的载体，其本身就是文化宝库中的瑰宝，是具有丰富内涵的符号表现形式。文化符号的丰富内涵经凝练后以词汇形式出现，极易被感知和接受，是了解一国文化的最佳切入点。文化推介中合理地保留汉语发音是彰显民族实力的需要，也是民族自信的具体表现，打着推广的旗号轻易放弃语言形式是舍本逐末。

3. 合理拿捏直译与意译的度

地域文化的翻译应充分注重等值效果，这是由地域文化负载词的特殊性所决定的。尽管我们提倡直译优先，主张最大限度直译，但直译并不是万能的，过犹不及，所以一定要警惕走入"千人一方"的误区。文化翻译中准确把握直译与意译的度至关重要。

许崇信教授认为，"翻译工作在某种意义上像外交工作，要善于存异求同，既尊重别人又尊重自己。这应该成为处理文化关系的一个基本原则"①。一方面，在文化译介中要特别注意避免以异域文化意向替换、篡改中国文化意向，否则就会造成文化身份模糊、错位的后果。而应遵循"求同尊异"的原则，承认、尊重中国文化，尽量保留原语中的语言和文化信息，唯有这样才能保持中国文化的核心价值不受侵犯，使民族特色文化在翻译中得以再现，促进中西文化的有效交流和互动。

对于汉语中一些文化负载丰富的词汇必须尽量坚持直译，以利于最直接推介中国文化。例如，"班门弄斧"，如果直接翻译为"Teach fish to swim"，看似引申义是类似的，但汉语中的文化意向在翻译之后荡然无存，以至于无缘走出国门，我们自己将推介的力度打了折扣。如果译者在直译的路上再坚持一下、努力一下，将其译为"Showing off one's proficiency of playing with an ax in front of LuBan（the master carpenter）"便可以呈现给读者一个生动的、原汁原味的表述，用一个简捷的"the master carpenter"作为解释，既可以消除异域读者对"鲁班"的信息空缺问题，又让他们通过一个小小的词语窥见了中国文化的魅力与丰厚，引发进一步探究的欲望，可谓一举多得。这种对直译不轻易放弃的努力值得大力倡导。

再如，有人主张将陕西风味小吃中的"凉皮"英译为"steamed noodle"，其回译便成了"蒸面条"，可理解成卤面、米皮、面皮、擀面皮、热米皮等，当然也包括凉皮，可它不是唯一指称，无论在国外的饭店还是在国内的饭店都不好用，远不如音译来得方便。如果我们有相应的政策引导、协调和规范的话，音译可以有效地解决很多类似的问题。

另一方面，直译的度也是需要认真拿捏的，否则会导致过犹不及、欲速不达的后果。例如，"红娘"若译为"a red woman"，看似坚持了直译，但仅仅是在表层结构上进行了语言符号的转换，译入语读者不但不能理解其真实意义，还可能衍生歧义。反倒是译为"matchmaker"或"marriage agent"，才是对原文内涵意义的正确翻译，是深层结构的转换。②

① 许崇信. 文化交流与翻译［J］. 外国语（上海外国语学院学报），1991（1）：31-36.
② 蒋红红. 中国民俗文化词语汉英翻译初探［J］. 漳州师范学院学报（哲学社会科学版），2004（1）：96-99.

4. 地域文化负载词直译、音译的保障条件

（1）相应的政策支持

西部地域文化的译介和推广是一个系统工程，不仅需要全面规划，更需要译者，特别是本土译者的坚持和努力。地域文化译介期待良性的支撑环境和相应的政策配套，尤其是文化符号的规范化音译需要行之有效的保障条件。尤其是一些重要景点、景观、古迹、民俗、民间艺术以及文化意象词应有统一的对译。

各国语言中来自汉语直译、音译的"外来词"数量大幅增长之日，才是中国文化在海外真正崛起之时。

（2）本土译者需摈弃虚荣心，增强责任感

由于弱势文化的心理惯性，在过去很长一段时间里，已经习惯了为照顾西方受众接受度而刻意采取意译中国文化符号的一些本土译者，一方面，不能很快走出以往的译介策略取向，另一方面，会本能地认为直译或者音译很难体现译者的专业水平，是低能的表现，因而可能会有意回避音译。应该说这不仅是虚荣心作祟的问题，也反映出译者缺乏民族自信心、翻译理念滞后、专业精神不强、缺乏使命感和责任感等问题。译者只有解决了这些自身问题，才能真正进入致力于传真中国文化的最佳译介状态。一个合格的译者不但要有过硬的双语能力和国学素养，还必须有国际视野和主人翁精神，并不断拓宽眼界，陶冶情操，提升人文素养。

## 四、结语

西部是中华文明的发祥地、丝绸之路的起点，地域文化底蕴深厚、异彩纷呈。在西部大开发和"一带一路"倡议视域下，西部地域文化的国际传播具有重要的历史意义和现实意义，是摆在本土译者面前的紧迫任务。我们必须乘着中国热、西部热的东风，大力推介西部地域文化，用译者的职业精神和专业素养让中国西部真实地走入国际视野，这既是中华民族复兴的基本要求，也是国际社会的现实需要。

（编辑：王索）

（原载《渭南师范学院学报》2015 年第 24 期）

# 新时代高校校园文化建设的机遇、挑战及发展路径研究

朱芳转

（渭南师范学院，陕西 渭南 714099）

## 一、新时代高校要重视和加强校园文化建设

文化是一个国家、一个民族的灵魂。党的十八大以来，习近平总书记在一系列关于文化强国战略的重要讲话中，频频提及中华文化，强调"中华优秀传统文化是中华民族的突出优势，是我们最深厚的文化软实力"①，强调"培育和弘扬社会主义核心价值观必须立足中华优秀传统文化"②，强调"建设文化强国，必须立足于中华优秀传统文化的根基，汲取营养，获取力量，赋予时代精神"③。高校是文化创造和传播的重镇，是坚定大学师生文化自信的前沿阵地。文化传承创新是大学的重要使命与职责，是当代大学发展的自觉选择。

大学文化是大学的精神和灵魂，是大学知识创新的动力与源泉，是大学核心竞争力的重要组成部分，为高校的跨越式发展和内涵式发展提供强大的精神动力和文化支撑。增强高校现代大学治理体系创新，不断提高高校治理能力，创新高校思想文化建设，打造高校特色校园文化，凝练高校文化精神，要求新时代高校要重视和加强校园文化建设，把校园文化建设放在有利于推

---

① 习近平 . 习近平谈治国理政 [M]. 北京：外文出版社，2014：155.
② 习近平在中共中央政治局第十三次集体学习时强调 把培育和弘扬社会主义核心价值观作为凝魂聚气强基固本的基础工程 [J]. 党建，2014（3）：4，6.
③ 张国祚 . 学习领会习近平关于提高文化软实力的大思路 [J]. 红旗文稿，2014（20）：23.

动学校事业发展的重要地位去建设和发展。新时代高校校园文化建设要坚持以习近平新时代中国特色社会主义思想为指导，全面贯彻党的教育方针，坚持社会主义办学方向，以社会主义核心价值观为引领，坚持文化强校的发展战略，以优秀的精神文化为核心，以先进的制度文化为保障，以优美的环境文化为基础，以优良的质量文化为表现，以良好的形象文化为展示，重点以促进高校事业发展为目标，不断满足广大师生员工日益增长的文化需求，把培养担当民族复兴大任的时代新人作为重要职责，努力为中国特色社会主义事业培养合格建设者和可靠接班人。

## 二、新时代高校校园文化建设的机遇、挑战与困境

（一）新时代高校校园文化建设的机遇

党的十九大开启了习近平新时代中国特色社会主义文化建设新篇章，赋予中国特色社会主义文化建设更为重要的新使命。习近平总书记多次强调，坚定中国特色社会主义道路自信、理论自信、制度自信，说到底就是要坚定文化自信。文化自信是更基础的自信，是建设社会主义文化强国的必然要求。我国各高校经过多年的发展，确定了具有各自特色和内涵发展的建设目标，需要匹配的文化支撑和引领。文化强国战略、文化自信要求、生态文明建设和学校事业发展的文化需求都为新时代我国各高校加强校园文化建设、发挥文化育人功能提供了重要机遇和广泛空间。

（二）新时代高校校园文化建设的挑战

新形势下我国高校校园文化建设普遍存在重视物质文化建设但人文关怀尚显不足、精神文化建设集中于意识形态但在微观生活领域涉猎较少、制度文化建设初步形成体系但协同效用并未出现、质量文化建设得到全面重视但实效性还需进一步加强、行为文化建设健康有序进行但品质还需提升、生态文化建设被广为关注但体系性欠佳、形象文化建设被日益看重但宣传推广还不充分等方面的现实挑战。特别是随着网络文化的兴起，校园新媒体不断发展，其给我国高校校园文化建设带来了多元文化冲击和道德教育功能削弱的现实影响。

（三）新时代高校校园文化建设的困境

随着我国高校进入深化改革、依法治校、从严治党、内涵发展的关键期，

与大学立德树人、文化育人和软实力提升的需要相比，我国高校校园文化建设发展面临一些问题和困境。一是我国高校校园文化的物化外显不够充分。高校师生直观、及时受到学校文化熏陶感染不够突出、不够明显。高校主导的引领力强、辐射面广、影响力大的重大文化项目还不够丰富。二是我国高校校园文化的品牌影响还需强化。从全国范围来看，我国高校在全国范围内具有一定影响力的校园文化品牌还没有培育成熟，高校对地方经济社会发展和区域文化建设的参与度还不够广泛和深入。三是我国高校校园文化的制度保障有待增强。以人为本的教育理念、激励鼓舞的人文关怀在高校治理体系中还需进一步提升，规章制度的完备性、协调性、人文性和可操作性还不够到位。

### 三、新时代高校校园文化建设制度体系与条件保障

高校校园文化建设是一个系统工程，需要多方努力和制度体系与条件保障，才能达到预期的建设目标和目的。高校要努力建设和形成校园文化师生积极参与的良好局面，在师生校园文化活动参与和成果总结方面要有激励机制，在校园文化建设方面要达到条件保障和经费支持。

具体体现在：一是要形成全员参与、共同建设的共建局面。文化建设是学校建设的重要组成部分，要在学校党政的统一领导下，形成师生员工广泛参与、党政工团齐抓共管的局面；切实加强学校对校园文化建设的组织领导，成立校园文化建设工作领导小组，负责领导学校文化建设的总体研究、规划与部署。二是要激励表彰、凝练成果不断提升质量。建立学校文化建设的激励机制，对在文化建设中做出重要贡献的组织和个人予以表彰奖励；开设学校文化建设专项研究课题，组织师生开展专项课题研究；建立学校文化成果培育与推广机制，对优秀成果及时进行总结、凝练与推广，不断提升校园文化建设成果质量。三是要加大投入、保证条件形成保障机制。学校设立文化建设专项经费，纳入学校每年度经费预算计划，保证学校文化建设投入到位、专款专用；在人、财、物等方面加大投入，确保校园文化建设各项工作的顺利开展；积极争取校友及其他社会资源的支持，多渠道筹措学校文化建设资金。

### 四、新时代高校校园文化建设发展路径与实践举措

结合新时代高校校园文化建设面临的机遇、挑战与困境，和多年以来的

校园文化建设工作实践，研究者认为，高校校园文化建设要重点从精神文化、制度文化、环境文化、质量文化、形象文化五个层面来进行。力争经过建设，构建较完善的大学文化建设领导体制和工作机制，较系统的大学精神文化、制度文化、环境文化、质量文化和形象文化体系，满足师生心灵浸染的内在需求，满足人才培养与教育教学的思想需求，满足传递正能量、激发新动力的精神需求，形成高校文化事业发展繁荣的良好局面，显著提升高校形象的传播力影响力、高校精神的凝聚力感召力，以高校文化激发全校师生和学校各领域事业发展的引导力创造力。

（一）以优秀的精神文化为核心加强校园文化建设

1. 凝练校训与学校精神

高校应加强对校史资料的整理、搜集和修订工作，不断挖掘、凝练、深化校训和学校精神，从制订校训、学校精神、校歌、校徽、校标、校旗入手，推进实体和网络校史馆建设，汇集一批反映学校发展历程、体现学校精神传承的成果。通过编写校史图册、开设校史讲座、组织校史展览等多种途径，面向全校师生持续开展校史文化教育和研究，将校史资源转化为文化资源和教育资源，使之成为对师生进行爱校教育的生动教材，引导全校师生以学校精神作为价值追求的自觉行动。

2. 提升师生理想信念与价值观教育

高校应持续开展师生理想信念与价值观教育，深化中国特色社会主义和中国梦的宣传教育，弘扬民族精神和时代精神，加强爱国主义、集体主义、社会主义教育，引导广大师生树立正确的历史观、民族观、国家观、文化观。坚持立德树人、以文化人，加强校园精神文明建设和文明校园创建，不断提高师生思想觉悟、道德水准、文明素养。从强化教育引导、实践养成、制度保障着手，使社会主义核心价值观融入教育教学、校风和学风，转化为师生的情感认同和行为习惯。

3. 建设中华优秀传统文化、革命文化和社会主义先进文化

高校应以创造性转化、创新性发展为目标，推动传承中华优秀传统文化。以发挥学校红色文化研究基础优势为主要内容，继承革命文化。以"四史"教育为重点，发展社会主义先进文化。建好新生文化季、文化艺术节、学生科技节、廉洁文化周、高雅艺术进校园、"礼敬中华优秀传统文化""书香校园"经典阅读、重要节日与重大仪式的纪念等文化艺术载体，强化中华文化

的自信和认同。发挥好共青团、学生会与学生社团组织在举办校园文化活动、第二课堂活动中的突出作用，持续做好知识竞赛、报告会、讲座、党（团）日活动等主题文化教育宣传活动。

（二）以先进的制度文化为保障加强校园文化建设

1. 加强宣传核心制度中体现的文化

高校应宣传以大学章程为核心的现代大学制度，挖掘一章八制等核心制度中的内在文化，宣传制度以人为本、育人为先、协调性、人文性的特点。优化学校在政治权力、行政权力、学术权力、民主权利等治理结构中所体现的文化。支持和鼓励学校各部门、各单位提炼各自在内部治理制度中的特色文化。总结凝练学校在推进自身治理体系现代化中的特色文化。

2. 加强总结制度创新与完善中的文化

高校应围绕教育评价改革，凝练制度改革创新文化。在创新学生学业评价机制中总结学生学习文化。在优化学科专业布局、提升办学层次和质量的制度中总结专业文化。在科教融合、科研管理创新和服务区域经济社会发展的制度中总结学术文化。在强化合作办学模式创新、提升国际化合作办学水平的制度中总结合作共赢文化。在强化激励与干部管理制度改革中总结管理文化。在完善普法规划、加强法治宣传、教育和培训中总结法治文化。

3. 加强提炼制度认同与执行中的文化

高校应以制度的公开透明、公正合理建构而被师生广泛认同的校园制度文化为指导。坚持和完善党委领导下的校长负责制，切实执行党务、校务公开制度。树立制度权威，规范、公正、高效地执行制度，将刚性执行与柔性执行相结合、约束与激励相结合、执行与教育相结合，切实提升制度执行实效。突出领导干部带头执行制度，表彰执行制度的先进典型，增强制度对师生的说服力和感染力，进一步提高全校师生对学校制度文化的认知与认同。

4. 加强探索民主管理与监督中的文化

高校应在依法决策、民主管理、严格监督的机制制度中，探索严谨规范的制度文化。不断完善规范决策过程和工作规则，充分发挥党代会、教代会、团代会、学代会、学术委员会、学位委员会在学校管理，特别是在学校重大事项决策中的重要作用。强化民主意识，维护师生权益。在民主决策与管理中确保师生的知情权、参与权、表达权、监督权。充分发挥民主党派、无党派人士、各级人大代表、政协委员和离退休老同志的民主监督以及参与学校管理中的积极作用。

（三）以优美的环境文化为基础加强校园文化建设

1. 做好新建校区文化建设

近年来，我国多数高校均有新建校区，做好新建校区文化建设规划，也是加强高校校园文化建设的一项重要任务。高校应结合主校区文化主调、新建校区当地历史文化和新建校区校园特点，做好新建校区校园文化总体规划，逐步建成具有新建校区特色的校园文化氛围。充分发挥校园建筑景观和校史校训的文化价值，强化新建校区校园文化策划与布局，研讨规划新建校区校园文化景点和标识。做好新建校区各楼宇、道路、广场、公寓、体育馆等设施的命名与文化建设。强化新建校区教室、图书馆、实验实训室、宿舍、餐厅等场所的文化布置，营造新建校区优美育人环境。

2. 做好校园重要建筑设施文化建设

高校要按照各个校区的功能定位，打造体现学校精神文化的景观特色文化。要注重营造浓郁的文化氛围，从视觉、感观角度给予师生文化感受冲击。营造处处有文化的良好氛围，让师生在校园所到之处感受到文化处处在、时时在的场景，达到睁眼看文化、闭眼思文化的良好境界。高校要注重加强楼宇文化、场馆文化、广场文化建设。在各校区教学楼、图书馆、大学生活动中心等建筑内建设文化长廊和文化景观小品。开展校园景观系列评选活动。完善网上地图导览功能，开发校区导览手机 APP 等应用，合理安排导览方案，提升学校文化影响力。

3. 做好师生生活园区文化建设

高校要强化教职工生活园区、学生公寓园区各景观与设施的美感。在学生公寓楼内建立党团活动室、自习室、接待室。加快生活园区文化空间打造，集中打造体现中华优秀传统文化、学校文化、书香文化、身心健康文化、优良行为习惯养成和正确价值追求的人文园区。进一步优化生活园区环境，有序实施校园美化、花化、亮化、绿化、净化工程。发挥美术设计专业师生的专业优势，支持建设设计感强的生活园区个性文化项目。

（四）以优良的质量文化为表现加强校园文化建设

1. 发扬干部优良作风

高校要牢固树立作风建设永远在路上的理念，营造学校管理育人、服务育人的文化生态。深入推进管理服务作风建设，增强服务意识、责任意识、担当意识。简化办事流程，推进网上综合办事大厅建设，不断探索服务师生新模式。持续开展年度考核"先进集体""先进个人""优秀党员""师德标兵""爱岗敬业标兵"等评选表彰活动。强化爱岗敬业引导，落实岗位职责要求，实现管理服务效能。强化工作督查问责制度，保证管理服务效果。

2. 建设教师优良师风

高校要坚持将新时代高校教师职业行为十项准则要求和教师思想政治教育工作贯穿教师职业发展的全过程。完善评价考核，坚持把师德作为评价教师的第一标准，建立师德师风问题清单制和学术不端行为清单制，严格师德师风"一票否决"制度。深化价值引领，树立师德榜样，通过开展师德规范培训、师德学习提高、师德典型引领、师德故事创作、师德管理创新等活动，引导广大教师严守职业道德、静心教书、潜心育人、立德树人、为人师表，不断在教育学习中提升职业理想，在实践中规范职业道德。

3. 提升教师优良教风

高校要按照新时代要求，建设教师严谨治学、创新有为的优良教风。引导教师努力做到人格高尚、情趣高雅、学问博学、业精日新，治学严谨、执教严明，既教书又育人，做学生的良师益友。完善绩效考核评价机制、重大业绩成果奖励办法等管理制度，调动教师教研教改、教书育人、科学研究与指导学生的积极性。推行教师荣休制度，创新完善校内荣誉项目奖励制度，发挥教师先进人物模范带动作用和荣誉奖项正能量作用。

4. 构建学生优良学风

高校要加强思想政治教育工作，引导学生树立远大理想和目标，激发学习热情，增强学习内在动力。开展学风状况调研，摸清学风现状，推进学风建设。强化学生适应教育、养成教育和学业生涯规划教育，促进学生全面健康成长。开展学风建设月活动，每年评选"学习标兵"等各类奖助学金。开展学生课外科技学术活动和社会实践活动，举办各类知识竞赛，激发学生参与各种学习活动的积极性和创造性。加强学生骨干队伍建设，充分发挥学生党员、"学习标兵"和先进典型在学风建设中的模范作用。

（五）以良好的形象文化为展示加强校园文化建设

1. 建设好学校视觉形象

高校要建设学校视觉形象识别（VI）系统（包括校标、校徽、校旗、标准字体、标准色彩等学校形象的基础性标示，也包括名片、信封、便笺、传真纸、职位牌、来宾卡、公文袋、PPT 演示模板、合同书封面、工作证、官方形象宣传片等应用性标识），不断规范学校 VI 系统基础部分的使用，加强学校 VI 系统的宣传和推广。加强学校 VI 系统应用性标识的完善推进，规范学校各类纪念品、宣传产品、文化形象产品的开发与使用。

2. 建设好学校传播形象

高校要加强学校文化传播体系建设。完善校园信息发布、新闻发布、网络舆情应对及学校各级网站主页、出版刊物报纸、广播电视台、微博、微信等官方媒体平台的管理办法，规范新闻宣传程序，严肃新闻宣传纪律。加强与学习强国、报纸、电视、网站等中央、省属主流媒体的交流合作，利用学校重要事件、活动契机，及时组织重大报道和新闻发布，不断加强和提升新闻发布质量。

3. 以文化品牌建构学校形象

高校要建设以坚定党员理想信念、规范党员行为、陶冶党员道德情操、激发党员使命感与荣誉感为主要内容的党建文化品牌。总结凝练富有学校特色、体现学校文化精神的校园文化活动，推出校园文化建设精品和品牌。挖掘校园文化活动品牌影响力，打造特色鲜明以及集思想性、知识性、时代性和艺术性于一体的校园文化形象。重点建设一批思政类公众号或网络品牌栏目，引导和扶持师生积极创作导向正确、内容生动、形式多样的网络文化品牌产品。

4. 以文化成果展示学校形象

高校要积极凝练总结校园文化建设成果，通过校园文化建设成果展示学校形象。高校校园文化建设成果凝练总结方向和内容主要来源体现在：推进习近平新时代中国特色社会主义思想"三进"工作，培育和践行社会主义核心价值观；深化中华优秀传统文化教育，尤其是加强网络文化的建设和管理；营造实践育人、协同育人文化氛围的好做法、好经验、好成果；结合新冠疫情防控，开展思想引导、作品创作、教育管理、战"疫"中的中国精神教育等良好做法。

（编辑：王索）

（原载《边疆经济与文化》2021 年第 6 期）

# 基于创新的高师院校校园体育文化建设研究

左海燕

（渭南师范学院，陕西 渭南 714099）

在高等教育国际化与民族化教育同行的现实背景下，仅仅依靠传授知识已经越来越不适应时代发展对人才培养质量的客观要求，形势要求各高校还必须培育优秀的校园体育文化，不断加强校园体育文化的育人功能。高校肩负着为国家教育事业培养师资的重任，加强师范院校校园体育文化建设，对国家教育事业的发展乃至社会的进步具有重要的意义和作用。

## 一、高师院校校园体育文化概述

（一）校园体育文化的概念

校园体育文化是以校园为基本活动空间，以学生、教师为活动主体，以课余活动为主要内容，以文化的多科学、多领域广泛交流等为基本构成要素，具有一定时代特点的群体文化活动。同时，校园体育文化又是一个多层次、立体的文化，涵盖了物质文化、精神文化等多方面的文化范畴，它不仅依存于社会文化，而且蕴含着巨大的文化孕育效能。

（二）校园体育文化的特点

1. 健康娱乐性

科学、合理的体育运动可以改善人体的生理机能，调整人的心理状态，从而提高人的社会适应能力，有益于人的身心健康。体育运动包括竞技性比赛、具有游戏性质的各类运动等，无论哪种都体现出较强的娱乐性，可以使人们从中感受、体验到美与快乐。

2. 教育教化性

与其他组织的体育活动不同，学校体育教学的主要目的是服务于教育，即促使学生掌握基本的体育技能技巧，并培养其终身体育的意识；向学生揭示体育运动的文化内涵，磨炼学生的意志品质，最终提高学生的综合素质，故高校体育文化具有明显的教育教化性。

3. 表现多样性

校园体育文化活动内容丰富、形式多样，其以课堂体育教学为基本形式，再辅以各类课外体育活动，涉及范围广泛，可以满足不同年龄、不同兴趣、不同层次的学生的运动需求；除体育运动形式多样外，体育场馆、体育设施、体育知识宣传形式等均表现出多样性的特点。

## 二、高师院校校园体育文化的效能

（一）具有充实大学生情感生活的效能

校园体育文化给学生提供的情感体验是复杂多样的，顺应了大学生对情感的多方面需求。体育文化活动是一种极富感情色彩的高尚活动。它是人们高级情感的产物，又是人类高级情感的发生器，学生参与体育文化活动可以追求积极向上的荣誉感和亲和感。因此，校园体育文化具有充实学生情感生活的效能。

（二）具有传播与交流的效能

文化传播是人在社会活动中对文化的分配和享受，是人与人之间的文化互动现象。体育文化遵循文化传播规律，也有其自身的特点，体育文化传播是人类各族文化交流的重要内容。体育文化的交流和传播是双向的，体育文化的传播与交流效能促使校园体育文化得到发展，最终在体育教育中创新人才的培养。

（三）具有强烈直观展示的文化功能

人类社会的各种文化都有自身特有的评价体系。文学艺术世界奖项的设立、科学技术的各种奖励措施的出台都是人类对自身的文化成果进行检验和评价的例证。然而，体育文化的评价方式具有鲜明和强烈的直观展示特性。体育竞赛以比政治竞争更超脱、比经济竞争更公开、比文化竞争更强健的特性，使人们获得无与伦比的运动体验，最终学生通过参与体育活动实现体育文化直观展示的文化功能价值。

### 三、我国高师院校校园体育文化建设中存在的问题

#### (一) 校园体育文化建设认识不深刻

中国以儒家文化为根基,中国文化的传承与发展也秉承以文为主这一文化理念;即使在体育运动蓬勃发展的今天,传统应试教育对学生体育文化观念的影响也是根深蒂固的。应试教育下的价值取向会限制人们的思维发展,使得一部分学生只意识到了体育活动的健身与娱乐价值,而忽略了"体育育人"的价值性。这种认识局限性使人们忽视了高校体育文化建设的重要性。

#### (二) 校园体育文化建设缺乏特色

体育文化是高校校园文化的重要组成部分,高校类型及办学理念的不同等因素对高校校园体育文化的建设有重要的影响。大部分高校的体育文化都没有体现出独具特色的体育价值观及理念,多数高校也没有代表高校整体形象的体育文化标识,学校对社会文化缺乏积极有效的反馈、筛选、疏导。鉴于此,各类高校应该建设符合培养目标要求及具有特色的校园体育文化。

#### (三) 校园体育文化基础设施建设落后

体育文化建设过程中完善体育基础设施是必要的物质基础,是开展体育文化活动的必要支持。但是受历史及传统观念的影响,很多高师院校体育经费投入不足问题十分突出,甚至一部分高校的体育经费维持基本的教学开支都有困难,更谈不上投资体育文化建设的基础设施;同时,随着高师院校的不断扩张,无论是招生数量还是高校的办校规模都在不断扩大,原有的体育基础设施本就薄弱,使得高校体育经费投入数量、投入速度都无法满足高校的实际需求,从而成为制约高校体育文化建设的重要因素。

### 四、加强高师院校校园体育文化建设的途径

#### (一) 加强体育精神文化层面的建设

所谓体育观是个人或社会对体育存在的意义、价值的认知及看法,人们的态度倾向、观念形态、思维方式、生活环境等因素均会对其体育观产生影响。校园体育文化是学校在长期的教学实践过程中逐步形成的,更是在广大师生直接参与和精心培养下发展起来的。丰富多彩的校园体育文化是挖掘学生潜能、启发智力、促进能力发展的广阔天地,是深受学生喜欢的一种群体文化,也是学生从"自然人"向"社会人"转轨的助动力手段。

（二）加强课内与课外体育活动有机融合

在新的健康观的影响下，各类学校的体育教学理念从单一的生物学体育观转变到生物学、心理学、社会学三维教育理念，体育教学内容从原来的竞技性向娱乐性、健身性及社会性创新，学校体育教育目标实现的途径是课内体育教学和课外体育活动的有机结合，它能最大限度地为学生体育生活化提供强有力的物质及技术支持和时间保障，有利于学生终身体育观念的形成和运动习惯的培养。同时，建立起课内课外一体化的网络体系，使学生更好地将新兴的体育项目与传统项目有机结合，同时可以激发学生的创新思维意识，为创新型人才的培养提供重要的途径。

（三）建设高水平的体育项目，凸显校园体育文化特色

为了有效实现各类学校人才目标的培养，各类高校体育文化建设要体现出自身的建设特色，新兴体育项目与传统体育项目有效结合，进一步提高不同体育运动对体育文化的影响力。体育文化节将系列性体育活动与体育文化理性地有机融合，以体育实践活动为载体，同时以学校自身的文化背景为依托，为师生提供一定的体育文化活动舞台，最终实现校园体育文化中创新人才的培养。鉴于此，高师院校的管理者要充分认识到校园体育文化建设的重要性，建设高水平的校园体育运动项目，通过示范、带动效应凸显校园体育文化的特色。

（编辑：王索）

（原载《现代交际》2020 年第 5 期）

# 参考文献

一、著作

[1] 班固. 汉书 [M]. 颜师古, 注. 北京: 中华书局, 1962.

[2] 《长安文化与中国文学》工作委员会. 十三经辞典·总序 [M]. 西安: 陕西人民出版社, 2010.

[3] 车锡伦. 中国宝卷研究 [M]. 桂林: 广西师范大学出版社, 2009.

[4] 陈光磊, 李行杰. 中国古代名句辞典 [M]. 上海: 上海辞书出版社, 1986.

[5] 储朝晖. 中国大学精神的历史与省思 [M]. 太原: 山西教育出版社, 2006.

[6] 杜威. 民主主义与教育 [M]. 王承绪, 译. 北京: 人民教育出版社, 2001.

[7] 杜威. 我们怎样思维: 经验与教育 [M]. 姜文闵, 译. 北京: 人民教育出版社, 2005.

[8] 范梅南. 教学机智: 教育智慧的意蕴 [M]. 李树英, 译. 北京: 教育科学出版社, 2001.

[9] 范晔. 后汉书 [M]. 李贤, 等注. 北京: 中华书局, 1965.

[10] 冯骥才. 思想者独行 [M]. 石家庄: 花山文艺出版社, 2005.

[11] 高时良. 学记研究 [M]. 北京: 人民教育出版社, 2006.

[12] 顾明远. 教育大辞典: 增订合编本 [M]. 上海: 上海教育出版社, 1998.

[13] 赫尔巴特. 普通教育学 [M]. 李其龙, 译. 北京: 人民教育出版社, 2015.

[14] 金秋．中国传统文化与舞蹈 [M]．北京：中国社会科学出版社，2006.

[15] 金生鈜．规训与教化 [M]．北京：教育科学出版社，2004.

[16] 克拉克．高等教育系统：学术组织的跨国研究 [M]．王承绪，等译．杭州：杭州大学出版社，1994.

[17] 夸美纽斯．大教学论 [M]．傅任敢，译．北京：教育科学出版社，1999.

[18] 黎顺清，曹鸿远，李知华．中国古代教育名著选读 [M]．西安：陕西师范大学出版社，1989.

[19] 李曼丽．通识教育：一种大学教育观 [M]．北京：清华大学出版社，1999.

[20] 刘勰．文心雕龙 [M]．赵仲邑，译注．桂林：漓江出版社，1982.

[21] 刘永红．青海宝卷研究 [M]．北京：中国社会科学出版社，2013.

[22] 毛泽东．毛泽东著作选读（上）[M]．北京：人民出版社，1986.

[23] 聂石樵．司马迁论稿 [M]．北京：中华书局，2010.

[24] 潘懋元．潘懋元高等教育学文集 [M]．汕头：汕头大学出版社，1997.

[25] 广东、广西、湖南、河南辞源修订组，商务印书馆编辑部．辞源 [M]．北京：商务印书馆，1979.

[26] 尚丽新，车锡伦．北方民间宝卷研究 [M]．北京：商务印书馆，2015.

[27] 舒新城，沈颐，张相，等．辞海：上册 [M]．北京：中华书局，1981.

[28] 司马迁．史记：文白对照本 [M]．韩兆琦，主译．北京：中华书局，2008.

[29] 司马迁．史记 [M]．北京：中华书局，2014.

[30] 王鸣盛．十七史商榷：第六卷 [M]．北京：商务印书馆，1959.

[31] 徐志刚．论语通译 [M]．北京：人民文学出版社，1997.

[32] 杨东平．大学精神 [M]．沈阳：辽海出版社，2000.

[33] 杨生枝．司马迁教育思想述略 [M]．西安：陕西人民教育出版

社，1995.

[34] 杨荫浏. 中国古代音乐史稿（上）［M］. 北京：人民音乐出版社，1981.

[35] 叶明春. 中国古代音乐审美观研究［M］. 北京：人民音乐出版社，2007.

[36] 张新科. 史记学概论［M］. 北京：商务印书馆，2003.

[37] 赵中建. 学校文化［M］. 上海：华东师范大学出版社，2004.

[38] 中共中央马克思恩格斯列宁斯大林著作编译局. 马克思恩格斯选集：第1卷［M］. 北京：人民出版社，1972.

[39] 中国社会科学院语言研究所词典编辑室. 现代汉语词典：修订本［M］. 北京：商务印书馆，1978.

[40] 中华人民共和国文化部艺术司. 国家舞台艺术精品工程评论：2002—2003［M］. 北京：文化艺术出版社，2004.

[41] 周川，黄旭. 百年之功：中国近代大学校长的教育家精神［M］. 福州：福建教育出版社，2005.

[42] 周钧. 美国教师教育认可标准的变革与发展［M］. 北京：北京师范大学出版社，2009.

[43] 佐藤学. 课程与教师［M］. 钟启泉，译. 北京：教育科学出版社，2003.


二、期刊

[1] 曹强. 试论"花儿"的错误接受［J］. 民族文学研究，2011（6）.

[2] 曹毓民. 地域文化对地方高校办学特色构建的影响［J］. 赤峰学院学报（汉文哲学社会科学版），2010，31（8）.

[3] 陈安梅，董国炎. 日本研究中国宝卷的进程与启迪［J］. 图书馆杂志，2016，35（9）.

[4] 陈桂生. "校训"研究［J］. 宁波大学学报（教育科学版），1998（1）.

[5] 成尚荣. 回到教学的基本问题上去［J］. 课程·教材·教法，2015，35（1）.

[6] 程眉眉．浅谈戏曲中的舞蹈 [J]．安徽新戏，2000 (2)．

[7] 程瑶．河西民间宗教宝卷方俗语词的文化蕴藉 [J]．汉语学报，2015 (2)．

[8] 程瑶．明清西北地区宝卷方言词例释 [J]．现代语文，2019 (10)．

[9] 崔惠林．浅谈舞蹈创作与文学作品的关系：以舞蹈《孔乙己》为例 [J]．大舞台，2010 (7)．

[10] 崔蕴华．中国说唱文学的海外传播与研究 [J]．北京社会科学，2020 (3)．

[11] 丁德科，王昌民．论基础教育师资硕士化 [J]．渭南师范学院学报，2015，30 (24)．

[12] 丁艳红，陈怡，郑惠坚．大学校训的文化蕴涵及其功能 [J]．云南大学学报（社会科学版），2005 (1)．

[13] 丁一清．西北宝卷与明清小说传播 [J]．哈尔滨师范大学社会科学学报，2014，5 (5)．

[14] 段宝珊．发扬艰苦创业精神努力提高教育质量 [J]．渭南师专学报，1998 (4)．

[15] 段国超．二十周年校庆感怀 [J]．渭南师专学报，1998 (4)．

[16] 费孝通．重建社会学与人类学的回顾和体会 [J]．中国社会科学，2000 (1)．

[17] 冯慧．高校意识形态建设面临的挑战及应对 [J]．红旗文稿，2014 (12)．

[18] 傅卓．媒体融合生态下的主旋律纪录片创作及传播：以纪录片《我的青春在丝路》为例 [J]．新媒体研究，2019，5 (16)．

[19] 高风平，刘新淼．中华文化"走出去"：诉求与挑战 [J]．渭南师范学院学报，2013，28 (11)．

[20] 高瑞泉，袁进，张汝伦，等．人文精神寻踪 [J]．读书，1994 (4)．

[21] 顾明远．大学文化的本质是求真育人 [J]．教育研究，2010，31 (1)．

[22] 顾明远．敬业爱生、严谨笃学：纪念第 23 个教师节 [J]．中国教

育学刊，2007（9）.

[23] 郭创. 渭南市教育局以"三名+"建设助推渭南教育强市建设［J］. 陕西教育（综合版），2022（4）.

[24] 韩飞，吴禾昆. 主旋律微纪录片《十一书》的网络化生存探索［J］. 当代电视，2020（5）.

[25] 韩洪波. 河南说唱传统与宝卷的产生及流传［J］. 河南教育学院学报（哲学社会科学版），2019，38（3）.

[26] 韩延明，栾兆云. 我国现代大学文化的价值取向［J］. 高等教育研究，2010，31（4）.

[27] 何顺进，刘国新. 大学文化力审视及建构［J］. 高等教育研究，2010（4）.

[28] 侯怀银，周涛. 谈大学校训的特征和功能［J］. 中国高等教育，2007（Z2）.

[29] 胡键. 中国文化软实力建设：必要性、瓶颈和路径［J］. 社会科学，2012（2）.

[30] 姬慧. 河西宝卷方俗词语义考二则［J］. 渭南师范学院学报，2018，33（15）.

[31] 贾晞儒. 语言是民俗的一面镜子［J］. 青海民族学院学报，1994（2）.

[32] 蒋红红. 中国民俗文化词语汉英翻译初探［J］. 漳州师范学院学报（哲学社会科学版），2004（1）.

[33] 雷汉卿. 河西宝卷所反映的西北方言浅说［J］. 汉语史研究集刊，2002（1）.

[34] 李翠珍. "校训"的价值取向分析［J］. 教育探索，2005（4）.

[35] 李贵生，王明博. 河西宝卷说唱结构嬗变的历史层次及其特征［J］. 社会科学战线，2015（11）.

[36] 李贵生. 敦煌变文与河西宝卷说唱结构的形成及其演变机制［J］. 民族文学研究，2018，36（6）.

[37] 李莉. 我国高校校训的文化传统与价值取向［J］. 江汉大学学报（社会科学版），2008（4）.

[38] 李亚棋.河西宝卷在英语世界的译介 [J].河西学院学报，2020，36（1）.

[39] 李延保.关于高水平大学建设的思考：兼谈现代大学文化建设 [J].中山大学学报（社会科学版），2008（1）.

[40] 李志厚.论教学文化的性质 [J].课程·教材·教法，2008（3）.

[41] 李中伟."校训"论稿 [J].当代教育论坛，2004（8）.

[42] 刘建军，韦玮."三个务必"的理论内涵、价值意蕴和实践路径 [J].思想理论教育，2023（3）.

[43] 刘明花，赵静.浅析河西宝卷的传承模式 [J].教育教学论坛，2020（10）.

[44] 刘永红.论洮岷宝卷的文本现状、形制与传承 [J].青海师范大学学报（哲学社会科学版），2018，40（3）.

[45] 刘永红.洮岷宝卷念卷群体多元化特征研究 [J].齐齐哈尔大学学报（哲学社会科学版），2017（2）.

[46] 吕立志.崇尚学术：中国大学文化建设内在之魂 [J].高等教育研究，2011，32（1）.

[47] 敏春芳，程瑶.河西宝卷方俗口语词的文化蕴涵：以民间宗教类宝卷为例 [J].世界宗教研究，2017（2）.

[48] 潘懋元.大学教师发展与教育质量提升：在第四届高等教育质量国际学术研讨会上的发言 [J].深圳大学学报（人文社会科学版），2007（1）.

[49] 潘懋元.高等教育研究要更加重视微观教学研究 [J].中国高教研究，2015（7）.

[50] 彭方第.浅谈校训 [J].理论导刊，2003（11）.

[51] 钱仁康.音乐的内容和形式 [J].音乐研究，1983（1）.

[52] 商文娇.民间信仰的流变和文化融合：以河湟宝卷与嘛呢经为例 [J].青海社会科学，2016（5）.

[53] 尚丽新，袁野.山西永济宝卷与河东道情 [J].文化遗产，2015（4）.

[54] 尚丽新，周帆.北方宝卷宣卷人探析 [J].文化遗产，2014（2）.

[55] 申继亮，王凯荣.论教师的教学能力 [J].北京师范大学学报（人

文社会科学版），2000（1）.

［56］沈壮海．大学文化建设与国家文化软实力［J］.思想理论教育，
2008（17）.

［57］石中英．"教育"概念演化的跨文化分析［J］.高等师范教育研
究，1997（4）.

［58］时统宇．微纪录片再现红色经典［J］.青年记者.2020（1）.

［59］王岗．新媒体时代微纪录片创作实践教学改革探索［J］.陕西教育
（高教），2021（2）.

［60］王建华．大学教师发展："教学学术"的维度［J］.现代大学教育，
2007（2）.

［61］王军．文化自觉与文化建设［J］.社会观察，2005（4）.

［62］王娜．新建地方高校校园文化建设的地域特色研究：以淮阴工学院
为例［J］.学理论，2011（35）.

［63］王永贵．全球化的意识形态性：解读全球化性质的重要视角［J］.
当代世界与社会主义，2005（1）.

［64］王贞志，马奇柯．如何对青年进行励志教育［J］.中国青年研究，
2006（8）.

［65］王子初．论中国音乐史料系统的重构［J］.星海音乐学院学报，
2010（4）.

［66］吴兆红，巩启光，陈玉忠．我国高校体育文化发展审视［J］.体育
文化导刊，2008（9）.

［67］吴祖强．舞蹈艺术中音乐和舞蹈的关系［J］.音乐研究，1982
（1）.

［68］谢美航．大学校训功能及其构建研究［J］.湘潭师范学院学报（社
会科学版），2004（3）.

［69］徐朝东，全正涛．宋元以来汉语与民族语对音所见几种语音现象
［J］.古汉语研究，2018（4）.

［70］许崇信．文化交流与翻译［J］.外国语（上海外国语学院学报），
1991（1）.

［71］薛正昌．宁夏文化遗产资源的几个问题［J］.宁夏党校学报，2008

（5）．

　　[72] 伊维德，霍建瑜．宝卷的英文研究综述 [J]．山西大学学报（哲学社会科学版），2012，35（6）．

　　[73] 于德江．音乐在舞蹈创作中的作用 [J]．北方音乐，2009（8）．

　　[74] 张广君．本体论视野中的教学与交往 [J]．教育研究，2000（8）．

　　[75] 张国良．宝卷俗字札记 [J]．古汉语研究，2015（2）．

　　[76] 张岂之．关于文化自觉与社会发展的几点思考 [J]．西北大学学报（哲学社会科学版），2002（4）．

　　[77] 张森林．文化全球化：民族文化发展的机遇与挑战 [J]．东北师大学报（哲学社会科学版），2007（5）．

　　[78] 张天佑，张曦萍．论河西宝卷中的刺绣艺术 [J]．兰州文理学院学报（社会科学版），2019，35（6）．

　　[79] 张婷．对少数民族民俗文化译介的思考：以武陵地区为例 [J]．湖北民族学院学报（哲学社会科学版），2011，29（4）．

　　[80] 张应强．全球化背景下的我国现代大学制度改革 [J]．高等教育研究，2013，34（9）．

　　[81] 赵文波．电影音乐对舞蹈创作的影响 [J]．作家，2008（22）．

　　[82] 钟秉林，赵应生．加快建设中国特色的大学文化：关于当前大学文化建设工作的若干思考 [J]．国家教育行政学院学报，2010（9）．

　　[83] 钟启泉．"批判性思维"及其教学 [J]．全球教育展望，2002（1）．

　　[84] 周光礼，张芳芳．全球化时代的大学同构：亚洲大学的挑战 [J]．高等工程教育研究，2012（2）．

　　[85] 朱瑜章．河西宝卷存目辑考 [J]．文史哲，2015（4）．

　　[86] 习近平．在学习贯彻习近平新时代中国特色社会主义思想主题教育工作会议上的讲话 [J]．求是，2023（9）．


三、论文

　　[1] 段小宁．表演视域下的河西宝卷研究 [D]．兰州：兰州大学，2018．

　　[2] 郭文翠．河西宝卷调查与研究 [D]．兰州：西北师范大学，2017．

［3］李梦．永济宝卷研究［D］．太原：山西大学，2017．

［4］刘妍君．主旋律影视融入大学生社会主义核心价值观教育研究［D］．天津：天津工业大学，2015．

［5］刘永红．西北宝卷研究［D］．兰州：西北民族大学，2011．

［6］马月亮．河西宝卷的音韵研究［D］．南京：南京师范大学，2011．

［7］舒慧君．山西介休刻本宝卷词汇研究［D］．南京：南京师范大学，2019．

［8］杨丽．河西宝卷传承人甘多盘调查研究［D］．兰州：西北师范大学，2019．

［9］袁朝．论主旋律影视文化对高校德育的影响及其对策［D］．武汉：华中师范大学，2013．

## 四、报纸

［1］陈彬．杨承运："育人为本"是体现大学精神的关键［N］．科学时报，2008-09-16（8）．

［2］罗永洲．武术文化对外译介反映"中国崛起"［N］．中国社会科学报，2014-12-08（A8）．

［3］乔现荣．英语世界的中国宝卷研究［N］．中国社会科学报，2018-12-03（4）．

［4］王晓光．渭南整理非遗项目623项12项列入国家级保护名录［N］．渭南日报，2011-12-06（2）．

［5］习近平向全国广大教师和教育工作者致以节日祝贺和诚挚慰问［N］．人民日报，2020-09-10（1）．

［6］共青团中央，教育部．关于加强和改进大学生社团工作的意见［N］．中国共青团网，2005-01-13．

［7］顾明远．校训关键在实践［N］．光明日报，2005-06-29．

# 后　记

为深入贯彻落实习近平文化思想，推进校园文化提能增效，着力培养时代新人，渭南师范学院党委书记卓宇主持编写了《文以化成　润心泽行——渭南师范学院校园文化建设研究实践》一书。

本书内容涵盖理论探索、实践育人、校史校训、经验成果、活动案例、制度建设6个篇章。理论探索、校史校训篇由石明负责组稿。实践育人、制度建设篇由朱芳转、王索负责组稿。经验成果、活动案例篇由朱芳转、石明、魏光民、吕健、白锐、石海彬、曹熙斌、孟波、张晶、马耀斌、于占豪、王索、周雨坤、梁君、徐宁、王钰莹、王慧、陈小红、代杨、伍萌、李萍、赵书英、高梦涵等执笔和参与撰写。卓宇、李明敏、朱芳转负责书稿统稿工作，石明、王索、代娟负责书稿编校工作。本书在出版过程中，得到《高校校园文化建设成果文库》有关负责同志、《光明日报》出版社编辑们的大力支持与帮助，在此深表谢意。

高校校园文化建设是个系统工程，需要研究的问题涉及面广，诸多问题还在探索实践中。由于我们研究水平有限，存在问题和不足在所难免，敬请批评指正。

编者

2024 年 4 月